儒 学 学 科 丛 书

朱汉民 舒大刚 主编

干春松 著

儒学概论

上海古籍出版社

国际儒学联合会委托项目"中国儒学试用教材"系列成果

尼山世界儒学中心（中国孔子基金会）《儒藏》系列成果

湖南大学岳麓书院国学研究院"岳麓书院国学文库"系列成果

四川大学创新2035计划"儒释道融合创新"系列成果

四川大学国际儒学研究院、古籍整理研究所规划项目

四川省哲学社会科学重点研究基地儒学研究中心规划项目

四川省哲学社会科学普及基地经学文化普及基地规划项目

编委会名单

主 编

朱汉民　舒大刚

编 委

（序齿）

陈恩林（吉林大学）

刘学智（陕西师范大学）

蔡方鹿（四川师范大学）

朱汉民（湖南大学岳麓书院）

李景林（北京师范大学）

牛喜平（国际儒学联合会）

廖名春（清华大学）

王钧林（曲阜师范大学）

舒大刚（四川大学）

颜炳罡（山东大学）

郭 沂（韩国首尔大学）

杨朝明（中国孔子研究院、山东大学）

尹 波（四川大学）

干春松（北京大学）

张茂泽（西北大学）

肖永明（湖南大学岳麓书院）

彭 华（四川大学）

审 稿

李存山　张践　单纯　陈静　于建福

秘 书

杜春雷　马琛　马明宗

出版说明

　　儒学（或经学）作为主流学术在中国流行了2500余年，形成了系统的经典组合、历史传承、学术话语等体系，积累了丰富的学术思想、制度设施和教育成果，我们今天所说的"中华优秀传统文化"，儒学无疑不可或缺。

　　从《尚书》"敷五教"，《周礼》"乡三物"，到孔子"文、行、忠、信"四教，以及他所培养的"德行""政事""言语""文章"四科人才，儒学都以特色鲜明的学科体系、学术体系和话语体系，作育人才，淑世济人。可是，自从民国初年废除"经学"科以后，儒学学科便被肢解分散，甚至被贬低抛弃，儒学研究和人才培养顿时体系不再，学科不存，绕树三匝无枝可依。这极不利于民族文化自觉和当代学术振兴。

　　为寻回中华民族久违了的教育轨迹、古圣先贤的学术道路，重构当代学科体系、学术体系和话语体系，四川大学国际儒学研究院于2016年接受国际儒学联合会的委托，从事"中国儒学试用教材"编撰和儒学学科建设研究。嗣后邀请到北京大学（干春松）、清华大学（廖名春）、北京师范大学（李景林）、中国孔子基金会（王钧林）、山东大学（颜炳罡）、山东师范大学（程奇立）、中国孔子研究院（杨朝明）、湖南大学（朱汉民、肖永明）、西南政法大学（俞荣根）、陕西师范大学（刘学智）、四川师范大学（蔡方鹿）、四川大学（杨世文、彭华），以及韩国首尔大学（郭沂）等校专家，参加讨论并分工撰写，由舒大刚、朱汉民总其成。数年以来，逐渐形成"儒学通论""经典研读""专题研究"等三个系列，差可满足人们了解儒学，学习经典，深入研究的需要。现以收稿早晚为序，分批逐渐出版，以飨读者。其有未备，识者教焉。

四川大学国际儒学研究院
湖南大学岳麓书院国学研究院
2019年12月

目　　录

第一章 儒之为儒：自我定位与社会角色

在展开对儒家学派的思想和制度的一系列探讨之前，我们首先要做的是对儒家的自我定位和社会角色做一番梳理。

延续两千多年的儒家学派，虽然迭经转折，但在精神气质上有其内在的一致性，比如积极的入世精神和对于仁义等政治和道德原则的推崇。不过，具体到每一个以儒自许或可以称之为儒的人，他们又具有复杂的面向。造成这样的复杂性有很多原因，比如早期文献的缺失，使我们并不能确实无疑地知道儒家的源头。同时儒家学派的内部几乎自形成之日起就在不断分化和变异。

在漫长的历史发展过程中，因为历史和社会环境的不断变化，儒家不断调整着自己的观念形态和行为方式。本章将从儒家的自我定位和不同时期对儒家的不同评述来呈现儒家的多面性。

第一节 儒家学派的特点

历史上任何一种思想和学派不会凭空出现，所以儒家也不是在孔子出生之后突然冒出来的，而是对之前漫长的社会和思想演化所积累的文化资源的一种凝结。春秋战国时期是中国思想的突破期，一下子涌现出许多思想学派，被后世称为诸子百家，不同的学派代表着特定的人群的利益和特点。

儒家的形成也一样。中国文化从早期的巫史文化、祭祀文化而发展到西周的礼乐文化，从原始宗教、自然宗教又发展为伦理宗教，形成了孔子等早期儒家思想产生的深厚根基。①

---

① 参看陈来《古代宗教与伦理——儒家思想的根源》，北京：生活·读书·新知三联书店，1996年版，第16页。

诸子百家并不像我们现在所说的学院里的"学派",而是遵奉某种信条和理念的行动团体,他们的共同特点是要改造社会。周代的封建秩序已经在新的形势下难以维持了,这种局势按儒家的说法是礼崩乐坏,那么该如何重建秩序呢?不同的人就提出不同的政见,设想各自的理想社会形态,来干预现实的政治。这是百家争鸣的核心内容。以墨家学派为例,他们提倡非攻和兼爱,并试图将这些付诸实施。他们有比较严密的组织,四处平息战争,并不惜牺牲自己的生命。道家学派可能走另一个极端,他们中的一部分人认为最好是过一种与世无争的生活,所以就躲到山林中,过一种隐居的生活。但另一些道家人士则采取以退为进的手段,也提供政治方略。

儒家则认为礼乐社会是最好的社会形态,他们打着恢复周礼的口号,并提出了一整套社会治理原则。由于儒家思想的全面性和孔子"有教无类"的开放态度和持续性的教育活动,因此吸引了一大批信奉这样原则的人,一个经常被人提到的说法是孔子"弟子三千,贤人七十二"。儒家一直是诸子百家中社会影响力最大的群体。

但是有一点需要指出,诸子百家的成员归属并非一成不变,很多人可以在不同的学说中间转换角色,比如商鞅一开始游说秦孝公用的就是儒家那一套政治理论,但被秦孝公讥为见效慢而没有被采纳,商鞅再去游说的时候就改用法家的那一套,并得到肯定,使秦国迅速崛起。

强化学派的核心价值观,是学派得以持续发展的关键。儒家作为最具影响力的学派,其自我定位的功夫一直在持续。孔子及其孔子以后的儒家代表人物不断对"儒"进行重新界定,进而形成了我们现在所了解的儒家的一些基本特征。

我们目前所能见到的最早使用的"儒"字是《论语》中孔子所说的"汝为君子儒,无为小人儒",分辨"君子儒"和"小人儒"可以理解为孔子试图区分他心目中的"儒"和一般所谓的"儒",也可以说是对于"儒"的自我要求。这样的区分按照李泽厚的说法,是儒家要与巫师做区隔。他说:"'巫术礼仪'在周初彻底分化,一方面,发展为巫、祝、卜、史的专业职官,其后逐渐流入民间,形成小传统。后世则与道教合流,成为各种民间大小宗教和迷信。另一方面,应该说是主要方面,则是经由周公'制礼作乐'即理性化的体制建树,将天人合一、政教合一的'巫'的根本特质,制度化地保存延续下来,成为中国文化大传统的核心。而不同于西方由巫术礼仪走向宗教和科学的分途。……孔子告诫当时儒者不要成为民间老百姓(小人)的巫师神汉,而要成为士大夫所应承担的'圣人'礼制的守卫者和传承人。"①

虽然巫史传统的说法有一定的争议，但是对所标举的士大夫所应承担的义务和人格理想的描述的确是孔子及其后学自我定位的主要手段。

说到儒，跟先秦时期的一类人分不开，这类人有一个名称叫"士"。按照《说文解字》和《白虎通义》的解释，士能胜任事物，并"通古今，辨然否"。这类人要有办事能力，能通古知今，判别事物的准确与否。这个说法有一些太笼统。也有学者说，春秋末年，原先的贵族不断地下降为士，而一些低层的社会成员上升为士，导致社会上出现了一个很大的群体。这个群体以担任一定的职位为追求，但他们必须通过自己的学识或能力去获得某个位置。

子夏说"学而优则仕"。孟子也说，士之出仕，就好比是农夫去种地，是天经地义的。不过，在孔子和先秦儒家的代表人物看来，是否出仕担任一定的职位需要看外在的政治环境，比如统治者是否贤明通达。士之出仕要选择所服务的对象是否符合天道民心，否则，儒士就和那些鸡鸣狗盗之士没什么区别了。（《孟子·滕文公下》）孔子说："笃信好学，守死善道。危邦不入，乱邦不居。天下有道则见，无道则隐。"（《论语·泰伯》）这就表明选择贤明的君主是出仕的前提之一。

从孔子开始，儒家一直强调士和"道"之间的关联。"士志于道，而耻恶衣恶食者，未足与议也。"（《论语·里仁》）《孟子》中也表达了类似的思想。"王子垫问曰：'士何事？'孟子曰：'尚志。'曰：'何谓尚志？'曰：'仁义而已矣。杀一无罪，非仁也；非其有而取之，非义也。居恶在？仁是也；路恶在？义是也。居仁由义，大人之事备也。'"（《孟子·尽心章句上》）仁义是儒家的价值标准。

无论是顺达还是在困境中，士必须以道作为准则。"士穷不失义，达不离道。穷不失义，故士得己焉；达不离道，故民不失望焉。古之人，得志泽加于民；不得志，修身见于世。穷则独善其身，达则兼济天下。"（《孟子·尽心章句上》）顺境、逆境都不能违背基本的原则。

儒家所经常采用的另一个自我评价的标准是"君子"。前文所说的君子儒和小人儒，就是要用君子的标准来要求自己。的确，成为君子是儒家对自己的要求。如孔子说："君子食无求饱，居无求安，敏于事而慎于言，就有道而正焉，可谓好学也已。"（《论语·学而》）

君子的意思有一个变化的过程，最早的时候，"君子"指的是有德有位的人。但自孔子开始，试图放宽德和位之间的联系，也就是当德与位不能兼得

① 李泽厚《历史本体论·己卯五说》，北京：生活·读书·新知三联书店，2003 年版，第 179 页。

之时,要优先立足于"德"。从道德品行的角度来界定君子,成为儒家的自我定位和社会角色的重要标志。"'君子'在道德修养方面必须不断地'反求诸己',层层向内转。但是由于'君子之道'即是'仁道'",儒家的人生哲学不像道家那样只求自己安逸,而是要悲天悯人,以天下为己任。所以"君子之道"一方面要自我完善,同时也要推己及人,不能满足于做自己。"《大学》中的八条目之所以必须往复言之,即在说明儒学有此'内转'和'外推'两重过程。这也是后世所说的'内圣外王'之道。"①

"君子"代表着比较高的境界,"君子谋道不谋食。耕也,馁在其中矣;学也,禄在其中矣。君子忧道不忧贫"(《论语·卫灵公》)。在荀子那里,"君子"是比"士"更高的层次。"无土则人不安居,无人则土不守,无道法则人不至,无君子则道不举。故土之与人也,道之与法也者,国家之本作也;君子也者,道法之总要也,不可少顷旷也。得之则治,失之则乱;得之则安,失之则危;得之则存,失之则亡。故有良法而乱者,有之矣;有君子而乱者,自古及今,未尝闻也。"(《荀子·致士》)

正如社会上有好人,也必定会有坏人,儒家在肯定君子的时候,也设定了其对立面:"小人"。这或许是出自这两个词的原意,因为君子本来是统治阶层的人,而"小人"则是普通的老百姓,但后来儒家基本上把这个对立转换为一个道德上的对立。

"君子"与"小人"在所指上的这一转变意义巨大,有德有位的说法有将道德和地位绑定的倾向,这样,本来是说有道德的人才可以有权力,但有时候会转变为一个人有权力,他就一定有道德。而儒家用君子和小人来说明一个人的道德高低,使一个人的社会地位不必然成为道德价值之标准。《论语》里面这样的话很多,比如"君子周而不比,小人比而不周"(《论语·为政》);"君子喻于义,小人喻于利"(《论语·里仁》);"君子成人之美,不成人之恶;小人反之"(《论语·颜渊》)。这些,主要都是从道德角度来说的。

集中讨论儒家的行为准则和品格的作品是《礼记·儒行》。《礼记》一般认为是孔子的弟子记载和阐发孔子的思想而作。《礼记》中很多标明是孔子所作,或未必真是孔子所作,但是可以确定的是,它体现了当时儒家的一些基本思想倾向。

《儒行》所记载的孔子和鲁哀公之间的一段对话,可以视为当时对于儒家品行做出最完整表述的一个重要的文本。如果说《论语》和《孟子》更多

① 余英时《儒家"君子"的理想》,《现代儒学的回顾与展望》,北京:生活·读书·新知三联书店,2004年版,第281页。

地是从人格理想来展开儒之为儒的内容的话，那么《儒行》则是价值观和实践论的结合，可以被看作先秦儒者自我定位的重要依据。

《儒行》开篇说："鲁哀公问于孔子曰：'夫子之服，其儒服与？'孔子对曰：'丘少居鲁，衣逢掖之衣；长居宋，冠章甫之冠。丘闻之也：君子之学也博，其服也乡。丘不知儒服。'"

《儒行》的对话场景设计是颇耐人寻味的，哀公对于孔子所穿的服装是否是"儒服"的疑问，可以使人联想其"内在特性"和"外在形象"之间的关系，也就是儒家一直关注的"文"和"质"的联系。在孔子看来，儒之为儒主要在于内在的精神而非外在的冠服。

按照孔颖达的说法，《儒行》所列的 17 个条目，前 15 条为对"贤人之儒"的概括，而第十六条为对"圣人之儒"的描述，第十七条是孔子的自谓。[①]

在对"贤人之儒"的概括中，《儒行》明显地表达了儒家一方面要加强自我的修养以等待有德之君的召唤，另一方面则指出儒者之出仕与否要看君主的政治抱负和理想。

比如，第一条说："儒有席上之珍以待聘，夙夜强学以待问，怀忠信以待举，力行以待取，其自立有如此者。"这段话的核心在于强调儒者应该通过"强学""怀忠信"和"力行"来"自立其本"，如果能做到这些，人就好比美玉，自会吸引欣赏者。如果我们能记得姜太公钓鱼而等待周文王来礼贤的故事，就会知道这包含着士人的自尊和无奈。

早期儒家特别强调对于权力体系的独立精神，这与汉代以后的情况有一些不同，儒家不断地寻找改变社会的机会，他们所期待的是改变社会而不是被社会所改变。因此我们能看到第十五条说："儒有上不臣天子，下不事诸侯；慎静而尚宽，强毅以与人，博学以知服；近文章，砥厉廉隅；虽分国，如锱铢，不臣不仕。其规为有如此者。"

《儒行》中所强调的儒家的基本品格有：诚信、中正、忠信、特立、见利不亏其义、刚毅、仁义、博学、笃行、宽裕、推贤、利国等，圣人是兼而有之。

第十七条被看作是孔子的自况，这看起来有一些不符合孔子自信但谦虚的本性，然而却可以看作是对儒家理想人格的描述："温良者，仁之本也。敬慎者，仁之地也。宽裕者，仁之作也。孙接者，仁之能也。礼节者，仁之貌也。言谈者，仁之文也。歌乐者，仁之和也。分散者，仁之施也。儒者兼此而有之，犹且不敢言'仁'也。其尊让有如此者。"

---

① 孙希旦撰，沈啸寰、王星贤点校《礼记集解》卷五七《儒行》，北京：中华书局，1989 年版，第1409 页。

儒家在先秦时期的地位肯定没有后来高,可以想象儒生的地位也不一定很高,很有一些人甚至因为儒生的服装和行为方式而要戏弄儒生。孔子的这一席话起码先改变了哀公对于儒生的不尊重态度,《儒行》的结尾引述哀公的话说:"终没吾世,不敢以儒为戏。"是否可以理解为在听孔子的话之前,他是经常以儒为"戏"的呢?

但轻蔑儒生的行为到汉初还没有完全消失,比如刘邦这样的市井无赖出身的强人,一开始就专门拿儒生的服装开玩笑,甚至对着儒生戴的帽子撒尿,可见戏弄儒生的余风并没有绝迹。

先秦时期的儒家代表人物中,对于儒家的特性有明确描述的还有荀子。荀子所处的时代正是法家思想逐渐走红的时期,因此,荀子一方面要强调儒家与法家的不同,同时也要强调儒家解决实际问题的能力。他撰写的《儒效》篇中说儒家"儒者在本朝则美政,在下位则美俗",就是从儒家对政治秩序的效能角度来说的。

同时荀子还通过对别的学派作综合性的评价以突显儒学的意义。他认为许多学派是"蔽于一曲"而不能把握事物的整体。在《非十二子》中,他甚至对同属于儒家的"思孟学派"和子张、子夏、子游等人进行了激烈的批评。

他在《非十二子》中批评子思和孟子打着孔子的旗号来兜售自己的观点,说子思和孟子因为采用了"五行"的观点而使儒家令人费解。而对子张等人直接就呼之为"贱儒",可称为儒家最严厉的"自我批评"。他说:"弟佗其冠,神禫其辞,禹行而舜趋,是子张氏之贱儒也。正其衣冠,齐其颜色,嘛然而终日不言,是子夏氏之贱儒也。偷儒惮事,无廉耻而耆饮食,必曰君子固不用力,是子游氏之贱儒也。"[①]这些孔子门下的重要弟子,在荀子看来都背离了孔子,因为他们只注重理论阐发和做表面文章,缺乏治国安邦的行动能力,他认为只有孔子和子贡才堪称表率。

荀子为了强调理想的儒家形象,在《儒效》篇中把儒生分成不同的层次,即"俗儒""雅儒"和"大儒"。

"逢衣浅带,解果其冠,略法先王而足乱世术,缪学杂举,不知法后王而一制度,不知隆礼义而杀《诗》《书》;其衣冠行伪已同于世俗矣,然而不知恶者;其言议谈说已无以异于墨子矣,然而明不能别;呼先王以欺愚者而求衣食焉,得委积足以掩其口则扬扬如也;随其长子,事其便辟,举其上客,偄然

---

① 王先谦撰、沈啸寰、王星贤点校《荀子集解》卷三《非十二子》,北京:中华书局,1988 年版,第 104—105 页。

若终身之虏而不敢有他志：是俗儒者也。"儒、墨有大致相同的社会理想，但是儒重礼义而墨主平等，荀子认为俗儒因不知"别"而与墨子"无异"。这些人是拿儒家做标榜而作为谋生手段，因此称他们为"俗儒"。

中间的层级是"雅儒"，荀子说："法后王，一制度，隆礼义而杀《诗》《书》；其言行已有大法矣，然而明不能齐法教之所不及，闻见之所未至，则知不能类也，知之曰知之，不知曰不知，内不自以诬，外不自以欺，以是尊贤畏法而不敢怠傲，是雅儒者也。"

最高层级为"大儒"："法先王，统礼义，一制度，以浅持博，以古持今，以一持万，苟仁义之类也，虽在鸟兽之中，若别白黑，倚物怪变，所未尝闻也，所未尝见也，卒然起一方，则举统类而应之，无所拟作，张法而度之，则暗然若合符节，是大儒者也。"

诸侯们任用不同层级的儒则会产生不同的社会效能："故人主用俗人则万乘之国亡，用俗儒则万乘之国存，用雅儒则千乘之国安，用大儒则百里之地久而后三年，天下为一，诸侯为臣；用万乘之国举错而定，一朝而伯。"①

对儒家进行分层，既体现了荀子思想驳杂的一面，也反映了荀子希望儒家更为接近现实社会政治的期许。

第二节　百家争鸣中的儒家

先秦诸子的共同旨趣就是现实政治秩序的建构，而儒家和孔子因为有着更大的影响，使得先秦诸子几乎有一个大致相同的言论方向，就是通过攻击和否定，甚至改造儒家形象和观点的办法来展开自己的立场。在他们的攻击中，我们就能看到对手眼中的儒家。

儒家最初的对手是墨家，但是他们有共同的理想政治模式。墨家甚至可能是从儒家学派中转出来的，《淮南子·要略》中说："墨了学儒者之业，受孔子之术，以为其礼烦扰而不说，厚葬靡财而贫民，服伤生而害事，故背周道而用夏政。"意思是说墨家是因为不满儒家的繁琐和奢靡才转而自立学派的。

孔子和墨家都尊崇尧舜，也有人说墨子理想中的圣人是大禹，因为大禹最为勤奋，而儒家的偶像是制礼作乐的周公。不过，在如何实现古代圣王的

---

① 王先谦撰，沈啸寰、王星贤点校《荀子集解》卷四《儒效》，北京：中华书局，1988年版，第141页。

理想方面,他们的入手点有很大的差别。墨家的主张有十个方面,几乎都与儒家相对立。比如儒家重视亲疏有别,而墨家主张兼爱;儒家重视慎终追远,墨家主张节葬;等等。墨子对于儒家的批评集中在《非儒》《公孟》篇中,尽管这些篇目本身是否是墨家的作品值得怀疑。《公孟》中说儒家:"足以丧天下者四政焉:儒以天为不明,以鬼为不神,天鬼不说,此足以丧天下。又厚葬久丧……此足以丧天下。又弦歌鼓舞,习为声乐,此足以丧天下。又以命为有;贫富、寿夭、治乱、安危有极矣,不可损益也。为上者行之,必不听治矣;为下者行之,必不从事矣。此足以丧天下。"

墨家的思想对儒家造成了很大的冲击,所以孟子说他必须要站出来批评,言辞十分激烈,甚至将墨子和杨朱的主张说成是禽兽的观点:"杨氏为我,是无君也;墨氏兼爱,是无父也;无父无君,是禽兽也。"①

对儒家思想持否定态度的还有以老子和庄子为代表的道家。老子的生平有很多个版本。老子似乎是一个早于孔子的智者,据说孔子还问礼于老子。但是我们所读到的《道德经》一书,成书时间可能要晚于孔子,理由是《道德经》所反对的都是儒家的观念,比如仁义、孝顺等。

儒家推崇刚健有为的精神,老子则主张退让、守雌。在老子看来,儒家的主张并不能真正建立好的社会秩序,《老子》十九章可以看作是对儒家思想典型的道家式批评:"绝圣弃智,民利百倍;绝仁弃义,民复孝慈;绝巧弃利,盗贼无有。"认为儒家提倡的"仁义"只是追逐利益的借口,只有弃绝儒家所主张的仁、义、礼、智、圣,才能让百姓过上好的生活。

也有这样的一种说法,老子和孔子都十分忧虑礼崩乐坏的局面,他们之间的区别在于对这样的状况的解决方法。老子认为造成这个局面的原因是礼仪造成了人的虚伪,所以不如直接舍弃礼仪,返回自然。而孔子则强调礼与内在的诚意之间的一致性。他们都用"道"来描述他们的主张,但是老子从"无"的角度立论,孔子则看重"道"的现实特性。

道家的另一个代表人物庄子继承了老子批评儒家的角度,他说:"失道而后德,失德而后仁,失仁而后义,失义而后礼。礼者,道之华而乱之首也。"②也认为儒家所强调的仁义是虚伪而违背人的本性的。

庄子具有比较彻底的怀疑精神,认为不可能找到确定的标准来判别是非,世间万事是无是无非的,这样儒、墨之间甚至诸子百家之间的争辩都只

---

① 焦循撰,沈文倬点校《孟子正义》卷一三《滕文公章句下》,北京:中华书局,1987 年版,第 456 页。

② 王先谦撰,沈啸寰点校《庄子集解》卷六《知北游》,北京:中华书局,1987 年版,第 185—186 页。

是以自己所肯定的东西来否定与自己不同的观点。他的思想方法是泯灭是非的"齐物"。

《庄子》书中批评孔子的最常用的办法是将孔子改造成不断放弃儒家立场改宗道家的人。在《庄子》书中涉及孔子的故事有四十六则，而关于庄子自己的却只有二十六则。

陈少明曾经专门分析过《庄子》改造《论语》中若干孔子和其弟子的对话或故事的事例。他分析到：《论语》有若干孔子陷于困境的简约记载，如《卫灵公》有："在陈绝粮，从者病，莫能兴。子路愠见曰：'君子亦有穷乎？'子曰：'君子固穷，小人穷斯滥矣。'"但《庄子》则编出若干个"孔子穷于陈蔡之间，七日不火食"的故事。这些故事不仅内容与《论语》所载不同，且本身描述的孔子形象也反差很大，如《山木》与《让王》的说法就很不一样。《让王》的故事是，"孔子穷于陈蔡之间，七日不火食"之际，"颜色甚惫，而弦歌于室"，孔门弟子感到不可理喻，向老师道穷。孔子曰："是何言也！君子通于道之谓通，穷于道之谓穷。今丘抱仁义之道以遭乱世之患，其何穷之为？故内省而不穷于道，临难而不失其德。天寒既至，霜雪既降，吾是以知松柏之茂也。陈蔡之隘，于丘其幸乎。"一番豪言壮语之后，师徒又一起抚琴起舞。这则故事显然以《论语》为原型而加以发挥。《山木》则大不一样，其故事是："孔子围于陈蔡之间，七日不火食。大公任往吊之，曰：'子几死乎？'曰：'然。''子恶死乎？'曰：'然。'"接着这个大公任向孔子"言不死之道"，孔子甚服，称善哉，随后"辞其交游，去其弟子，逃于大泽，衣裘褐，食杼栗，入兽不乱群，入鸟不乱行"。一个人当隐士去了。①

在《庄子》所创构的寓言故事系统中，不但孔子问礼于老子的主题被不断阐发，而且孔子的弟子特别是颜回等也经常被引入作为孔子舍弃其儒家的立场而转向道家立场的启发者。比如《庄子·大宗师》中的一段孔子和颜回的对话是这样的："颜回曰：'回益矣。'仲尼曰：'何谓也？'曰：'回忘仁义矣。'曰：'可矣，犹未也。'他日复见，曰：'回益矣。'曰：'何谓也？'曰：'回忘礼乐矣。'曰：'可矣，犹未也。'他日复见，曰：'回益矣。'曰：'何谓也？'曰：'回坐忘矣。'仲尼蹴然曰：'何谓坐忘？'颜回曰：'堕肢体，黜聪明，离形去知，同于大通，此谓坐忘。'仲尼曰：'同则无好也，化则无常也。而果其贤乎！丘也请从而后也。'"在这里，孔子被描述成受颜回的启示而不断

---

① 见陈少明《通往想象的世界——读〈庄子〉》，《开放时代》2004 年第 6 期，第 51 页。关于《庄子》中孔子形象的讨论还可参看陈少明《"孔子厄于陈蔡"之后》，《中山大学学报》（社会科学版）2004 年第 6 期。

"忘我"。

在儒家的论敌中，法家是最尖锐的，也是最具挑战力的。甚至有人说中国思想史是儒、法斗争的历史，也有人用"阳儒阴法""儒表法里"来描述儒家和法家在中国传统思想中的既对立又统一的关系。

法家理论建立在人性是趋利避害这一假设的基础之上，儒家中的荀子认为人性恶，所以人需要圣人的教化，但法家并不认同这一点，认为用刑罚让人恐惧的办法比教化要有效得多，而且主张用更能迅速产生实效的严刑峻法来统一思想和控制人们的行动。

儒家和法家都主张等级和秩序，也都强调尊君，但是立足点却有天壤之别。法家将维护君主的统治权力作为政治的目的本身。而儒家则强调君子的"自我修养"，特别是先秦的儒者所谓的"尊君"，强调了君主和臣子之间存在着交互责任和义务。也就是说，君主要获得臣民的拥戴，关键在于君主自己的德行和爱民之心。

儒家倾向以道德来规范政治，强调教化的重要性，但韩非子敏锐地看到了儒家学说的内在矛盾。韩非子在《五蠹》中利用儒家的案例来反对儒家的主张："楚之有直躬，其父窃羊而谒之吏。令尹曰：'杀之！'以为直于君而曲于父，报而罪之。以是观之，夫君之直臣，父子暴子也。鲁人从君战，三战三北。仲尼问其故，对曰：'吾有老父，身死，莫之养也。'仲尼以为孝，举而上之。以是观之，夫父之孝子，君之背臣也。"①

第一个故事就是著名的"子为父隐"，在《论语》中，孔子认为如果父亲犯有偷羊的过失，做孩子的就不应该告发，孩子要替父亲隐瞒罪责，并说这是"直"。而第二个故事是针对儒家孝道的，韩非子认为家庭和国家存在着类似于公私之间的矛盾，照顾了家庭就不能顾全国家。

韩非子通过这两则故事要说明儒家建立在家庭基础上的道德和社会公共道德责任之间是存在着矛盾的，而如果遵循儒家的道德原则，就会对社会的公共福利产生危害。韩非认定臣下对国君的忠诚会伤害父子关系，而强调儿子对父亲的孝顺则会伤害君臣关系。从而说明儒家的政治原则在现实社会中是难以落实的。

法家相信今胜于昔，而儒家则经常借古讽今，后来李斯在秦始皇统一中国之后，说儒家这种假托古圣治国的思想，会造成人们思想上的不统一，容易给现实的政治秩序带来混乱，他说服了秦王采纳法家的主张，采取焚书、坑儒的极端手法来打压儒家及其他不同的政治主张。

---

① 王先慎撰，钟哲点校《韩非子集解》卷一九《五蠹》，北京：中华书局，1998 年版，第 449 页。

第三节　大一统格局下对儒家认识的转变

百家争鸣是中国思想发展历程中最具创造性的时期,也有人喜欢用"轴心时代"的说法来说明那个时候儒、道、墨、法等各家通过互相争鸣的方式确立起自己的理论格局。在这个时期,形成了中国传统思想的基本命题和思维模式。

在战国七雄互相争战的后期,秦国在军事上的优势越来越明显,儒家、道家和法家在先秦诸子中逐渐展现出更大的竞争力,而曾经处于核心的墨家则走向衰落。人们开始预感到一个时代的结束并开始展望新的时代的开端,诸子之间也逐渐有融合的倾向。

秦汉之际,人们开始对诸子百家的思想进行总结。最重要的文本是《庄子·天下》篇。《天下》篇认为治理天下的道术是共同的,而儒家则是古代道术的文献继承者和阐明者:"其在于《诗》《书》《礼》《乐》者,邹鲁之士、搢绅先生多能明之。《诗》以道志,《书》以道事,《礼》以道行,《乐》以道和,《易》以道阴阳,《春秋》以道名分。其数散于天下而设于中国者,百家之学时或称而道之。"在《天下》的作者看来,因为人们不能体察道术之全体,所以各自表述自己认为正确的那部分,这就形成了诸子争鸣的格局。

从这段话我们也可以推理出这样的结论:先秦时期,《诗》《书》《礼》等可能曾经是先秦诸子共同的知识背景,儒家产生于鲁国和齐国,对这些著作的解读更有基础,它们逐渐成为儒家专有的作品。

汉代秦之后,制度上是继承了秦代的制度,而在思想上则尝试有所改变。汉代不断出现学术总结性的文献,其中多有关于儒学的起源和特性的概括,比如《淮南子·要略》说:"武王立,三年而崩,成王在襁褓之中,未能用事,蔡叔、管叔辅公子禄父而欲为乱,周公继文王之业,持天子之政,以股肱周室、辅翼成王。惧争道之不塞,臣下之危上也,故纵马华山,放牛桃林,败鼓折枹,搢笏而朝,以宁静王室,镇抚诸侯。成王既壮,能从政事,周公受封于鲁,以此移风易俗。孔子修成康之道,述周公之训,以教七十子,使服其衣冠,修其篇籍,故儒者之学生焉。"①这段文字解释了周公和孔子创立儒家的过程。通过对周公"制礼作乐""移风易俗"等事件的历史性叙述,来说明儒家的学说是孔子对周公的政治活动加以总结,并以此来作为教导学生的

---

① 何宁《淮南子集释》卷二一《要略》,北京:中华书局,1998 年版,第 1459 页。

原则,进而说明了周文化与儒家产生之间的关系。

汉代还出现了许多重要的历史著作,如《史记》和《汉书》。在《史记·太史公自序》中,司马迁引述了他的父亲司马谈对于"六家要旨"的评述。司马谈的基本立场偏重黄老道学,也吸收了墨家对儒家繁琐之礼的批判,他对儒家的总结是这样的:"夫儒者以《六艺》为法,《六艺》经传以千万数,累世不能通其学,当年不能究其礼,故曰'博而寡要,劳而少功'。若夫列君臣父子之礼,序夫妇长幼之别,虽百家弗能易也。"①

他以《六艺》来定义儒家的方式可能受到了《庄子·天下》篇的影响。而《汉书·艺文志》所采纳的是刘歆《七略》的观点,认为诸子百家出自周王室的王官之学。其论"儒家":"儒家者流,盖出于司徒之官,助人君顺阴阳明教化者也。游文于六经之中,留意于仁义之际,祖述尧舜,宪章文武,宗师仲尼,以重其言,于道为最高。"②

对比《论六家要旨》和《汉书·艺文志》,司马谈虽承认儒家在确立君臣长幼秩序过程中的作用,但是整体上对于儒家是褒贬相即的。而《汉书·艺文志》则直接肯定儒家"于道为最高",并以儒家为标准来评点诸子百家之优劣,可以看到西汉的意识形态已经逐渐由汉初的黄老道学转向中期之后的崇尚儒学。

除了从思想发展的大势对先秦诸子进行评价、比较之外,比较喜欢做文字学上考证的汉代人也从"儒"的文字学源流上来理解儒的定位。许慎《说文解字》人部:"儒,柔也。术士之称。从人,需声。"这是从字源上说"儒"字的本意是柔,用它来指称古代的"术士"。后来,段玉裁在"柔也"下有注曰:"郑目录云'儒行者,以其记有道德所行。儒之言,优也,柔也;能安人,能服人。又儒者濡也,以先王之道能濡其身。'"强调了儒家安人、服人的特色。

段玉裁在"术士之称"的注中解释了为什么"儒"是"术士":"术,邑中也,因以为道之称。《周礼》'儒以道得民',注曰'儒,有六艺以教民者';《大司徒》'以本俗六安万民''四曰联师儒',注云'师儒,乡里教以道艺者'。按六艺者,礼乐射御书数也,《周礼》谓六德六行六艺,曰德行道艺。自真儒不见,而以儒相诟病矣。"这里总结了儒家的一些基本的特点,比如其基本知识结构是六艺,由此从事教化活动,目的是"安万民"。

这些描述和观点对于后来人理解儒的起源和特征有很重要的影响。

汉中期之后,儒家在中国传统社会中逐渐取得了独尊的地位,因而儒生

---

① 司马迁《史记》卷一三〇《太史公自序》,北京:中华书局,1982 年版,第 3290 页。
② 班固《汉书》卷三〇《艺文志》,北京:中华书局,1962 年版,第 1728 页。

的社会地位也很受尊重，但是因为并不存在一个竞争性的群体与儒家相抗衡（虽然在思想上我们可以说儒、释、道三教合流，但是在社会地位上道士和佛教徒与儒生还是有很大的差别），所以什么是儒的问题，反而不被人关注。

在天下人"尽为儒"的时候，儒家的精神层面的追求显得更为突出，特别是宋代的道学家，他们为了将自己与一般的传经之儒和礼仪之儒区分开来，就很重视从心性层面来阐发儒家的义理，他们从天理和人心的关系来说明儒家的精神世界，最有代表性的表述是张载在《西铭》里提出的"横渠四句教"（"为天地立心，为生民立命，为往圣继绝学，为万世开太平"），充分展现了儒家修齐治平的人格理想，最为宋以后的儒者所认可。

清人之学颇近汉人风气，比较重视考镜源流，其中章学诚关于儒家的产生和演变的说法对后世影响巨大。他在《文史通义》中提出，古代官师合一，官师守其典章。而在三代政制衰落之后，治民和教民遂分为两事。官师分离，官有政，师有教，六艺失其官守，赖于师教而传。"至于官师既分，处士横议，诸子纷纷著书立说，而文字始有私家之言，不尽出于典章政教也。儒家者流，乃尊六艺而奉以为经。"[1]

章学诚认为诸子的产生是重大的社会变革的结果，曾经存在着一个官师合一、治教合一的时期，也就是说治理国家与教化社会的是同一批人，这大概相当于巫师时期，但是随着社会分化，开始了官师分职、治教分途的变化，政务官员不再承担教化职能，教化职能由民间学者承担，这种看法实际上是对刘歆诸子出于王官说的进一步发展和延伸，对近代学者也有较大的影响。

第四节　近代学人对儒家的分析

近代以降，西学东渐。在西方的军事和经济强势的影响之下，儒家思想的地位发生了根本性的变化。随着科举的废除和帝制的崩溃，建立在自由、平等和民主等理念基础上的以"共和"为政体的新的民族国家"中华民国"取代了历代的王朝政体。这样，儒学不再成为中国社会秩序合法性的依据和价值观念的基础。在思想学术方面，以西方的教学和学术研究为摹本的现代中国学术体系在寺庙和书院的废墟上得以建立。对于知识群体而言，

---

[1]　章学诚著，叶瑛校注《文史通义校注》卷一《经解上》，北京：中华书局，1985 年版，第 93 页。

儒学由"身在其中"转变为"事在其外"，由一种安身立命的学问转变为一种知识对象。孔子在失去了"圣人"的光环之后，不再被膜拜，而被作为学术研究的对象，当然研究的方法也日益实证化。

民国初期对于孔子的态度多种多样，有的是"旧情难舍"，有的则唯恐除之不尽，但一个共同接受的口号是分辨"真孔子"和"假孔子"。从反对孔子的方面来说，汉代以后的孔子因为被神化，所以不再是真实的孔子，其目的是要清除孔子作为中国文化符号的象征性。而从维护的一面来看，认为给孔子以教育家、思想家这样的头衔，便是使孔子变成一个专家，而不是文化精神的体现，这样的孔子才是假孔子。

在这样的转折中，最值得注意的是儒学成为研究对象，而且无论是肯定的还是反对的，主要都在大学这个新出现的学术机构中，而不是以前不是在朝为官者，就是在试图成为官员者的努力之中。甚至是经学家，比如刘师培等也进入北京大学，他们要面对的问题是信仰和知识之间的转换。

在近代以来开始的对于儒学的角色和定位的讨论中，刘师培与章太炎的看法很大程度上影响了相关讨论。

刘师培《儒家出于司徒之官说》首先质疑的是古代史籍"通经为儒"的"窄化"处理。"自《史记》立《儒林传》，班马二史沿之，然后以通经认为儒。夫两汉经生，均以师法相传授，与儒者教民之事亦复相符。惟其所教授者，在于先王之成绩，与化民成俗之义迥殊。名之曰儒，盖有儒名而无其实者也。"[1]刘师培从解释"司徒"的职能出发，认为司徒是通过教民来完成治民职责的，所以由此化身的儒家必然也以教民为其特性。"夫儒家出于司徒之官者，以儒家之大要在于教民。《周官·冢宰》言："儒以道得民。"道也者，即儒者教民之具也。盖以道教民者谓之儒，而总摄儒者之职者则为司徒。说者以司徒为治民之官，岂知司徒之属，均以治民之官而兼教民之责乎？舍施教而外，固无所谓治民之具也。"[2]因此，如果儒者仅以经学为业，不做教民的事情，就算不上真儒。

刘师培并不十分同意刘歆"诸子出于王官论"。他认为是周王室的衰落使得司徒失去了他的官守，由此与原来的儒家群体合流，导致了新的儒家的形成。"至于东周，司徒之职渐废，九流百家，各持异说。惟孔子之说近于教民，以道德礼仪之言为天下倡。欲渐复学校、井田之制。虽出词近迂，立身近伪，然在九流之中，与古儒者之学相近者厥惟孔子。故其学以儒家为名，

---

① 刘师培著，黄锦君选编《刘师培儒学论集》，成都：四川大学出版社，2010年版，第174页。
② 同上，第173页。

而班《志》溯其源起,以为出于司徒之官也。特孔子以后,奉其学者均以儒为名。实则孔子之言近于古代之儒者,而孔子之所行则与古代之儒不同。孔子以后之儒,较之古代之儒,其行事尤为相远。"①

按刘师培的说法,存在着原始的儒家,而孔子是这些儒家的继承者,只是他的学说与司徒的职责有相近之处,所以便有司徒和儒家之混同。他进一步指出后来儒家与原始儒家之间的差异,这个区分与近代以来关于真假孔子的讨论有很大的关联。其实许多人试图说明汉代以后的孔子就已不是真孔子、真儒家。

近代的学者中,集革命家与学问家于一身的章太炎有着无与伦比的影响力,他对于儒家的三种区分也成为其后讨论儒学的重要出发点。

章太炎曾依据墨子把"名"分为达、类、私三种作法,提出"儒有三科"之说,即"儒"有达名之儒、类名之儒、私名之儒三种意义。他所谓的"达名之儒"从最为广泛的意义上来理解就是"术士"。章太炎论证说,秦始皇焚书坑儒,其所坑的是"术士",所以儒即术士之一种。他在论证时特别把达名之儒理解为知晓天文气候、做法求雨的术士,这种术士实即祝史、史巫。

而类名之儒则是通晓六艺并以之教人者。他说:"类名为儒: 儒者知礼乐射御书数。《天官》曰'儒以道得民',说曰'儒,诸侯保氏有六艺以教民者';《地官》曰'联师儒',说曰'师儒,乡里教以道艺者'。此则躬备德行为师,效其材艺为儒。"

最为严格的儒者,则是"私名"。私名之儒,其学不及六艺,仅粗明德行政教之趣,这就是《周礼》中所述的"师氏"。章太炎认为"儒"的用法过于混乱,所以除了"师氏之守"之外,均不应该再称儒。②

章太炎和刘师培的观点有一个共同的地方,就是强调儒家的教化功能。但是在对儒生角色的判断上,章太炎则倾向于从术士的方面立说,这导致了后来诸多的儒为一种"职业"的说法。傅斯年说:"在战国时代的著作看来,儒虽然有时是一思想的系统,不过有时也是一个职业上的名词。'自行束脩以上,吾未尝无诲焉',可以显明的看出儒是职业来。后来术士纵横之士都号儒,固然因为这些人也学过诗书孔子语(从儒者学的),也因为儒这一个名词本不如墨之谨严,异道可以同文,同文则同为人呼作儒(如秦所坑之儒当然不是拒叔孙通之鲁两生所谓儒)。……儒家虽在战国晚

---

① 刘师培著,黄锦君选编《刘师培儒学论集》,成都: 四川大学出版社,2010 年版,第 173—174 页。

② 参见章太炎《原儒》,傅杰编校《章太炎学术史论集》,北京: 中国社会科学出版社,1997 年版,第 192—195 页。

年已遍及列国,但汉初年儒学仍以齐鲁为西向出发之大本营。在战国时,儒本有论道传经之不同,汉朝政治一统,论道者每每与纵横家俱废,而两者又侈复为一。"①

虽然在对具体的职业方向的理解上有一定的差别,但钱穆先生也接受儒为职业的看法。他在《古史辨》第四册序提出"术士乃儒之别解",这是对《说文》的解释做进一步的分疏。他又说:"儒为术士,即通习六艺之士,古人以礼乐射御书数为六艺,通习六艺,即得进身贵族,为之家宰小相,称陪臣焉,孔子然,其弟子亦无不然。儒者乃当时社会生活一流品。"钱穆的说法与章太炎的"达名"之儒相同的方面是对于"六艺"的重视,但他认为儒并非以六艺教民者,而以六艺为一种职业的训练,以求进身贵族社会。"孔子不仅借艺术以进身,孔子既明习艺术,乃判其孰中礼孰不中礼,而推本于周公文王。曰文武之道,布在方策,我好古敏以求之,思欲以易夫当世。故其告子夏曰:女为君子儒,毋为小人儒。儒仅当时生活一流品,非学者自锡之嘉名,故得有君子有小人,而孔子戒其弟子勿为小人儒也。"②所以他所说的"流品",虽然可以说就是傅斯年所说的"职业",但所以为职业的内容并不同。

胡适的《说儒》也是这一轮讨论中的作品,并引发了巨大争议。胡适素来主张"大胆假设,小心求证",但在对儒家的探源中,他大胆的想象给人留下了深刻的印象。胡适在1934年写作了《说儒》一文,全面检讨了章太炎对"儒"的考订,并提出自己的观点。他根据古代文献中对于儒服的描述,认为"'儒'的第一义是一种穿戴古衣冠,外貌表示文弱迂缓的人"。他认定这样的古衣冠就是殷代的服装,并说:"从儒服是殷服的线索上,我们可以大胆的推想:最初的儒都是殷人,都是殷的遗民,他们穿戴殷的古衣冠,习行殷的古礼。这是儒的第二个古义。"③

胡适吸收了儒作为术士的看法,然而认定儒的主要功能是祭祀时的"祝官",丧礼时的"相礼"专家。在周代殷之后,儒家因为其多才多艺和安定人心的作用为周所用。这些人作为旧朝的遗民,不仅因为其服装而显得文弱,还养成了"亡国遗民忍辱负重的柔道人生观"。④

胡适不无夸张地认为,孔子是殷遗民心目中的弥赛亚,担负着殷民族复

---

① 傅斯年《中国古代文学史讲义》,欧阳哲生主编《傅斯年全集》第2卷,长沙:湖南教育出版社,2003年版,第95—96页。

② 钱穆《古史辨》第四册序,上海:上海古籍出版社,1982年版,第1—2页。

③ 胡适《说儒》,《胡适论学近著》,济南:山东人民出版社,1998年版,第7,8页。

④ 同上,第15页。

兴的希望。但是孔子认清了历史的发展,吸收周文化中的刚健因素,将一个以相礼等为主的群体改造成富有新精神的儒家。"'儒'本来是亡国遗民的宗教,所以富有亡国遗民柔顺以取容的人生观,所以'儒'的古训为柔懦。到了孔子,他对自己有绝大信心,对他领导的文化教育运动也有绝大信心,他又认清了那六百年殷周民族同化的历史实在是东部古文化同化了西周新民族的历史,——西周民族的新建设也都建立在那'周因于殷礼'的基础之上——所以他自己没有那种亡国遗民的柔逊取容的心理。"①

胡适《说儒》发表之后,引发了许多人的兴趣,当然争议是不可避免的。冯友兰先生就有很尖锐的辩驳。

冯友兰在了解了傅斯年、钱穆的观点之后,又读到了胡适的《说儒》,他承认这些看法拓展了他对于儒家的认识。对于如何理解儒家,冯友兰认为应首先讨论儒和儒家的不同,"照我们现在的说法,儒家与儒两名,并不是同一的意义。儒指以教书相礼等为职业的一种人,儒家指先秦诸子中之一派。儒为儒家所自出,儒家之人或亦仍操儒之职业,但二者并不是一回事"。②

显然,冯友兰同意儒是一种职业的说法,他综合了傅斯年教书匠说和胡适相礼说,说儒既教书也兼相礼。"所谓儒,是一种有知识有学问之专家,他们散在民间,以为人教书相礼为生。关于这一点,胡先生的见解与我们完全相同。我从前与胡先生所不同者,即是胡先生以为这些专家乃殷商亡国之后'沦为奴虏,散在民间',我们则以为这些专家乃因贵族政治崩坏之后,以前在官的专家,失其世职,散在民间,或有知识的贵族,因落魄而亦靠其知识生活。这是我们与胡先生主要不同之所在。"③

冯友兰似乎也同意儒来自沦落的祝宗卜史,但他觉得不能确定说他们就是殷遗民,而认为是贵族统治崩溃的产物。这样的说法照顾到了《汉书·艺文志》和章太炎的诸子出于王官说,"贵族既不能自养专家,而专家之用仍不可少,如教育子弟,丧葬典礼之事,仍须专家。于是昔日在官之专家,今仍操其旧业,不过不专为一家贵族之专家,而成为随时为人雇用,含有自由职业之性质"。但是孔子使儒家超越了儒的角色定位,从而发展出"儒家",他说:"后来在儒之中,有不止于教书相礼为事,而且欲以昔日之礼乐制度平治天下,又有予昔之礼乐制度以理论的根据者,此等人即后来之儒家。孔子不

① 胡适《说儒》,《胡适论学近著》,济南:山东人民出版社,1998年版,第45页。
② 冯友兰《原儒墨》,田文军编《极高明而道中庸——冯友兰新儒学论著辑要》,北京:中国广播电视出版社,1995年版,第524—525页。
③ 同上,第543页。

是儒之创立者,但乃是儒家之创立者。"①

前面我们综述了从文献的基础出发来分析儒学的一些不同观念,相关的讨论一直在持续,但是突破性的见解并不多见。1980 年代之后,关于儒家特征的讨论再度引发人们的兴趣。

阎步克提出了古代的乐史也可能是儒家之先驱的说法,他在讨论乐师和原始儒家的起源时,认为乐师的主要功能是教化。"但至少到了周代,这种文化教育已是相当'人文化'了的,并直接服务于国家统治的需要。乐师承担着培训'学士'的职责,而'学士'则是未来的王朝政务承担者。在周代的政治文化传统中,业已形成了深厚的'君子治国'与'贤人政治'观念。所谓'君子'、'贤人',则是掌握了道义理想、治国之术和诗书礼乐者。……后世的儒者以'养贤'、'举贤'为务,致力于官私学校的建设和发展,这便是其前身——乐师职责的发扬光大。"②

毫无疑问,文献式地讨论儒家的源流是处理这一问题的重要路径,但是哲学和思想式的讨论也有其独特的意义。这样的分歧也可以看作是考据派和义理派之间的分歧在现代学科体系下的延续。对于儒家的特征,熊十力先生在其晚年有许多惊人之论,比如,他说六经已经全部在秦时被毁,现存经典均为汉儒所篡改之类的"骇人之论",甚至连他的学生徐复观也听不下去。对于儒家的起源,他的说法也很玄虚。他的《原儒》一文认为,儒家是继承上古的实用派和哲理派两大思潮,会通而成为儒学系统。他说:"孔子之学,殆为鸿古时期,两派思想之会通。两派者,一、尧舜至文武之政教等载籍,足以垂范后世者。可称为实用派。二、伏羲初画八卦。是为穷神知化,与辩证法之导源。可称为哲理派。"③

与熊十力的"猜想"相比,劳思光先生之论则是来自文献分析和思想脉络的结合。他从分析胡适《说儒》一文入手,认为思想的脉络和思想者所属的社群并无直接的对应关系:"'儒'作为一社群,可能是由职业礼生演进而成,此种职业礼生亦可能与殷士有某种关系;但就'儒学'而论,则孔子以前实无所谓'儒学';'儒学'之基本方向及理论,均由孔子提出,故'儒学'必以孔子为创建人。"④他说孔子所继承的是周人的人文观念,但孔门弟子并非

① 冯友兰《原儒墨》,田文军编《极高明而道中庸——冯友兰新儒学论著辑要》,北京:中国广播电视出版社,1995 年版,第 544 页。
② 阎步克《乐师与史官——传统政治文化与政治制度论集》,北京:生活·读书·新知三联书店,2001 年版,第 31 页。
③ 熊十力《原儒》,北京:中国人民大学出版社,2006 年版,第 14 页。
④ 劳思光《新编中国哲学史》第一卷,桂林:广西师范大学出版社,2005 年版,第 78 页。

能完全理解孔子学说的真意,因此发展出不同的方向,从而体现出儒家丰富的角度。陈来也是根据《周礼》中"师氏"和"保氏"的角色对比,认为对于儒家来源的考察,除了依托文献之外,也应注意思想的逻辑。他认为西周社会所存在的行政教化传统,就是儒家思想的来源。因此,不必将儒家的来源一定局限于某一个具体的职官,这样便可以更为充分地体察到儒家思想来源的多元化。①

---

① 陈来《古代宗教与伦理》,北京:生活·读书·新知三联书店,1998 年版,第 347 页。

第二章 儒家的价值体系及其现代转换

对于中国人而言,儒家文化是在现代性的背景下寻求文化认同的重要基准。尽管 1840 年以来巨大的社会变革,儒家价值已不复成为中国人社会秩序和权力合法性的依据,也不再是日常生活的行为指南,但是作为一种绵延几千年的传统,儒家思想和道家、墨家、法家以及从印度传入的佛教等思想资源一起融合成为中国人的文化基因,并不会遽然消失。

相比于其他的思想资源,儒家思想的影响更为深入和广泛,那种认为儒家已经是僵化的教条,甚至判定儒家不适应时代的认知并不具备事实依据。固然,我们目前还难以乐观地坚信儒家可以解决现代社会的一切问题。鉴于问题的复杂性,在认识方法上,我们要避免那种非此即彼的立场。既不能固守原教旨立场而拒绝任何形式的与时俱进,也不能盲目接受启蒙论者那种线性的历史观,[①]简单地将儒学判定为一种落后的观念,甚至将之视为中国发展的障碍而弃之如敝屣。正如余英时所言:"在道德和知识的来源多元化的现代,儒家自然不可能独霸精神价值的领域。但是中国人如果也希望重建自己的现代认同,那么一味诅咒儒学或完全无视于它的存在恐怕也是不行的。"[②]

如果说五四时期对儒家的抨击有政治和文化的缘由,但他们所造成的对于儒学的判定却成为后五四时代的共识,这种基于论战而产生的偏激的观点却已成为中国人近百年对于儒家误解的根源。重新阐发儒家的精神,

---

① 线性的历史观认为历史只有一个方向,因而将现代和传统对立起来,正如希尔斯所说:在启蒙主义者那里,"进步的思想成了不证自明的真理,以致主张保留过去的文化范型成了徒劳无益的事情"。参看[美] E. 希尔斯著,傅铿、吕乐译《论传统》,上海:上海人民出版社,1991 年版,第 318 页。

② 余英时《现代儒学论》,上海:上海人民出版社,1998 年版,第 42 页。

摆脱偏见和误解乃是刻不容缓的使命。

要探索儒家在现代中国的意义，必须对儒家的起源、儒学的发展、儒生的社会形象和自我定位等问题做进一步的分析，由此才有可能了解儒家内在的特性和它在现代社会中发展的可能性。

对于儒家的起源和特性的描述主要有"内""外"两种立场，所谓"内"的立场，就是信奉儒家价值的人对于儒家立场和期许的自我陈述，这些自我陈述往往是通过回溯到儒家元典或对于这些元典的不断解释而呈现。以经典为依据，保证了儒家内在理路的一致性，而对经典的不断解释则往往是基于历史条件的变化。由此使得儒家的思想既一以贯之又生生不息。所谓"外"的立场就是儒家以外的思想和宗教派别对于儒家特性的描述。这种描述因为各家对于儒家立场的认同程度的不同而呈现出不同的特点。在历史上主要是那些与儒家立场不同的其他学派展开对儒家的攻击，而在现代学术体系建立之后，许多信奉价值中立的研究者，对儒家所进行的客观性研究，也属于外在于儒家的立场。

通常我们说儒家进取，道家退让，儒道之间构成某种程度的互补关系。在漫长的中国历史发展过程中，墨家、道家、法家算得上是儒家有力的批评者，尤其以法家为最。[①]　而佛、道二家，其流行之时儒家已然取得独尊地位，佛道教在坚持其基本的宗教立场之外，通常强调他们与儒家的兼容性。这种"外"的视野，可以让我们从儒家与诸子百家之间的差异性来厘清儒家的边界。

从历时性的维度看，对于儒学的立场和宗旨最为激烈的挑战，并不发生于魏晋时期，也不是来自佛教的冲击，而是起源于西方的现代化潮流。这种冲击的尖锐之处在于生产方式和社会组织形态的巨大转变，由现代性运动所导致精神领域的危机成为一个全球性的问题，而发展中国家尤其严重，因为它所要面对的矛盾和困境，是对这种外来的冲击所表现出的理智上接受、情感上拒绝的矛盾。这意味着，我们在重新阐释儒家特性的时候，要对我们的时代处境做必要的分析。

[①]　秦晖说，在"'汉承秦制'的制度设计与'独尊儒术'的经典认同之间始终有很大反差。具体在吏治问题上，儒、法两家的吏治思想几乎是两个极端，即儒家的吏治观建立在性善论基础上，以伦理中心主义为原则，主张行政正义优先。而法家的吏治规则建立在性恶论基础上，以权力中心主义为原则，主张行政安全优先"。参看秦晖《西儒会融，解构"道法互补"——典籍与行为中的文化史悖论及中国现代化之路》，哈佛燕京学社编《儒家传统与启蒙心态》，南京：江苏教育出版社，2005 年版，第 115 页。

第一节　儒家：思想和学派的多重性

从 21 世纪以来越发深入的对于"儒教"和"儒家复兴"等问题的讨论中，我们已经可以了解儒家所包含的丰富的层次性和多样解释的可能性。首先，就思想体系而言，儒家思想随着时代的变化而呈现出不同的形态，先秦原始儒学和后来所发展出来的汉代经学、宋明理学之间无论在概念体系和核心观念上均有很大的不同。其次，儒家的经典形态也不断在变化，不同时代所尊崇的经典各有侧重，经典体系也有所不同，有诸如五经、六经、九经、十三经等说法。经典解释模式也存在着今文经学和古文经学之间的区别，也有汉学和宋学的递进。再者，儒家作为一种曾经制度化的思想，儒生、儒家观念和现实政治结构之间的关系同样复杂。制度化的儒学和观念形态的儒学之间最为理想的状态是体用合一，然在现实中经常会发生道统和政统的紧张，由此儒家的政治哲学既有适应现实的一面，也有高于现实的批判性面向。因此，我们说，儒家是一个多层次、多角度的复合体。

对于儒家的起源，人们说法各异。有学者倾向于用"哲学的突破"来描述发生在春秋战国时期的思想学术的分化，对此，以《庄子·天下》篇中的"道术将为天下裂"的表述最为传神，《淮南子·俶真训》则将之具体化："周室衰而王道废，儒墨乃始列道而议，分徒而讼。"这样的时代状况按孔子的说法是"礼崩乐坏"，也就是社会秩序和价值观念重组的过程。新型"国家"形成，身份的变动和士人群体的形成，都使原先的礼乐制度趋于崩溃。从思想文化的角度看，人们对于周代乃至远古的自然、宇宙观念，人的观念，社会观念进行全面的检讨，而这种反思的结果便是产生了诸子百家。

诸子百家虽殊途而同归，他们都将自己的注意力集中于旧制度解构之际，如何安排新的社会秩序和重新安顿人们的价值观念。如果我们接受"诸子出于王官"的说法，那么就可以了解为什么诸子百家会使用共同的概念，争议点如此地集中。他们之间的差异主要是不同的"学派"对于理想秩序以及实现这些秩序的方法的不同理解。《韩非子·显学》说："孔子、墨子俱道尧、舜，而取舍不同，皆自谓真尧、舜。"为了增强自己学说的权威性和合法性，各家都标榜自己是先王之成法的忠实继承者。"世俗之人多尊古而贱今，故为道者必托之于神农、黄帝，而后能入说。乱世暗主，高远其所从来，因而贵之。"[1]

---

[1]　何宁《淮南子集释》卷一九《修务训》，北京：中华书局，1998 年版，第 1355 页。

他们只是取舍不同,这些古代的圣贤固然可能是"层累"构造的,但是这样的构造恰好反映了古代中国人共同的价值理想。

　　除了"假托"上古的圣王,各家多以迎合统治者的说法来取悦当权者。"公见夫谈士、辩人乎?虑事定计,必是人也。然不能以一言说人主意,故言必称先王,语必道上古。虑事定计,饬先王之成功,语其败害,以恐喜人主之志,以求其欲。多言夸严,莫大于此矣。"①虽然这段话是在描述那些预测术士的特征,不过各派就是以自己的特长来说动人君,也的确是百家竞争的内在动力。

　　相比之下,战国时期的儒家学派继承了孔子以德抗位的传统,《孟子》书中就记录了孟子强调仁政、王道是儒家所不变的政治原则。按陈来的说法,儒家文化中存在着一种"价值优先"的行为模式,这种优先性具体地说包括"道的优先、理的优先、义的优先"。② 儒家借助民意和天意的结合凝结而成的"道"来制约建立在权力基础之上的"势"。而以"仁"来支持"礼",则是儒家将从先古流传下来的仪式成为承载其价值理想的重要工具。儒家之所以成为中国传统政治合法性的主要资源,并不仅仅在于儒家的观念适合传统的政治形式,而是他们所标举的理想和价值观更符合中国人对良善政治的追求,从而也使得儒家呈现出"超越性"和普适性。儒家的这种超越性和普适性,在汉代的政治中体现为"屈民而伸君、屈君而伸天"的政治策略,在韩愈和宋明理学家那里,他们把以仁爱为核心的天理观构成道统的依据转为对政统和治统的规训。的确,言官和台谏制度并不是那种现代民主体制下的监督方式,然而,我们若是对世界上同时期的政治秩序加以比较,我们依然能够发现中国政治制度的"早熟"和合理性。

　　儒家之所以始终在百家争鸣中居于中心,主要基于他们在"学识"层面的优势,儒家注意整理古代文献并从"损益"中阐发对于人和自然、人和社会的关系的理解,并逐渐形成了以"六经"为基础的经典体系。《汉书·艺文志》说儒家"盖出于司徒之官。助人君顺阴阳,明教化者也。游文于六经之中,留意于仁义之际,祖述尧舜,宪章文武,宗师仲尼,以重其言,于道最为高"。而六经兼备天道人心、历史、制度和教化,因此"于道最为高"。

　　对于礼仪的强调既是儒家对于现实秩序的理解,也与儒家在形成过程中所掌握的"技艺"有关。所以,也是别的学派攻击儒家的要点。在《墨子》

① 司马迁《史记》卷一二七《日者列传》,北京:中华书局,1982 年版,第 3219 页。
② 陈来《儒家思想传统与公共知识分子——兼论现代中国知识分子的公共性与专业性》,许纪霖主编《公共性与公共知识分子》,南京:江苏人民出版社,2003 年版,第 21 页。

对于儒家的批评中,最为突出的就是批评儒家过于注重繁琐的礼仪。而晏子在劝阻齐景公任用孔子时所陈述的理由也是儒家过于"重礼"。"孔子盛容饰,繁登降之礼、趋详之节,累世不能殚其学,当年不能究其礼。"①的确,在儒家看来,礼仪不仅是制度体系,更是人文化成的标志。

儒家一直以通晓古代的礼仪和制度为其核心竞争力。孔子在世之时最为人称道的也是他对于礼仪的熟悉和继承。如《左传》昭公七年所说,孟僖子因为孔子对于礼的了解,而将之视为"达者"和圣人的代言人。与墨家等许多学派逐渐被吸纳或消失不同,儒家学派则不断壮大。孔子就是最为成功的私人教育的开创者,弟子三千、贤人七十二,就说明了其有教无类、因材施教的方针是成功的。儒生和诸子百家中大多数知识精英一样,其主要的角色是政治性的,孔子周游各国,孟子四处奔走,始终在寻求仁政落实的机会。不容置疑,对于早期儒家而言,对于古代的礼仪的熟悉、继承和改造是使他们在中国的政治和社会生活中占据重要地位的根本性原因,即使是在受法家思想影响至深的秦朝,儒家对于制度设计的重要性依然十分明显。如封禅这种重要的仪式必然是最先召集儒生来制订。到了汉代,儒家经典成为社会治理之原则,汉武帝之后,逐渐形成了独尊儒术的局面,在儒家制度化的同时,制度也在不断地儒家化。因此陈寅恪先生认为儒家对中国的影响集中于"制度法律和公私生活"。他说:

> 儒者在古代本为典章学术所寄托之专家。李斯受荀卿之学,佐成秦治。秦之法制实为儒家一派学说之所附系。《中庸》之"车同轨、书同文、行同伦"(即太史公所谓"至始皇乃能并冠带之伦"之"伦")为儒家理想之制度,而于始皇之身,而得以实现之也。汉承秦业,其官制法律亦袭用前朝。遗传至晋以后,法律与礼经并称,儒家《周官》之学说悉采入法典。夫政治社会一切公私行为,莫不与法典相关,而法典实为儒家学说之具体实现。故两千年来华夏民族所受儒家学说之影响,最深最巨者,实在制度法律公私生活之方面,而关于学说思想之方面,或转有不如佛道二教者。②

儒家将理想秩序的模本确定为"三代之治",而这样的治理理念通过尧

---

① 司马迁《史记》卷四七《孔子世家》,北京:中华书局,1982 年版,第 1911 页。
② 陈寅恪《冯友兰中国哲学史下册审查报告》,《陈寅恪史学论文选集》,上海:上海古籍出版社,1992 年版,第 511 页。

舜禹汤文武周公一脉相承,对于孔子而言,"吾从周"就是对周公最后确定在建立在礼仪秩序上的封建制的肯定。这也决定了后世儒家在进行政治实践和政治批判时的基本立场。

在孔子死后,儒家群体开始分化。这种分化不仅是因为思想倾向的差异,还在于儒生适合多样化的社会角色。儒生还带有一些方士的特征。在汉代的谶纬氛围中,这种特征表现得很明显。所以,许慎在《说文解字》中称:"儒,柔也。术士之称。从人,需声。"章太炎在《原儒》一文中,提出儒家有三类:达名、类名和私名。"达名为儒,儒者,术士也。"①"类名为儒,儒者,知礼乐射御书数。"②而"私名"有点类似于"专有名词"。这类儒生出于掌管教化的司徒之官。"私名为儒。《七略》曰:'儒家者流,盖出于司徒之官……'"所以认为"儒家"的词义有着不断缩小的趋势,"今独以经传为儒,以私名则异,以达名类名则偏。要之,题号由古今异。儒犹道矣,儒之名,于古通为术士,于今专为师氏之守;道之名于古通为德行道艺,于今专为老聃之徒"。③ 章太炎还从秦始皇活埋方士,但一般都称"坑儒",来论证儒生与方士之间的共同之处。他说"古之儒知天文占候,谓其多技"。"及汉有董仲舒、夏侯始昌、京房、翼奉之流,多推五胜,又占天官风角,与鹖冠同流。草窃三科之间,往往相乱。"④其实也不是这三科互相"混乱",而是他们之中本身就是一种互相包含的关系。许多儒生是以"六艺"为主,兼学别样,如汉初的晁错在跟随伏生学《尚书》之前,曾经学过"申、商刑名于轵张恢先所"。⑤而五行、阴阳、地理、占卜这些更是作为基本常识。按葛兆光的说法就是"一般的知识",这是一套"有关礼俗、仪式的知识与技术,即从殷周一直延续着的解释宇宙与社会的知识,沟通人、神的技术,维持社会的礼俗和象征秩序的仪式"。⑥ 这些一般的知识和技术是儒家进行社会活动的最重要基础,也是当时的儒生和一般的术士之间存在许多共同之处的原因。周予同先生将儒家究天人之际的学问说成"方士学"⑦,显然是过于看重方术的独立性而

---

① 傅杰编校《章太炎学术史论集》,昆明:云南人民出版社,2008 年版,第 240 页。

② 同上,第 241 页。

③ 同上,第 242 页。

④ 同上,第 241、242 页。

⑤ 司马迁《史记》卷一〇一《晁错列传》,北京:中华书局,1982 年版,第 2745 页。

⑥ 葛兆光《七世纪前中国的知识、思想与信仰世界》,上海:复旦大学出版社,1998 年版,第 219 页。按李零的归纳,这些技术可分为:与"天"有关的方术如天文历算、占星等;与"地"有关的方术,如"形法";与"人"有关的方术,包括占梦、招魂、导引等。可参见李零《中国方术考》,北京:人民中国出版社,1993 年版。

⑦ 周予同《纬书与今古文经学》,朱维铮编《周予同经学史论著选集》(增订本),上海:上海人民出版社,1983 年版,第 56 页。

忽视其依附性。章太炎认为阴阳家是儒家的支流，笔者认为是看到了两者之间的真实联系。① 将儒家与方术割裂是后世儒家理性化的一种手段，并非秦汉以前儒家的真面貌。增加这一认识的维度，我们对于汉代儒学和谶纬之间的关系便可以得到比较合理的解释，同样也可以理解为什么儒家在很多时候兼具宗教的功能。②

章太炎之后，有许多的现代学者批评儒家只是一些追逐功名和现实利益的人，这多少是将政治追求和现实功利混为一谈。不过，也不能否定儒生中有很大一部分人，研读儒家经典的目的在于世俗的功名利禄，但这不是儒生所推崇的精神气质。历代的大儒一直在辨别"义利"，认为舍生取义才是儒者的自我定位。

儒家存在着一种内在的人格上的关怀，这种关怀体现在孔子对于"君子儒"和"小人儒"的区分上。成为君子是儒家自我修养的目标，而君子的最高理想就是由修身到齐家到治国平天下，最终达到"万物为一体"的精神境界。

近代的社会变革对于儒家产生了巨大的冲击，价值上的冲击固然是尖锐的，而制度性的冲击则摧毁了儒家的生存土壤和价值传播渠道。特别是当现代学科体系的进入，科举制度被废除之后，中国知识群体的产生方式和知识形态都发生了重大的变化，即使仍持有儒家信仰的知识人逐渐转入大学等科研机构，成为现代学术体系中的一员。虽然一直会遭到价值中立的学术规则的质疑，但依然存在着明确表明儒家立场的人，他们被称为"现代新儒家"。他们对中国文化的本位性有着信仰般的坚持。

现代新儒家群体并非一个严格的学术群体，各个阶段的儒家学者随着对西方文化的认识不同，而体现出不同的态度。如果说，梁漱溟和熊十力还

---

① 荀子的《非十二子》说："案往旧造说，谓之五行……子思唱之，孟轲和之。"虽然我们在今天的《孟子》和据认为是子思作品的《中庸》中见不到有关五行的讨论，但我们知道儒家始终视《洪范》《周易》为其重要的思想源头，而荀子以人事为重，对于怪异之论又有非驳尽不可之意。因此笔者比较同意章太炎的说法："今人但知阴阳家以邹衍为首，察荀子所云，则阴阳家乃儒家之别流也。"氏著《国学讲演录》，上海：华东师范大学出版社，1995 年版，第 176 页。

② "中国宗教缺少独立的中央组织的僧侣集团与有组织的会众，使他无法在社会组织的一般架构上占任何重要的地位。这样遂让儒家思想在传统中国的社会与政治秩序上扮演一个中心角色。同样地，宗教组织上的薄弱，使它在中国社会制度的运作上只能为儒家思想的一个配角。如果中国宗教会发展出强固的组织，则儒家恐惧宗教与之竞争将远甚于现在。这是中国儒家与宗教长期以来合作的特性。"参看杨庆堃《儒家思想与中国宗教之间的功能关系》，杨联陞等《中国思想与制度论集》，台北：联经出版事业公司，1976 年版，第 339 页。

体现出对现代化运动的反省的话,那么唐君毅、牟宗三等人则已经接受了西方的政治法律思想为儒学在现代的"使命"。而以刘述先等为代表的"海外新儒家"则是在现代的知识体系中为儒家寻求一种安身之处。这意味着他们在某种意义上放弃了儒家独特的秩序理念,这使得他们逐渐疏离了儒家的自我定位。在这种态度影响下,儒家更倾向于被认为是一种自我的道德修养。他们强调"心性之学"对于儒学的标志性意义,在新儒家的代表人物牟宗三等四人发表的《为中国文化敬告世界人士宣言》中说:"心性之学,正为中国学术思想之核心,亦是中国思想中之所以有天人合德之说之真正理由所在。……古文《尚书》所谓尧舜禹十六字相传之心法,固是晚出的。但后人之所以要伪造此说,宋明儒之所以深信此为中国道统之传之来源所在,亦正因为他们相信中国之学术文化,当以心性之学为其本源。"①

海外新儒家更多从"知识分子"特别是有抗议性的知识分子的形象来描述儒生的独立性,如杜维明说儒生们"意欲改变世界的一致努力受到对人类问题的广泛关注所驱使,因此,他们既不能安于现状,也不允许自己接受限定于狭隘的权力关系之中的游戏规则。……儒家知识分子是行动主义者,讲求实效的考虑使其正视现实政治(realpolitik)的世界,并且从内部着手改变它。他相信,通过自我努力人性可得以完善,固有的美德存在于人类社会之中,天人有可能合一,使他能够对握有权力、拥有影响的人保持批评态度"。②

我们知道传统儒家和现代西方意义上的"知识分子"有一定的差别。儒家固然要反对昏聩的君主,但更多的是从建设的立场去寻求制约和矫正,所以儒家亦强调贤能政治,主张让权力掌握在有道德的人手里,并不一味地强调革命和斗争。因此,以知识分子的形态来描述儒家只能算是一种"激进"的态度。

不可否认,海外新儒家发掘儒家体系中的现代因素的努力是值得肯定的,儒家的价值中有以德抗势的气概,儒生也有"从道不从君"的人格特质,但过于强调儒家和启蒙价值之间的一致性,从而不惜"净化"儒家发展的历史,在这样的叙述系统中,只有心性一系的儒家被推崇,而政治儒学倾向的儒家思想则相对被忽视。这些都显示了他们的局限性。

对儒家多重面向的揭示是 21 世纪的大陆新儒家的一致追求,虽然这样的探索也可以追溯到刘述先等人。他说儒家有三种传统:"(1)精神的

① 唐君毅、牟宗三等《为中国文化敬告世界人士宣言》,汤一介等主编《百年中国哲学经典·五十年代后卷》,深圳:海天出版社,2000 年版,第 241—242 页。
② [美]杜维明著,钱文忠、盛勤译《道·学·政:论儒家知识分子》,上海:上海人民出版社,2000 年版,第 11 页。

儒家（Spiritual Confucianism），这是指孔孟、程朱、陆王的大传统，也正是当代新儒家通过创造性的阐扬与改造力求复兴的传统。（2）政治化的儒家（Politicized Confucianism），这是指由汉代的董仲舒、班固以来，发展成为朝廷意理的传统，以纲常为主，但也杂入了道家、法家以及阴阳家的因素。（3）民间的儒家（Popular Confucianism），这是在草根层面依然发生作用的信仰与习惯，重视家庭、教育的价值，维持勤劳、节俭的生活方式，杂以道教、佛教的影响，及至鬼神的迷信。"①或许我们可以对儒家进行更多层次的划分，②这可以强化我们对于儒学的多元性和复杂性的认识。

第二节　儒家的核心价值

　　任何一种伟大的传统，必有一种核心的价值观为基础，构成该文化生生不息的硬核。有人将之称为"文化基因"，认为它"具有某种结构性特征以及自我延续的机制，而后代的人通过不断回应这些精神对象而创造出所谓一脉相承的文化，因之，这些精神对象就构成了这个民族文化的所谓'坚硬的内核'"。③对于儒家而言，这个坚硬的内核就是孔子一以贯之的道。孔子在与曾子的谈话中强调："吾道一以贯之。"（《论语·里仁》）曾子认为孔子所说的道即是"忠恕"，忠恕观念的特质就是强调"他人"的存在，这是儒家处理价值目标和现实关怀的出发点。"恕"即"己所不欲，勿施于人"，是在人我关系中来看待自己的行为对他人的影响；而"忠"即所谓"己欲立而立人，己欲达而达人"，亦是从人我关系出发激发别人对好的价值的追求。这两个观念的差异在于"恕"是从他人出发，而"忠"更具有积极性，推己及人。在这样的基本思维方法基础上，儒家逐步确立起其基本的道德原则。

　　在《论语》《孟子》中，我们可以看到孔子、孟子、荀子对许多德性的肯定，比如孔子强调"仁"，区分"君子""小人"；孟子注重义利之辨、人禽之别，注重发挥本心之良知；而荀子则注重"礼"和后天的教化。汉代之后，这些观念继续被儒家学者所坚持，在政治领域强调德政、仁政，在人际领域强调仁

---

　　① 刘述先《儒家思想开拓的尝试》，北京：中国社会科学出版社，2001 年版，第 16 页。

　　② 如罗斯曼（Gilbert Rozman）将儒学划分为：皇权儒学、改良儒学、知识分子儒学、商人儒学、大众儒学。参见［美］杜维明《东亚价值与多元现代性》，北京：中国社会科学出版社，2001年版，第 26—27 页。

　　③ 刘晓竹《孔子政治哲学的原理意识：思辨儒学引论》，北京：中国妇女出版社，2003 年版，第 22 页。

者爱人、王者无外。为了强调儒家信念的持续性,唐宋之后,这些观念被视为"道统",韩愈解释道统的内容是"仁义",即"博爱之谓仁,行而宜之之谓义"。① 而宋儒则体贴为"天理",是所有道德原则的本体。

很显然,在不同的时代,人们对于儒家价值的强调,因其现实的需要而呈现出不同的侧面。如果站在今天的立场上,我们依然会认为仁义礼智信是我们民族价值观的基调,只是在具体的德目的理解上,我们可以有所发展。比如,对于"仁",我们会更强调其爱由亲亲之始,扩展到对人类、对宇宙的普遍之爱。对于"礼",以往的解释更为注重别尊卑的层面,在强调平等的时代,我们应该看到礼的文明意义。对于"孝",虽然家族制度已经不复存在,但注重家庭、尊敬老人,依然是我们值得肯定的价值。

除此之外,我们还可以根据时代的需要,强化一些儒家的核心价值,比如"和"。

儒家文化是一种礼乐文化,"礼之用,和为贵"②、"乐以道和"这样的说法,意味着"和"是礼乐文化的核心诉求。据许慎的《说文解字》:"和,相应也,又和调也。""和"最初的意思就是"调和"。

"和"的思想有一个不断发展的过程,有人根据《尚书》中所出现的"和"(44 次)字分析,认为书中"和"的主要意思是要人们将自己与周王朝保持一致。因为在当时的政治理念中,统治的合法性是由"天"所赋予的,所以王道即天道,与周王朝的和谐就是与天道的和谐。我们所经常引用的西周末年史伯的"和实生物,同则不继",虽然已经有一些"原理"性的意味,但其立论的依据依然是"天意"和"民情"的统一。他从"民之所欲,天必从之"这一前提出发,认为周幽王只听从与自己相同的意见而排斥异见的做法是违背了"和"的原则。对于和的原则最为生动的解释是"和实生物,同则不继",强调在差异性中寻求共同点。

"和而不同"是从差异性中追求统一,这是理解儒家"缘情制礼"的关键。现代社会普遍接受以天赋人权来确定人的平等性,这是人类社会的进步,但是也有人片面地理解平等,认为平等就是"同",比如男女平等就是同工同酬,上下平等就是目无尊长,这些都是将平等的理念套用到现实中的误区。儒家的自然主义则是承认"差等"的客观性。无论是自然界还是人类社会,差别是客观存在的,因此要"正名"(孔子),要明"分"(荀子),和谐就是

---

① 韩愈著,刘真伦、岳珍校注《韩愈文集汇校笺注》卷一《原道》,北京:中华书局,2010 年版,第 4 页。
② 程树德撰,程俊英、蒋见元点校《论语集释》卷二《学而下》,北京:中华书局,1990 年版,第46 页。

建立起差异之间的平衡。所以,孔子就是以"和"和"同"来区分"君子"和
"小人",说"君子和而不同,小人同而不和"。①

　　在先秦的儒家文献中,"和"主要还是从社会秩序的和谐方面来说的,所
以说"和"贯穿在"礼""仁"之中,是"中庸之道"的具体体现。

　　"礼"是达到"和"的保证:"礼之用,和为贵。先王之道,斯为美。小大
由之,有所不行。知和而和,不以礼节之,亦不可行也。"②人们用烹调中的
五味调和和音乐中的五音调和来比喻这种建立在差异性之上的和谐,一方
面要承认差异的先在性("分"),要人们安于这种差异("知命"),同时又要
在自己的位置上发挥必要的功能("力"),这样和谐的目的就能达到,也就
能使社会进入良性循环的过程中。所以孟子认为天时和地利都不如人和来
得关键。与孟子着力证明"仁"和"义"之间的联系不同,荀子则着力于现实
人性的证明,认为只要将"义"灌注于"差别性"之中,人便能获得"和"的力
量。他说人"力不若牛,走不若马,而牛马为用,何也? 曰:人能群,彼不能
群也。人何以能群? 曰:分。分何以能行? 曰:义。故义以分则和,和则
一,一则多力,多力则强,强则胜物"。③ 人之所以能获得相对优势,是因为
具有"明分使群"的能力。

　　思孟学派有很强的思辨力,比如对于"未发""已发"的讨论,对于"仁义
内在"的讨论都有很大的解释空间,不过,对于"中庸之道"的归结点其实
是"和"。

　　"和"是"中庸"方法的最好体现。《礼记·中庸》是这样描述"中"与
"和"之间的关系的:"喜怒哀乐之未发,谓之中;发而皆中节,谓之和。中也
者,天下之大本也;和也者,天下之达道也。致中和,天地位焉,万物育焉。"
所以,在儒家那里,"和"既具有工具论的意味也有目的论的色彩。

　　现在我们再回过头来分析"仁"与"和"的关系,正如许多人所指出的
"仁"与"礼"是一体之两面。孔子反对那种没有真实情感存在的"礼","人
而不仁,如礼何? 人而不仁,如乐何?"④据统计,仅《论语》中论及"仁"就有
100 多处,且问题不同解释也不同,但关键的一个解释,我认为简单而直接:
"仁者,爱人。"儒家承认自然的差别(分)的先在性,然而处理这种"分"的办

---

① 程树德撰,程俊英、蒋见元点校《论语集释》卷二七《子路下》,北京:中华书局,1990 年版,
　第 935 页。
② 同上,卷二《学而下》,第 46—47 页。
③ 王先谦撰,沈啸寰、王星贤点校《荀子集解》卷五《王制》,北京:中华书局,1988 年版,第
　164 页。
④ 程德树撰,程俊英、蒋见元点校《论语集释》卷五《八佾上》,北京:中华书局,1990 年版,第
　142 页。

法是"义"，这里的关键之处在于"爱人"，没有了对于人的"爱"，这种差等就会成为人与人之间的鸿沟。

孔子以"仁"解读"礼"的做法，是儒家自觉对他们所坚信的社会秩序的一种理论化的工作。而曾子以"忠恕"之道来解释孔子的中心思想，其实是从方法论意义上来说的，也就是说一个体认了"仁"的君子，会自觉以一种"推己及人"的态度来处理他与周围世界之间的关系。所以，孔子的言论体现着价值观和方法论的统一，根本的目标是"和"。如果我们不能将儒家的实践性特征和理论性特征统一起来理解，我们就会陷于儒家的核心思想是"仁"还是"礼"这样无谓的讨论之中。

儒家思想的逻辑是一个不断从个体向社会、向自然扩充的过程，如《中庸》所说："能尽人之性，则能尽物之性；能尽物之性，则可以赞天地之化育；可以赞天地之化育，则可以与天地参矣。"由此由人与人之间的和谐、人与社会之间的和谐扩充到人与自然之间的和谐，也就是达到"天人合一"的境界，儒家的普遍性的基础就是存在于天道和人道之间的一致性的设定上。作为超越性的"道"，既是仁义礼智这些具体的德目，也是存在于这些德目背后的精神"和"。

现在越来越多的学者开始认识到"和"对于儒家思想的意义，麦克林说："儒家的和谐不是那种试图用先验的必然形式展示一切的理性法则，它对于生命和进步的观念不是辩证的黑格尔和马克思之后的科学化的历史观。相反，儒家是一种以将个人和他人联系起来的方式、在日常生活的具体环境中来理解人。在这个意义下，它不是那种理性主义的科学理论化的历史观意义上的宽泛的实用主义。儒家可能更接近善，因为它反对意识形态下的各种限定和预设。"①如果我们说仁是儒家伦理的基础，那么以天地万物为一体的大同世界就是儒家的目标。

第三节　变与常：经学和儒家理念的传承和变化

儒家价值体系在反复的诠释中沉淀成中华民族的文化基因，有两种儒家最为值得关注的制度化的传播体制，首先是儒家自身的经学传统，其次是儒学独尊之后的教育和权力的一体化机制。

---

① ［美］乔治·麦克林著，干春松等译《传统与超越》，北京：华夏出版社，2000年版，第95页。

首先,我们来看儒家的经学传统。

对于儒家经典的认定,不同的时代有不同的说法,如"五经""十三经",等等,但核心著作是《诗》《书》《礼》《易》《春秋》。这些经典在中国古代很长一段时间内被看作是"先觉者为人们所制定的思想准则和行为规范"。①经典的形成是一个自然选择的过程,陈来说:"经典的神圣权威性不是先验决定的,而是在共同体的文化生活实践中历史地实现的,是在人与人、人与历史的关系中建立起来的。在中国,更是在文化交往、语言交往和礼仪实践中建立起来的。在一个经典之成为经典,在且仅在于群体之人皆视其为神圣的、有权威的、有意义,在这个意义上,经典的性质并非取决于文本的本身,而取决于它在一共同体中实际被使用、被对待的角色和作用。"②孔子对于古代典籍的"损益""删削"过程可以视为经学的开端,而汉代设计的博士制度,则为经典的权威性和神圣性做了制度性的保障,这既是世界各种文化中经典形成的常态,亦有儒家自身的特点,即儒家的经典化并不是被神化,而是与政治权力结合而被确立的。

经典的传播最初是一个自觉的过程,在当时的记录条件下,大约经历了一个漫长的类似于少数民族史诗的口传过程,这也保证了在秦始皇"焚书"之后,人们依然能够将经典中的许多内容"复述"。

所以,在经典被官学化的过程中,会发生哪部经典被立为博士的冲突,比如,刘歆对于"古文经学"的倡导激发了今古文的争议,最终演变成政治斗争。

在汉代的这些争议中,围绕《春秋》三传的争论最为激烈。由于《公羊传》所提倡的改制立法的革命精神和微言大义的褒贬态度,与《左传》注重记事的方式有很大的差异,但真正的原因则与政治权力的斗争有关。

今文经学和古文经学之间争夺话语权的争论,既有争取儒家内部的主流地位的因素,也有争取更多的政治权力支持的成分。

今文经学和古文经学之间的差别,不只是书写的文字不同,在经典的字句和篇章内容上都有所不同,最核心的分歧是观念上的不同。今文经学视孔子为政治家,以五经为孔子政治思想的核心,偏重于"微言大义",即从经典的话语中寻求解释的空间。其弊病在于往往流于"怪诞",比如说,汉代今文经学家制造出一系列神话将孔子神化,所以经常有一些"非常异义可怪之论"。而古文经学以孔子为史学家,将六经看作孔子整理古代史料的书,偏

---

① 姜广辉主编《中国经学思想史》第一卷,北京:中国社会科学出版社,2003 年版,第 21 页。

② 陈来《古代思想文化的世界——春秋时代的宗教、伦理与社会思想》,北京:生活·读书·新知三联书店,2002 年版,第 171 页。

重于"名物训诂"、考证。他们认为,要了解经典首先要弄清经典的含义,因此就需要掌握说文解字的功夫。顾炎武说:"读九经自考文始,考文自知音始。以至诸子百家之书,也莫不然。"①不过放弃对经义的发挥的做法,一方面会过于拘泥于对于经典本身的考辨而忽视经典的普遍性价值的阐扬,另一方面则是流于繁琐。

自魏晋之后,一种结合义理发挥和考据的解释经典方式产生,当时的玄学家们认为不能拘泥于圣人的片言只语,而要"得意忘言"。玄学融合儒家与老庄的思想,在经典解释上有其独特性。唐代以后,面对佛教的冲击,儒家开始注重心性方面经典的发掘,宋代的儒家继承了这种精神并加以发展,而确立以天理为核心的道学体系。理学家们强调"天理"是"自家体贴出来的",所以注重从儒家的经典中寻找更具普遍意义的价值原则,形成了一种以阐发义理为主的经学模式,称之为"宋学"。他们普遍关注《周易》来阐发儒家的宇宙论思想,而朱熹选择《四书》(《大学》《中庸》《论语》《孟子》)作为儒家阐发"道统"的著作,偏重于理气心性思想的讨论,改变了传统的经典系统。

程朱注重格物穷理的方法受到陆王心学的挑战,他们认为内心的体认是了解经典的关键,因为心外无理,良知天成,极端的说法是"六经皆我注脚",造就了心学的兴盛。不过,人们将明朝灭亡的原因归结于心学的"空疏",明末清初,顾炎武等思想家强调"实学",认为空谈心性违背了儒家的经世精神,所以主张回复经典。清朝建立之后,因为文字狱等政治原因,以考据学为特征的"汉学"在清代复兴。虽然说,从经典中去寻求根据然后阐发自己观点的模式在很大程度上制约了思想本身的突破性,但并不能由此否定经学模式转变对于现实的回应的能力,许多问题域之所以没有突破完全是因为社会的变革并没有提出相应的需要,所以说经学本身包含有很大的创新性意义。"每一次儒家经典解释的新思潮出现,差不多都是一种新的系统工程的建构,我们可以从中看到:(1)时代主题的切换;(2)解释者身份与视角的微妙变化;(3)一种根源性解释——精神的归属的改变;(4)对某些经典的偏爱和特别重视;(5)解释方法的改变。"②也就是在这个意义上我们也不能将经典解释看作是一种"消极"的、缺乏创造性的工作,其实,任何一次经学的转型,都构成了对儒家传统的一种创造。经典解释的历史告诉我们,孔子并不提供对于所有问题的最终解释,而是为解决这个问题提供一种"原理"

---

①　顾炎武撰,华忱之点校《顾亭林诗文集·亭林文集》卷四《答李子德书》,北京:中华书局,1959 年版,第 73 页。

②　姜广辉主编《中国经学思想史》第一卷,北京:中国社会科学出版社,2003 年版,第 53 页。

性的思路,即要从自然和人之间和谐的基本立场去应对新的问题,而每一个时代因为主题的切换,必然会生成一些次级问题,从而展现出儒家的复杂性。

儒家在汉代取得独尊地位之后,儒家的政治理想和现实的政治需要之间出现了既统一又矛盾的复杂关系:一方面,将经学和政治权力(如设立五经博士和博士弟子)的结合使得儒家的理想得到了一种前所未有的传播,儒家在取得独尊地位之后,其经典具有了意识形态的功能,并成为社会、政治、法律秩序的基础。另一方面,经典的解释则越来越受到权力的制约。

经典的正确性为统治正当性提供了依据,对经典的解释就成为一件十分重要的政治活动,其"学"的意义反倒在其次。"通经致用"是经学的基本目标,在不同的时代,由于政治的需要和时代问题的刺激,对于经典的选择性强调和特定的目标的解释都是一项重要的政治活动。

经典传播的制度性保证是儒家经典和选举制度的结合。从察举制和科举制度演化而来的以对儒家经典的熟悉程度作为选拔官员的重要的甚至是唯一性的途径,使得儒家的传播得到了强有力的制度保证。其悖论在于考试的不断技术化,反倒使这种传播不断与儒家的理想相脱离,"通经"取代了"致用"。我们或许可以这样说,在以八股为形式的科举考试中,儒家的理想反而被虚置,举子们关注的是文字本身以及考试成功后所获得的地位。这也是思想制度化之后必然会导致的困境。在一些人眼里,儒家已转化为利禄之途。

近代以来,随着西方学科体制的传入、科举的废除,儒家失去了制度性的传播途径。更为严重的是,以科学和价值中立为特征的现代教育排斥以经典教育为核心的儒家教化模式,"六经皆史"的理念被转换为实证方法和科学态度。这样传统的经典的整体精神被学科化的文学、历史和哲学所解构,经典成为知识而不再成为信念和价值的来源。而现代的教育体制又将儒家局限于大学知识体系中,则会将儒家引向列文森所说的博物馆中的死文物的境地,使儒家对现代中国的意义被压制。①

面对如此之变局,如何重建经学以及儒家的价值体系,成为我们时代的

---

① 大学儒学"消失了的乃是这个思想赖以存在的物质性条件与象征性条件,即儒家的礼之实践或者说身体力行之条件。我们今天所谓的儒家哲学,乃是试图以一种新语言来保存儒家宝贵思想的努力之产物,但它也因此丧失了那些思想得以存在的条件。……对于大学儒学来说,旧式的儒家实践,无论是礼仪方面的还是身体践行层面的,事实上都转变成了某种抽象的诉求,变成一种可有可无的东西,人们仅在口头上认为它很重要,可究其实而言,它却成了某种次要角色,几乎无关紧要。这里我们应看到的并非是这场思想运动的理论弱点之后果,而是某种实际演变之结果:即这些古老的实践从当代中国知识分子的日常视域中消失了,或者至少说是离他们远去了,因为他们更多地变成了大学人所追求的而非他们所经验的东西"。参见杜瑞乐《儒家经验与哲学话语》,《中国学术》第十四辑,北京:商务印书馆,2003 年版,第 5 页。

一个挑战。

第四节　儒家的当下使命和未来目标

在面对西方的军事和文化冲击下，近代以来，中国社会似乎失去了其应对现实挑战的能力。所以，有一些人将中国近代的失败归咎于儒家，在他们眼里，儒家是一种过去的、与人类的普遍价值相对立的观念体系。① 的确，正如希尔斯说："如果传统给继承它的人带来了明显的和普遍的不幸后果，那么它就不能长久地维持下去了；一个传统要延续下来的话，就必须'发挥作用'。一个传统反复带来灾难，或反复被证明明显不灵，那就行将灭亡了。"② 不过，我们可以进一步追问的，儒家是否是那个"带来了明显的和普遍的不幸后果"的传统？ 如果儒家就是那个"传统"，那么一个世纪对于考察一个已经绵延两千多年的价值体系是否是一个合理的"时间坐标"？

正如我们不能认为是基督教造成了西方的强大一样，我们亦不能将中国没有近代化归因于儒家，因为思想是社会发展的产物，并不能以文化决定论的方式来夸大文化的作用。正如前文所说，文化的价值在于其核心理念，而不是一种现实性的策略，儒家的生命力存在于其价值体系本身，而不是具体的制度载体。而价值一旦形成，则有其独特的生命力，以儒家而言，即使制度化的形式解体了，儒家的价值依然会通过其他的方式得以传承。尤其是在最为困难的时候，儒家越发能显示出精神上的支撑力。如抗日战争时期的民族主义和对儒家价值的重新肯定。③ 同样，在今天的中国社会，儒家

---

① 比如进化论的传入，使中国的时空观发生了根本性的变化。中国文化范型中时间是蕴涵在空间之中的，文化的发展是一个不断由中心（夏）影响（化）边缘（夷）的过程，而进化论的普遍主义化则在中国确立了一个由"野蛮"向"文明"，也就是由"古"到"今"的转变，这样中国近代的"东西文化争论"转变为"古今文化争论"，文化发展的轨迹由空间的延伸转变为线性的时间序列，从而潜在地确定了西方文化作为我们文化发展方向的单向度思维。

② ［美］E. 希尔斯著，傅铿等译《论传统》，上海：上海人民出版社，1991 年版，第 272 页。

③ 根据舒衡哲的研究，在 30 年代中期，知识阶层对于民族文化的态度，随着抗日战争的开展而出现了微妙的变化。不仅是国民党和共产党在建立抗日联合战线的时候，不约而同地使用"中国化"的口号，如中国共产党开始逐步形成"马克思主义中国化"的思想方式，而国民党政权则更多地使用传统道德的内容来激励军队的士气。而知识分子在反思五四运动的成果时，也开始有了一定的转变，因为"在爱国动员的压力下，对传统的任何抨击都很容易被看作是攻击民族的集体精神。从这种极端条件下的观点来判断，反传统和民众忠于祖国的感情存在着明显的对立。反传统被看作是反对可以用来动员全民族抵抗日本侵略者的感情"。参见氏著《中国启蒙运动——知识分子与五四遗产》，太原：山西人民出版社，1989 年版，第 288 页。

亦依然可以发挥其凝聚人心的力量。

一个比较尖锐的问题可能在于,既然传统社会的儒家制度化体系已然解体,那么,儒家是否需要重建体制化的存在呢?韩国、印尼等国的儒教化做法是否有助于儒家在现实生活中展现其活力呢? 20 世纪初,康有为曾苦心经营的"孔教会",试图借鉴西方宗教的规范来重建儒家的制度性载体。在民国初年复杂的政治背景和科学主义①思想日渐成为新一代知识者的共信的背景下,这一努力终告失败。孔教会的失败促进我们必须认真思考这两个问题。首先,儒家和传统政治之间的复杂联系如何在现代社会中重建;其次,教会化的方案是否符合儒家本身的特性。

现代中国已经到了重新审视儒家价值的时候,这种审视并非是简单地回到过去,而应该是一种富有想象力的建设。确立一种建构主义的态度②比重读经典更为重要。面对现代性的挑战,儒家如何保持其一以贯之的内在精神,在塑造新的民族精神的时候,提供背景性的价值,又能与现代性的社会特征保持一种和谐,将是未来中国知识阶层不可推卸的责任。

在我看来,可以将下列四个方面的工作作为当下儒学发展的首要使命:

第一,儒学应当成为当代中国的重要价值支撑。

从康有为开始,中国的一部分思想家一直在寻求儒家思想与现代思想的结合,他们并不愿意接受将文化的多样性描述为文化的先进性和落后性之间的二分。康有为指出文化精神价值对于一个民族的重要性。他举犹太人的例子说,因为有犹太教的信仰,所以即使犹太人长期没有独立的国家也依然可以恢复;但是,如果这个民族的精神支柱消失了,那么这个国家如果被灭亡了,就永远消失了。

康有为认为儒家思想足以成为中华民族精神的最重要基础。在全盘否

---

① "科学主义与传统是敌对的,因为它只承认被认为建立在科学知识之上的规则,而这些知识又与科学程序和理性分析密不可分。那些没有科学根据的实质性传统应该被取代。自然,那些被假定建立在科学知识和程序之上的政策很少能够做到这样;它们几乎总是一些出于公利性享乐主义传统和人道主义传统的政策,而且根本就不是科学地得出的。虽然如此,科学的传统对于传统的制度和信仰表现出怀疑的态度,并且促使人们与它们决裂,以便接受带着'科学'权威的程序和行动模式。"参见[美] E. 希尔斯著,傅铿等译《论传统》,上海:上海人民出版社,1991 年版,第 317 页。

② 对于传统的建构,需要丰富的想象力,希尔斯说"历史意识是一种心理机能","个人及长者的记忆,以及对那些已被遗忘或闻所未闻的事件的历史学发现,都满足了人的一种愿望,即了解过去,把现在的自我置入一个具有时间深度的境域,并且去解释自己的起源。当记忆不起作用时,想象力便辅助或替代记忆,因此,想象力也可以满足这种愿望,尽管个人只有微弱的历史意识,但是他仍然可以接受传统"。参见[美] E. 希尔斯著,傅铿等译《论传统》,上海:上海人民出版社,1991 年版,第 69—70 页。

定传统的 1920 年代,梁漱溟通过其文化的多样性论说,来说明中国、印度和西方文化乃是不同的样态,从而提出了以乡村建设为方案的文化重建路径。

虽然经历了"文化大革命"等一系列文化毁灭的行为,儒家并没有被击倒,随着国力的增强,新世纪以来人们开始以一种更为平和的态度看待儒家的价值,儒学复兴也成为一个新的潮流。

中国当代价值体系是一个混合型的存在。在这个系统中,既有中国化的马克思主义的"正统"价值观念,也有改革开放之后新启蒙所引入的民主和自由的价值观。而不能忽视的是,始终影响着我们生活方式的几千年的文明传统既包括儒家思想,也有道家和佛教的思想。这三种思想传统并不能天衣无缝地结合在一起,相反,这些思想之间的政治处境和现实指向的不同,甚至所代表的利益群体的不同,在中国当代形成了保守主义、新左派和自由主义等不同的思想倾向。这些倾向如果要对中国的问题形成有见识的方案,了解儒学,了解儒学在中国人心中的实际影响是十分必要的。反之,儒家亦需要通过对现代性挑战的消化,而发展出自己新的思想形态。

第二,以社会教化和"公民宗教"为导向的儒教建构。

儒家亦称儒教,这里的教更多的是"教化"的意义,即以儒家的价值来教化领导者、教化百姓,以建立一种合情合理的社会结构。儒家教化社会的核心理念是敬天法祖,也具有一定的宗教意义。近世以来,儒教与宗教问题一直受到学者们的关注,比如辜鸿铭、梁漱溟等均发表过对儒家宗教化的意见。在港台地区新儒家的视野里,儒教的宗教性问题与儒家的超越性问题相关,再度成为讨论的重点。"内在超越"的取向成为牟宗三等人对儒家超越性的阐发点。基于对西方宗教内在世俗性和超越性的紧张所导致的社会发展的动力问题的认同,新儒家认为儒家并不缺乏超越性,只是其超越对象并非是外在的彼岸世界,而是内在的道德意识,因此是一种内在超越。

杜维明和刘述先都十分关注宗教对话的议题,特别是刘述先借助田立克关于"终极关怀"的更为开放性的宗教定义来讨论儒家的宗教性问题,并由此提出了宗教对话和寻求普遍伦理的可能性问题。这些问题虽然具有重要的理论意义,但与中国目前的信仰问题和宗教发展间有很明显的隔阂感。

中国传统社会的宗族组织和丰富的民间信仰因为 1949 年之后的集体化的张扬而被摧毁,因此,乡村社会的组织形态呈现政府管理的单一性状况,而城市化导致的农村空心化现象,也导致农村社会文化精神生活的贫乏,这为不同宗教的广泛传播提供了社会基础。在这样的困境中,儒家如何发挥凝聚乡村社会的力量,是重建儒学基础的重要一步。

在儒家的完全宗教性形态能否建立还未可知的情况下,如何吸收美国学者罗伯特·贝拉所提出的"公民宗教"（civil religion）的思路,以儒家的仪式和其他符号资源来丰富中国社会的公共文化资源,可以成为现在一个值得重视的选择。

公民宗教主要的功用是确立政治制度与运作的价值标准,进而确立其合法性、提供共同体的认同基础,从而提升其凝聚力。儒教作为公民宗教有两大现实的功用:一是它可以担负起凝聚精神的力量,同时又可以超越宗教之间的直接冲突;二是它与传统儒家在中国社会中的作用可以得到有效的衔接。儒教的公民宗教的设计在很大程度上是为了应对中国国家文化符号缺失的现状。通过一些超越具体宗教的符号而强化文化认同和国家认同意味,公民宗教可以充分利用传统儒家在公共礼仪和日常礼仪建设方面的文化积累,似乎的确可以超越宗教信仰自由和国家意识的统一性之间的紧张。

第三,制度创新是儒家参与社会发展的现实使命。

近代以来的政治和军事的失败,导致中国人普遍怀疑传统制度的有效性,因此,呈现出由器物到制度直至价值的不断彻底的自我否定状态。无论是五四运动前后对于法国革命的推崇还是对于苏联模式的推崇,均体现出对自身传统的彻底否定态度。在 1949 年之后,社会一致性和行动力空前增强,但在经济上则是失败的。因此,自 1978 年开始,有些地区出现了自发的社会改革,并被因势利导为国家层面的经济和社会体制的改革。

1978 年以来的改革开放,在意识形态层面上被解释为马克思主义普遍真理与中国实际的结合。在这个制度框架中,中国传统的影响有明显的体现,但儒家的价值依然难以得到肯定。

21 世纪以来,人们对制度的产生和演变有了更为深入的认识,一个共同的认知即是相信任何制度不能超越文化传统而直接移植,整个 20 世纪的制度移植都出现了"橘生淮北则成枳",甚至制度失灵的困境。因此,探索中国式的制度体系则成为儒学第三期发展的重要议题,这个议题与牟宗三先生"内圣开出新外王"的制度理论的差别在于,它并不预设有一种"标准"的制度形态、包括我们习以为常的建立在个人权利基础上的民主制度,而是更多关注个人权利与社群利益之间的共融。

儒家传统与现代制度创新之间是可以找到很多结合点的。在国家层面,国家可以确定以民为本的仁政思想是执政的基础。其次,中国的政治法律体系也可以从传统的政治体制中找到灵感,而不是非此即彼的关系。此外,还要考虑在地方社会组织中,如何看待乡村社会组织对于行政制度的互相支持关系。20 世纪以梁漱溟为代表的新儒家一直质疑在完全破坏传统社会结构的基础上所建立的治理秩序能否持续的问题。

而在国家性的保障体系和家庭保障的补偿作用之间，依然需要提倡儒家的家族亲情来使这样的社会转型得到合理的过渡。因此，探索在核心家庭基础上的新型儒家伦理及其制度依托，可以看作是中国式的制度创新的一个特别值得期待的前景。

第四，"天下"观念与世界秩序的建构。

作为一种模仿性的建构，近代中国在建立民族国家的过程中，激发出一种复杂的民族主义，当以康有为等为代表的守成主义者以及后起的新儒家希望通过建立中华文明的认同来完成建国的任务时，有一部分自由知识分子，则希望通过全盘的反传统和移植西方的政治法律体系来完成民族国家的建立。这样的两极化思想在中国近代以来不同的政治实践活动中以交叉混杂的方式不断重组，构成了中国思想的真正"危机"。也就是说，至今我们依然没有真正理顺传统中国的政治思想遗产和现代民族国家的政治思想观念之间的关系。

费孝通先生晚年开始思考"中华民族"与世界的关系，提出了一种超越了简单的民族主义的有前瞻性的认识。他以"多元一体"来定义中华民族，①通过中华民族发展过程中不断融合、发展壮大的事例，说明了人类在发展过程中所可能出现的新的融合。

费孝通将这样的思路进一步扩展至人类不同文明之间的交往，他认为虽然以利益格局为背景的民族国家现实使得人类走向利益共享的统一体还只是一个理想，但要达到这个理想需要一种文化自觉，并将之概括为"各美其美，美人之美，美美与共，天下大同"。② 20 世纪末至 21 世纪初，中国进一步融入世界经济和政治之中。中国的学者们开始全面反思 20 世纪以来中国人对于中国和世界的关系的认识，也从全球化的视野来反思现有文明秩序的问题。

在这个过程中，传统的"天下"观念受到重视。天下观念超越狭隘的民族国家的视野，以万物一体的观念来反思民族国家所造成的世界的实际不平衡。虽然，有批评者认为重新建构超越民族国家的新的王道理想未免过于"乌托邦"。甚至，更多的人会质疑用"王道"来作为未来世界秩序的命名。这都情有可原。中国人出于对西方殖民强权逻辑的仇恨和受敌对化的意识形态思维模式的影响，对于外来的干涉十分敏感，催生出一种强硬的民

①　费孝通《从实求知录》，北京：北京大学出版社，1998 年版，第 93 页。
②　同上，第 435 页。

族主义情绪和对国家利益的"偏执"。在这样的情绪下,一些已然形成的国家与国家之间的共识和基本规范,也会被一些人视为是对于中国主权或利益的侵害。所以,如何建构一种新的天下主义思想,是儒家学者所应该关注的。

毫无疑问,中国现在的核心任务是进行经济建设,使国民过上富裕的生活;中国也需要进行改革,使国民的公民权利得到充分的尊重。不过,也应该意识到,民族主义和国家利益至上有明显的局限性,在全球公民社会日渐形成的今天,我们每一个人除了国家公民之外,又有了一个新的身份,即全球公民。由此,我们不但要顾及个人的利益、国家的利益,而且还必须顾及全球的利益。

中国一直宣称走的是和平发展的道路,这也意味着中国愿意承担更多的国际责任,要在中国的发展和全球共同利益之间寻求一种新的平衡。这就意味着,我们的国家理念正在由原先单一的民族主义和国家主义转向国家主义与世界主义的结合。因此,重提儒家的王道理想,是建设新的中国政治哲学的一个重要部分。

跟历史上所谓的重归一样,每一次对于民族精神源头的回溯都不是要回到遥远的古代,我们现在对于儒家王道理想的回望,是要通过对于王道与霸道的争议的回顾,使道德和正义重新成为判定社会秩序优劣的基准。同时,对于王道的回望,更不是对晚期中华帝国中国中心论的反刍,而是对于任何霸权的批驳,并褒扬儒家某些有价值的精神。因此,王道观念在经历了霸权主义和国家政治的洗礼之后,应该成为中国国家政治的原则,因为这既是人类生存和发展的需要,也是人类不断改进自己的内在要求。

第三章　儒家经典与经学

　　经典是价值系统得以成立的基础,世界上最伟大的文明都是建立在几部核心的经典之上,比如基督教之《旧约》和《新约》,伊斯兰教之《古兰经》。儒家思想就其形成的时候,就是以"祖述尧舜,宪章文武"为其学派特色。儒家学派之所以能成为先秦诸子中最为重要的学派,就在于孔子删述古代经典,以一种文明的继承和发展者的承当自命。

　　虽然《庄子·天下》篇被认为是晚出的作品,然而《天下》篇所论述的"道术为天下裂"的说法,可以让我们想象,曾经存在着一个共同的"道术",是因为诸子百家各自强调其中的某一方面加以发挥,这样才使得人们逐渐不能了解内圣外王的整体性的道。在《天下》篇的作者看来,这些记录古代"道术"的作品,是邹鲁之士、缙绅先生多能明之,也就是说,儒家是最为熟悉这些承载古代道术的经典的,因此,儒家便占据了文明的源头。

　　《天下》篇说:

　　　　其明而在数度者,旧法世传之史,尚多有之;其在于《诗》《书》《礼》《乐》者,邹鲁之士、搢绅先生多能明之。《诗》以道志,《书》以道事,《礼》以道行,《乐》以道和,《易》以道阴阳,《春秋》以道名分。其数散于天下而设于中国者,百家之学时或称而道之。

　　　　天下大乱,贤圣不明,道德不一。天下多得一察焉以自好。譬如耳目鼻口,皆有所明,不能相通。犹百家众技也,皆有所长,时有所用。虽然,不该不遍,一曲之士也。判天地之美,析万物之理,察古人之全。寡能备于天地之美,称神明之容。是故内圣外王之道,暗而不明,郁而不发,天下之人各为其所欲焉以自为方。悲夫!百家往而不反,必不合矣!后世之学者,不幸不见天地之纯,古人之大体。道术将为天下裂。①

上文中,我们还可以看到一个对后世儒家的自我要求影响深远的"内圣外王"说来自《天下》篇作者对于道术统一时期的人格特质和政治理想的期待。

在这段对我们了解先秦思想发展至为重要的文字中,我们还可注意的是对于不同经典的着重点的分析,这些分析很显然与《礼记·经解》等有着内在的关系。《礼记·经解》说:

> 孔子曰:"入其国,其教可知也。其为人也温柔敦厚,《诗》教也;疏通知远,《书》教也;广博易良,《乐》教也;絜静精微,《易》教也;恭俭庄敬,《礼》教也;属辞比事,《春秋》教也。故《诗》之失愚,《书》之失诬,《乐》之失奢,《易》之失贼,《礼》之失烦,《春秋》之失乱。"②

在这段话中,我们可以看到不同的经典有其独特的"功能",虽然,这些经典存在着内在的一致性。

虽然诸子百家起源于共同的文化源头和问题意识,也都把思想的重点放在现实政治秩序的设计上。但是,儒家可以说是继承元典最为充分的学派,比如墨家是从与儒家不同的角度来对待六经,墨家并非反对儒家的秩序观,而是认为儒家重视礼乐的方法会造成社会资源的浪费。而道家和法家则是从反对以六经作为标准的方式来确立起自己的学派特色,不过在汉代之后,六经越来越成为儒家的专属作品。而随着五经博士的设立,经学成为儒家思想最为普遍的存在形态。李源澄说:"经学者,统一吾国思想之学问,未有经学之前,吾国未有统一之思想。经学得汉武帝之表彰,经学与汉武帝之大一统政治,同时而起。吾国既有经学以后,经学遂为吾国人之大宪章,经学可以规定私人及天下国家之理想。圣君贤相经营天下,以经学为模范,私人生活,以经学为模式,故评论政治得失,衡量人物优劣,皆以经学为权衡。无论国家与私人之设施,皆须于经学上有其依据。"③

---

① 王先谦《庄子集解》卷八《天下》,北京:中华书局,1987年版,第287—288页。

② 孙希旦撰,沈啸寰、王星贤点校《礼记集解》卷四八《经解》,北京:中华书局,1989年版,第1254页。

③ 李源澄《论经学之范围性质及治经之途径》,王川选编《李源澄儒学论集》,成都:四川大学出版社,2010年版,第347页。

对于儒家经典的来历和重要性,在儒学内部强调方式并不一致。如果从经学中的古文和今文来区分,古文经更为强调经典的文献意义,而今文经则看重这些经中所包含的孔子所创立的"万世法"。在今文家看来,古代的典籍只有通过孔子的删定才能称之为经,而在孔子之前,根本不存在经。在这些经典中蕴涵着圣人的政治理想和价值追求。皮锡瑞说:"读孔子所作之经,当知孔子作《六经》之旨。孔子有帝王之德而无帝王之位,晚年知道不行,退而删定《六经》,以教万世。其微言大义实可为万世之准则。后之为人君者,必遵孔子之教,乃足以治一国,所谓'循之则治,违之则乱'。后之为士大夫者,亦必遵孔子之教,乃足以治一身;所谓'君子修之吉,小人悖之凶'。此万世之公言,非一人之私论也。孔子之教何在? 即在所作《六经》之内。故孔子为万世师表,《六经》即万世教科书。"①这就是说,六经是孔子为后世制定的法则,也就在这个意义上,孔子堪称"万世师表"。

而古文经学家则根据孔子自称"述而不作,信而好古"的态度,推断孔子只是对前人的史料进行了系统的整理,并无微言大义在里面。当然,除今古文的态度而外,还有宋明道学家的立场,将六经和天道人性结合起来。也有史家试图超越今古文的对立,比如章学诚更是在前人的理论基础上,提出"六经皆史"的主张。在章学诚看来,六经是先王之政典,但我们所要取的是"法先王之所以为法",不应该拘执于字面的表述。这也有批评乾嘉汉学的意图在。

总体而言,儒家坚信经典已经具备了处理一切社会问题的大经大法,所以,对于经典的掌握是一切社会活动的基础,即所谓的"通经致用"。在许多儒者看来,儒家经典有不同的社会功能,比如,经典传播过程中的关键人物荀子就说:"故《书》者,政事之纪也;《诗》者,中声之所止也;《礼》者,法之大分,类之纲纪也……《礼》之敬文也,《乐》之中和也,《诗》《书》之博也,《春秋》之微也,在天地之间者毕矣。"②

"通经致用"在汉代的典型表现形式就是"春秋决狱""禹贡治河"和"洪范察变"等直接援引儒典作为行为规则和判断是非的标准。可以举一个例子来说明"春秋决狱"。据《后汉书·应劭传》称:"仲舒老病致仕,朝廷每有政议,数遣廷尉张汤亲至陋巷,问其得失。于是作《春秋决狱》二百三十二事,动以经对,言之详矣。"当时有一个案例,某人父亲在与别人打架的时候,

---

① 皮锡瑞《经学历史》,北京:中华书局,2004 年版,第 6 页。
② 王先谦撰,沈啸寰、王星贤点校《荀子集解》卷一《劝学》,北京:中华书局,1988 年版,第 11—12 页。

某人想用刀去刺与他父亲打架的人，但是不慎刺伤自己的父亲。按照当时殴打父亲斩首的法令，这个人就应该正法，但是《春秋》中记载了一位叫许止的人，他父亲生病，许止给他父亲进药的时候，他父亲死了，《春秋》说这个孩子给父亲进药是好心，所以不应有罪。所以根据《春秋》的原则，这个误伤自己父亲的人，并没有伤害父亲的主观故意，所以应该赦免。

有人把这样的现象看作是制度化初期，即社会制度并未完备时不可避免的现象。比如朝廷的礼制，和一些比较疑难的法律纠纷，在难以决断的时候，就需要经师根据经典的说法来做出判断。所谓的儒家制度化的过程同时也是在现实的制度中灌注儒家精神的过程，而一旦儒家精神变成某种制度而固定下来，其内在的精神便会变成百姓日用而不知的"社会情景"，并转化为社会习俗等方面的生活态度。

现代人对于经典的认识，也在不断的变化。现在人们比较侧重于从精神而非制度的角度来理解这些经典。比如杜维明将五经理解成对于世界的五种理解方式，即形而上的、政治的、诗意的、社会的和历史的理解。他说，《周易》象征形而上的方式，从而把占卜、命理和伦理洞见结合在一起，是生机和天理的结合，会促使人们追求天人合一的境界。《尚书》则是一种政治上的理解，通过圣人的榜样性的力量，创造出一种基于责任和信任的政治文化。《诗经》则是通过各阶层的个人和群体的情感表达，来强调人类共同情感中的儒家价值。而《礼记》所理解的社会关系，不是基于契约关系的竞争系统，而是一个重视交流的信赖共同体。最后《春秋》强调的是集体记忆对于社群自我认同的重要性。杜维明总结道："蕴藏在儒家经典中的核心价值，建议了一套具精巧的构造和细致的层次的理解方式，使我们得以了解人的意义；当我们被根植于人际关系中的同时，我们的终极关怀却是我们的身与心不断地自我转化，因而我们藉由我们的社会性实现了我们自己，并证成天命。"①

我相信很多人并不会完全同意以这样的方式去理解经典，但是，这样的理解为我们提供了一种新的视角。在当下的社会发展的阶段，我们已经不可能像传统的经师那样去定义这些经典和阐述这些经典的社会意义。不过，经典作为民族文化价值的重要载体，它的意义却是需要通过不断的阐发而显现在不同的社会历史阶段。在"是否要读经"和"如何解读经典"成为社会争议的热点的时代，我们对于经典的认识需要有新的角度，而不是停留在彻底否定和完全肯定的两个极端上。

---

① 杜维明《儒教》，台北：麦田出版社，2002 年版，第 137 页。

第一节　经、经典与经学

中国古代的典籍在被称引和传述的过程中,内在意义被不断丰富和扩充,其指向则不断分化和固定化,并成为体制性的教育制度的内容。比如《国语·楚语上》说:"教之《春秋》,而为之耸善而抑恶焉,以戒劝其心;教之《世》,而为之昭明德而废幽昏焉,以休惧其动;教之《诗》,而为之导广显德,以耀明其志;教之《礼》,使知上下之则;教之《乐》,以疏其秽而镇其浮;教之《令》,使访物官;教之《语》,使明其德,而知先王之务用明德于民也;教之《故志》,使知废兴者而戒惧焉;教之《训典》,使知族类,行比义焉。"虽然,里面提到的有些经典,现在已经失传,但其中提到的《诗》《书》《礼》《乐》的功能和后世所言的基本一致,比如《春秋》是扬善惩恶,《礼》是要人知道上下尊卑的秩序,等等。

经典的重要性就是在这样的意义和发生作用的方式的不断调整和确定中得到不断强化的。儒家经典本来也有一个不断系统化的过程,其中包括经典的种类和数量,我们习惯上有五经、十三经,所体现的就是这样的变迁。

一、从"六经"到"十三经"

"经""典""书"这些名称在先秦时期就已经存在,从章太炎以来到现代的许多学者都对经典的形成问题做出了独到的解释。如章太炎认为经就是指古代的书籍,倾向于消解"经"所带有的崇高性,这多少带有古文家立场的影子。王葆玹先生从《左传》昭公十五年"言以考典,典以志经"来考察由"典"到"经"的发展轨迹,颇有意味。他的结论是"典"是权威书籍"典籍"的简称,"经"则是"典"所要传达的道理,而逐渐"经"取代了"典"。他说"基于这样的原则,可以解释儒家的权威著作何以称经,亦可解释各家学派权威著作称经之例"。① 的确,我们可以发现《管子》《墨子》和《韩非子》里面均有"经""传"之类的说法。墨家也将墨子的著作称为"墨经"。

由此可见,在先秦时期,并非只有儒家的典籍被称为"经",但是儒家的典籍在汉武帝设立五经博士之后,其和别的诸子百家的书籍的地位就发生了根本性的变化,不但博士成为儒家经师的专有名称,儒家的经典也有了根本大法的意思。

---

① 王葆玹《今古文经学新论》,北京:中国社会科学出版社,1997 年版,第 34 页。

　　后来中国宗教经典也称为经，比如，佛教的典籍和道教的典籍都称为"经"，甚至我们在翻译西方的宗教经典的时候，也会用"经"，但它们与儒家经典并不是在一个含义上的。儒学史上也经常会有人主张"六经皆史"，但是经和史也是有根本差别的。皮锡瑞说："经史体例，判然不同。经所以垂世立教，有一字褒贬之文；史止是据事直书，无特立褒贬之义。"①也就是说经所具备的神圣性是别的书所无法替代的。然而近代人追述王阳明和章学诚等人对于六经皆史的说法，其实是要用历史的客观性来取代经学背后的价值坚持。

　　儒家的经典系统随着时代的变化而不断变化。我们最为熟悉的说法是"六经"。

　　所谓"六经"，就是《诗》《书》《礼》《乐》《易》《春秋》这六部儒家经典。有趣的是我们最早看到关于"六经"的说法是在《庄子》一书中，《庄子·天运》篇说："孔子谓老聃曰：'丘治《诗》《书》《礼》《乐》《易》《春秋》六经，自以为久矣，孰知其故矣。"《庄子·天下》篇则进一步把这六经的功能宣示了一下："《诗》以道志，《书》以道事，《礼》以道行，《乐》以道和，《易》以道阴阳，《春秋》以道名分。"

　　关于六经的次序也是大有讲究，一般来说，先秦诸子的文献和今文经学家的次序是一《诗》二《书》三《礼》四《乐》五《易》六《春秋》，上文所引之《庄子》中便是这样的次序，在汉代董仲舒的《春秋繁露·玉杯》中也是如此排列。尽管在董仲舒这里，对于经典的功能的描述与《庄子》略有不同。董仲舒说："《诗》《书》序其志，《礼》《乐》纯其美，《易》《春秋》明其知。"周予同先生认为这样的排列可能是依据经典的难易程度，这个可以略备一说。

　　而在古文家的眼里，经典的产生则是历史形成的，所以往往是按照六经产生的年代来定次序。比如，他们认为《易》的八卦是伏羲所画，所以列在第一；《书》中最早的篇章是《尧典》，尧比伏羲晚出，所以排在第二；《诗经》中时间最早的《商颂》又在尧的后面，那么排第三；《礼》《乐》为周公所作，在商的后面，排第四和第五；《春秋》是鲁国的编年史，又经过孔子的删定，所以排在最后。

　　与六经相关的"六艺"是一个值得提出的话题。儒家经典中关于"艺"的说法有两处经常被引用，一是《论语·述而》篇中"子曰：志于道，据于德，依于仁，游于艺"，一般根据何晏的《论语集解》解释为六艺。因为《周礼·

_____

① 皮锡瑞《经学通论·春秋》，北京：中华书局，1961 年版，第 50 页。

地官·保氏》中有为我们熟悉的说法:"乃教之六艺,一曰五礼,二曰六乐,三曰五射,四曰五驭,五曰六书,六曰九数。"但汉代有把六经和六艺混同的倾向,比如贾谊《新书·六术》篇说"《诗》《书》《易》《春秋》《礼》《乐》六者之术,谓之六艺",显然是将这两者趋同化。

六经之后,又有七经的说法,这种说法,最早出现在《后汉书·赵典传》中,透露出儒家经典演变的信息。七经有多种说法,最典型的有两种:一种是以六经加上《论语》;还有一种是承认《乐经》本无书或者不传的事实,由《诗》《书》《礼》《易》《春秋》加上《孝经》和《论语》。这意味着在汉代随着孔子地位的上升,《论语》逐渐上升为经典,而汉代"以孝治天下"的国策,则使《孝经》升格到"经"的地位。

在唐代,出现了"九经"的说法。顾炎武在《日知录》卷一八里说:"自汉以来,儒者相传,但言五经;而唐时立之学官,则云九经者,三传、三礼,分而习之,故为九也。"所谓三传,就是《春秋》的三部传注作品,即《春秋左氏传》《春秋公羊传》和《春秋穀梁传》。而所谓三礼,则指《周礼》《仪礼》《礼记》。三礼本来是分属今古文不同的体系,但在东汉贯通古今的郑玄兼注这三部书之后,"三礼"之名便确立下来,并成为唐代科举考试制度中明经科的基本考核内容。当然在不同的著作家那里,也有把《春秋》三传合为一经,加上《论语》《孟子》而称为九经的。这就意味着《孟子》在唐代开始不断被重视的事实。

唐代也有"十二经"的说法,据宋人晁武公的《郡斋读书志》说,唐太宗太和年间,复刻十二经,而立于国学,这里的十二经是《易》《书》《诗》《周礼》《仪礼》《礼记》《左传》《公羊传》《穀梁传》《论语》《孝经》《尔雅》)。

宋代道学家对于儒家思想有新的认识,因此,他们对于经典的认识也有很大的不同,尤其是道学家们继续抬高《孟子》的地位。朱熹将《礼记》中的《大学》《中庸》两篇与《论语》《孟子》两篇相配,合为四书,并作《四书集注》,这样,唐代的十二经,再加上《孟子》,称为十三经。皮锡瑞的《经学历史》说十三经是在唐代的九经基础上增加《论语》《孝经》《孟子》《尔雅》而成:"唐分三《礼》、三《传》,合《易》《书》《诗》为九,宋又增《论语》《孝经》《孟子》《尔雅》为十三经。"

二、十三经略说

经典本身是逐步形成的,特别是儒家的经典,首先是对古代典籍的删定"损益"而成,加上秦代的焚书事件,所以经典出现了许多不同的版本。这导致了某一经典的多种理解的可能。其次,如前文所述,经典的数量也有一个不断演变的过程,有一些典籍是在不同的朝代被尊为经的。所以,我们有必要了解十三经的一些基本情况。

(一)《诗经》

我们现在看到的《诗经》共收入自西周初期至春秋中叶约五百年间的诗歌三百零五篇。最初称《诗》,汉代儒者奉为经典,乃称《诗经》。《诗经》分为《风》《雅》《颂》三部分。

按照《毛诗序》的说法,"风"意思是"风教"和"讽谏",风教是君主对于臣下的教化,而讽谏则是百姓对于为政者的批评和规劝。朱熹则提出,风是民谣歌曲。《风》包括十五国的"风",共有诗一百六十篇。

《雅》包括《大雅》三十一篇、《小雅》七十四篇。《毛诗序》说:"雅者,正也。言王政之所由废兴也。""雅"还分为"大雅"和"小雅","小雅"出现时间稍晚,风格上接近于"风"。

《颂》包括《周颂》三十一篇、《商颂》五篇、《鲁颂》四篇。《毛诗序》说:"颂者,美盛德之形容,以其成功告于神明者也。"可知,颂就是把王侯的功绩祭告于神明的一种体裁。

古代的诗歌往往是与乐曲联在一起,所以,《诗经》中的不同内容,也就有不同的音乐形式。《风》是民间歌谣,而《雅》有人说是正乐之歌,也有人说"雅"原来是一种乐器的名称,用这样的乐器伴奏的乐歌就"雅"。《诗集传·颂序》说:"颂者,宗庙之乐歌。"也有学者认为《颂》是祭神和祭祖的时候用的歌舞曲。这些诗篇,就其原来性质而言,是歌曲的歌词。

《诗经》在先秦的时候已经成为立论的基础,孔子说不学诗,无以言。人们论说一个观点的时候常常会摘引《诗经》中的诗句,以此作为讨论问题的起点。举例说,《中庸》第三十三章说:"诗云:'潜虽伏矣,亦孔之昭。'故君子内省不疚,无恶于志。君子之所不可及者,其唯人之所不见乎。"这里《诗经》中的话就被用来解释君子为何要内省。此类例子在先秦典籍中比比皆是。

《诗经》的道德教化作用被特别地强调。《礼记·经解》引用孔子的话说,经过"诗教",可以使人"温柔敦厚"。

经过秦火,汉初传授《诗经》学的有四家,也就是四个学派:齐之辕固生,鲁之申培,燕之韩婴,赵之毛亨、毛苌,简称齐诗、鲁诗、韩诗、毛诗。毛诗虽然出现较晚,但到了东汉以后,毛诗日渐兴盛,并被立于学官。前三家则逐渐衰落,到南宋就完全失传了。今天我们看到的《诗经》,就是毛诗一派的传本。

(二)《尚书》

《尚书》原称《书》或《书经》,到汉代改称《尚书》。这是我国第一部上古历史文献和部分追述古代事迹著作的汇编，是我们了解商周特别是西周初期历史的一部重要典籍。

《尚书》的文体，现在一般将之总结为六类，即（1）典，如《尧典》，记述尧舜的事迹和言论。（2）谟，商议，如《大禹谟》。（3）训，训导、教诲，如《伊训》。（4）诰，是执政者发布的号令，如《康诰》。（5）誓，主要是战争之前的誓言，如《汤誓》。（6）命，主要是一些帝王奖励臣子的命令，如《文侯之命》。还有一些篇目不一定能列入这些范围，但却是十分重要的，如《洪范》。

传说孔子时期《尚书》还存三千多篇，是孔子将其删定至一百多篇作为教材。事实上《尚书》确切有多少篇现在已无法了解，在可见的先秦诸子中征引《尚书》最多的是墨子。

汉朝初年，有一个叫伏生的人，将自己保存的《尚书》整理出 28 篇，并在齐鲁之间传授，逐渐形成了欧阳高的"欧阳尚书"，夏侯胜的"大夏侯尚书"，夏侯建的"小夏侯尚书"，这三家在西汉陆续被立于学官。

这三家《尚书》用汉代通行的文字隶书抄写，称"今文尚书"。受汉代谶纬之风的影响，《尚书》的《洪范》篇中的五行思想被改造成五行和灾异思想的源头，西汉末年的儒生甚至把《洪范》"九畴"说成是上天命神龟驮着在洛水上授予大禹，因此成为《洛书》。

《古文尚书》的情况更为复杂，《史记·儒林传》记载孔子的第十一世孙孔安国藏有先世留下的《尚书》，随后陆续有各种《古文尚书》被发现的传闻。晋元帝时，梅颐献伪《古文尚书》及孔安国《尚书传》。这部《古文尚书》比《今文尚书》多出 25 篇，又从《今文尚书》中多分出 5 篇，而当时今文本中的《秦誓》篇已佚，所以伪古文与今文合共 58 篇。唐太宗时，孔颖达奉诏撰《尚书正义》，就是用古今文真伪混合的本子。

历来注释和研究《尚书》的著作很多，有唐孔颖达的《尚书正义》、宋蔡沈的《书集传》、清孙星衍的《尚书今古文注疏》，等等。

《尚书》因为多次失传，因此，对于《古文尚书》的真伪问题，一直得到关注，特别是清阎若璩所论证《古文尚书》为伪的结论，得到了近代许多人的肯定，一是阎的考据方法被视为接近于"科学"，二是与近代以来的疑古思潮有合流。近年来有出土文献称与《尚书》一书有关，但学界还未达成一致的意见。

（三）《仪礼》《周礼》《礼记》

中华文明被视为是"礼乐文明"，主要是指有十分发达的礼乐教化传统，尤其是礼制十分完备。这些丰富完备的礼制就主要记录在礼经中。

儒家关于礼的经典主要包括《周礼》《仪礼》《礼记》，通称"三礼"。一般认为《周礼》《仪礼》是周公所作,《礼记》则系汉戴德(人称大戴)、戴圣(人称小戴)叔侄所删记。

《周礼》又名《周官》,是三礼之首,因为《尚书》有《周官》篇,所以也有人将之混为一书,改为《周官经》。西汉末列为经而属于礼,所以称为《周礼》。唐代的陆德明在《经典释文·序录》中说:"王莽时,刘歆为国师,始建立《周官经》为《周礼》。"

《周礼》记述的是中国古代的官制及其他的政治制度,以儒家的政治理想加以增减取舍汇编而成。《周礼》共分六篇,包括《天官冢宰》《地官司徒》《春官宗伯》《夏官司马》《秋官司寇》《冬官司空》。其中,《冬官》一篇早已散佚,西汉时补以《考工记》,称为《冬官考工记》。全书共分四十二卷。

《周礼》因为在三礼中形成时间最晚,又没有明确的传经脉络,所以对于该书为何人所作,说法众多。最流行的说法认为是周公所作,称之为《周公致太平之迹》《太平经国之书》。但也有人认为虽为周公所作,未曾付诸实行或局部为后人添入。第二类认为非周公所作,是西汉晚期刘歆校书时,加以整理补充而伪造成书,或与王莽合作窜改。汉代的何休就推断《周礼》作于六国之时。清代以来也有人认为《周礼》是刘歆伪造,清方苞《周官义》已开其端,康有为在其影响广泛的《新学伪经考》一书中,断言为歆伪造。

还有人认为既不是周公所作,又不是刘歆窜改,而是出于他人之手,作者可能是一人,也可能是许多人。时间为西周初,晚至西汉之末。近代学者根据考古出土文物的周秦铜器铭文所载官制,考究该书中的政治、经济制度和学术思想,基本上可以断定为战国时代的作品。

《仪礼》最早称为《礼》,因书中主要是记述春秋战国时期士大夫阶层的礼仪,所以汉代又称《士礼》。而相对于《礼记》,又被名之为《礼经》,到晋时始有《仪礼》之名,唐文宗开成年间(公元836—840年)石刻九经,用《仪礼》之名,成为通称。《仪礼》的作者也有多种说法,一说是周公所作,另一说为孔子所作,均难以成为定论。

《仪礼》共十七篇,包括《士冠礼》《士昏礼》《士相见礼》《乡饮酒礼》《乡射礼》《燕礼》《大射仪》《聘礼》《公食大夫礼》《觐礼》《丧服》《士丧礼》《既夕礼》《士虞礼》《特性馈食礼》《少牢馈食礼》《有司彻》,内容遍及上古贵族生活的各个方面。宋人王应麟依照《周礼·春官·大宗伯》对于礼的分类,将十七篇分为四类:《特性馈食礼》《少牢馈食礼》《有司彻》三篇是关于祭祀鬼神、祈求福佑之礼,属于吉礼。《丧服》《士丧礼》《既夕礼》《士虞礼》记述丧葬之礼,属于凶礼。《士相见礼》《聘礼》《觐礼》记述宾主相见之礼,属于宾礼。《士冠礼》《士昏礼》《乡饮酒礼》《乡射礼》《燕礼》《大射仪》《公食大夫礼》记述冠婚、宾射、燕飨之礼，属于嘉礼。①

《礼记》是战国至秦汉年间儒家学者解释说明经书《仪礼》的文章汇集。其中很多篇章可信是孔子的七十二弟子及再传弟子们的作品。

《礼记》主要记载和论述先秦的礼制、礼意，解释《仪礼》，由郑玄作注而传世的《礼记》共四十九篇。郑玄和刘向曾经把《礼记》的内容分为八类。即：通论类的 16 篇：《檀弓》上下、《礼运》《玉藻》《大传》《学记》《经解》《哀公问》《仲尼燕居》《孔子闲居》《坊记》《中庸》《表记》《缁衣》《儒行》《大学》。制度类 5 篇：《曲礼》上下、《王制》《礼器》《少仪》。明堂阴阳 2 篇：《月令》《明堂位》。丧物类 12 篇：《曾子问》《丧物小记》、《杂记》上下、《丧大记》《丧物大记》《奔丧》《问丧》《服问》《间传》《三年问》《丧服四制》。子法(为王子示范)2 篇：《文王世子》《内则》。祭祀类的 4 篇：《郊特牲》《祭法》《祭义》《祭统》。吉事类 7 篇：《投壶》《冠义》《昏义》《乡饮酒礼》《射义》《燕义》《聘义》。乐记类 1 篇：《乐记》。

（四）《周易》

《周易》被视为群经之首，即使是"易"之名，本身就充满辩证的气息，《易纬乾凿度》说"易"有三种含义：易简、变异、不易。

对于《周易》的作者，《汉书·艺文志》中有一个说法叫"人更三圣，世历三古"，即认定伏羲画八卦，周文王演为六十四卦，作卦爻辞，孔子作传来解释易之精义。后来又有人说，文王演卦而作"卦辞"，周公又祖述文王的思想，著了"爻辞"，所以朱熹便说是"人更四圣"。这体现出这些经典多是数代人不断完善而成。同时，将经典与伟大的历史人物相结合是为了说明这部经典的重要性。

现在一般的看法认为《周易》的基本素材来自西周初期，当时掌管卜筮的人将每次占卜过程中所得的兆象和占断的词句记录下来，然后不断整理结集，最后形成了我们现在所看到的《易经》。

《易经》分为经和传两部分，对于《易传》历史上一直认定是孔子所作，但是现代的考证基本上可以确定《易传》十篇并非孔子所作，而是战国时期陆续形成的。

阴阳是《周易》中最为基本的两种"元素"，《周易》中的卦一般由阳爻"—"和阴爻"--"构成。将上述阴阳两爻按照由下往上重叠三次，就形成了

---

① 参看彭林《〈三礼〉说略》，李学勤主编《经史说略》，北京：北京燕山出版社，2003 年版，第105 页。

八卦。即"乾、坤、坎、离、震、艮、巽、兑"八个基本卦,称为八经卦。每一卦形代表一定的事物:乾代表天,坤代表地,坎代表水,离代表火,震代表雷,艮代表山,巽代表风,兑代表沼泽。再将八经卦两两重叠,就可以得到六个位次的易卦,共有六十四卦,这六十四卦称为六十四别卦,每一卦都有特定的名称。总体来说,这些卦爻试图以自然的现象来说明人事变幻,提出一些基本的行为准则。

孔子显然沉迷于《周易》的这些卦爻的复杂变化和其中所蕴涵的哲理,有记载说他甚至"韦编三绝",即他看的次数太多,以致连缀这些书的线都断了多次。

孔子以后的儒生不断地以各种方式来解读这本书,逐渐形成了《易传》,《易传》共10篇,汉儒郑玄将之称为《十翼》,"翼",即羽翼。其中包括:《彖传》《象传》《系辞》《文言》《说卦》《序卦》《杂卦》。

现在也不断有人论证《易传》是道家的著作,对于这个问题我们可以这样看,因为《周易》中涉及宇宙和自然的观念,而这些观念在战国时期已经得到广泛的传播,对于诸子百家的思想都有一定的影响。

到汉代,《周易》被尊为五经之首,在不断的传承和演化过程中,属于今文经学的施雠、孟喜、梁丘和京氏四家被立于学官,而以费直为代表的费氏易,属于古文经学,是民间易学的代表。

除了古、今文的差异之外,《周易》因其著作的特殊性,历代解《易》的方式也分为象数和义理两派。象数派以阴阳奇偶之数和八卦所象征的物像来解释《周易》文本;而义理派则注重阐发《周易》文辞中所包含的哲理。

(五)《春秋》

"春秋"曾经被用来指称古代记载各国历史的典册,所以各国有各自的"春秋"。然《春秋》由普通的名词变为专门的名词,可能起自《孟子》,[①]孟子说过孔子作《春秋》,使得那些乱臣贼子深感恐惧而不敢作乱。

作为儒家经典的《春秋》其实是一部鲁国的编年史,记载了上起鲁隐公元年(公元前722年)到鲁哀公十四年(公元前481年)之间鲁国的重大事件。

《春秋》是否真的是孔子所作? 在现代或许是一个不容易得出结论的问题,但是在古代,大多数人坚信《春秋》为孔子所作。与此相关,出现了一个小的问题,即《春秋》的下限在哪一年?《左传》中的《春秋》经文到鲁哀公十

---

① 本节关于《春秋》部分的内容参考了沈玉成、刘宁《春秋左传学史稿》,南京:江苏古籍出版社,1992年版。

六年孔子卒为止,而《史记·孔子世家》说孔子作《春秋》所记录的时间到鲁哀公十四年"获麟"为止。所以,更相信司马迁的人,认为哀公十五、十六两年的经文是孔子的弟子所补。

对于孔子为什么要作《春秋》,司马迁在《太史公自序》中有具体的说明:

> 上大夫壶遂曰:"昔孔子何为而作《春秋》哉?"太史公曰:"余闻董生曰:'周道衰废,孔子为鲁司寇,诸侯害之,大夫壅之。孔子知言之不用,道之不行也,是非二百四十二年之中,以为天下仪表,贬天子,退诸侯,讨大夫,以达王事而已矣。'子曰:'我欲载之空言,不如见之于行事之深切著明也。'夫《春秋》,上明三王之道,下辨人事之纪,别嫌疑,明是非,定犹豫,善善恶恶,贤贤贱不肖,存亡国,继绝世,补敝起废,王道之大者也。……是故《礼》以节人,《乐》以发和,《书》以道事,《诗》以达意,《易》以道化,《春秋》以道义。拨乱世反之正,莫近于《春秋》。《春秋》文成数万,其指数千。万物之散聚皆在《春秋》。"①

正因为《春秋》是王道之大要,通过褒贬来表达儒家对于合理政治秩序的态度。所以,司马迁认为无论是当国者还是为臣者,都必须了解《春秋》。

正如司马迁自己所说的,他对于《春秋》意义的说法,来自董仲舒,而董仲舒是"公羊学"的代表。说到"公羊学",我们必须对《春秋》三传做一个简略的介绍:

据《汉书·艺文志》,西汉传《春秋》的有五家,其中《左传》最早,而被列入学官的是《公羊传》和《穀梁传》。在刘歆的努力之下,西汉末年《左传》也被列入学官。

《公羊传》因其作者可能是公羊高而得名,但阐发公羊家义理最为重要的人物是董仲舒和何休。他们提出了"三统""三世""黜周王鲁""三科九旨"等命题,发挥大一统、尊王攘夷、君臣之道、上下尊卑等道德观念,深刻地影响了中国人的历史观和价值观。晚清时康有为倡导变法,将"据乱世、升平世、太平世"三世说与西方进化论原则相结合,建立了新的历史哲学。

与《公羊传》同为今文经学的《穀梁传》据说为穀梁赤所作,与《公羊传》略有出入,在汉代也有很大影响。不过,在后世的影响不如《公羊传》。

---

① 司马迁《史记》卷一三〇《太史公自序》,北京:中华书局,1982年版,第3297页。

在《春秋》三传中，《左传》的作者左丘明是与孔子同时代的人物，有一种说法，左丘明恐怕后人不了解孔子的意图，所以详细记录史实来说明《春秋》。

与《公羊传》和《穀梁传》主要以阐述经义为主，间或涉及史事不同的是，《左传》的着重点在从史实上"解经"或"补经"。因此，《左传》也并非如另两传那样与经文一一对应，而是有一些独立的内容。当然，《左传》虽是从事实出发，但也贯穿着儒家的观念，特别是对于"礼"的强调和"重民"思想的彰显。

（六）《论语》

《论语》是记录孔子和他的门人弟子言行的文集，可能是在孔子死后由他的弟子和再传弟子将这些谈话加以收集和整理编辑而成。如果研究孔子和儒家学派的思想观念，《论语》是最为重要的基础文献。

古代的《论语》也有今文和古文不同的版本，根据《汉书·艺文志》，《齐论》二十二篇和《鲁论》二十篇属于今文，而古文的《论语》有二十一篇。

现在通行的《论语》是根据《张侯论》而逐渐形成的。《张侯论》的作者张禹，西汉末年做过博士，官至汉成帝时候的丞相。他对《鲁论语》和《齐论语》做了比较以后，选择了其中二十篇编成一个定本，称为《张侯论》。

有一个说法，说郑玄根据《张侯论》，参照《齐论语》和古文《论语》作了《论语注》，但后来《齐论语》和古文《论语》失传了，郑玄的《论语注》也只有一部分留传下来，所以《张侯论》便成为最重要的本子。

后来何晏为之做了《论语集解》，这样便是我们现在所阅读到的《论语》，虽然何晏自己承认根据前人的不同的本子，对于《论语》做了一些"改易"，不过后人似乎并不再进行"再创造"，而是在何晏集解的基础上做进一步的解释和考证。

在《论语》的发展史上，有一些重要的注疏类著作，比如南朝皇侃的《论语义疏》、宋代邢昺的《论语正义》、朱熹的《论语集注》、清代刘宝楠的《论语正义》等，近人程树德和杨伯峻等人的注释也值得注意。

《论语》的篇章，一般是取其第一句话的前二三字为标题，全书比较全面地体现出孔子对于仁、礼、孝等观念的说法，也提供了孔子对于自然、社会及生活态度的基本认识。

（七）《孟子》

这是记录孟子言行的一部著作，也是儒家重要经典之一。《孟子》是十三经中唯一以作者名字命名的经典，它在相当长的时间里是属于"子部"的作品。据说秦始皇焚书的时候，就因为《孟子》属于诸子而免于劫难，这也使得《孟子》被比较完整地保存下来。

按照赵岐的说法,《孟子》在汉孝文帝的时候与《论语》《孝经》《尔雅》等一并设置博士,但后来汉武帝独尊五经,而废置传记博士,所以《孟子》一书又重新回到诸子的地位,但其地位又略高于诸子。

孟子的地位在唐代有一个质的变化,因为在韩愈的道统谱系中,孟子是接续道统的最后一个人,以后再有人要"求观圣人之道者,必自孟子始"。

而到宋代,孟子的地位进一步升级。由于宋代兴盛起来的理学系统更加侧重于心性之学,《孟子》书中的许多范畴均成为理学的关键词。宋代理学史上的另一个举措是将《论语》《孟子》《大学》《中庸》一起合称"四书",其地位与五经并列。

同时,在政治层面,孟子的地位也日隆一日。自宋神宗熙宁四年(公元1071年)改革科始,《孟子》成为经书。1083年,孟子被封为邹国公,与颜回一起被供奉到孔庙。到元文宗时(公元1330年),孟子被封为邹国亚圣公。这样亚圣便成为孟子的官方称呼。

不过《孟子》书中强烈的民本思想也使其著作被朱元璋等人所顾忌。据传,有一次,朱元璋在《孟子》中读到"君之视臣如手足,则臣视君如腹心;君之视臣如犬马,则臣视君如国人;君之视臣如土芥,则臣视君如寇雠",认为这不是臣子应该说的话。因此罢免了孟子配享孔庙的资格,并让翰林院的学士刘三吾删除《孟子》书中不利于确立君主绝对权力的言论,新编一部《孟子节文》,并下令被删掉的部分不准用来命制科举试题。后来在明世宗嘉靖九年(公元1530年)的礼制改变中,孟子的地位被恢复甚至进一步增高,因为他直接被称为"亚圣"。

《孟子》的注本中,东汉赵岐的《孟子章句》、宋朱熹的《孟子集注》、清焦循的《孟子正义》最受人重视。

孟子所提倡的性善论和王道仁政思想,是儒家思想中极为重要的组成部分。

(八)《孝经》

在儒家经典中,《孝经》因为主要是对儒家所看重的"孝道"进行阐述,所以一直受人重视。

《孝经》的作者,传统的说法集中在孔子与曾子两个人身上。司马迁在《史记·仲尼弟子列传》中认定《孝经》为曾子所作。他说:"曾参……少孔子四十六岁。孔子以为能通孝道,故授之业,作《孝经》。"而《汉书·艺文志》则说:"《孝经》者,孔子为曾子陈孝道也。"从《孝经》的文本看,这样的说法似乎很有一些道理,因为《孝经》的文本主要就是孔子和曾子之间的对话。

但根据文中对孔子和曾子的称呼方式和内容,可以断定它成书于孔子、曾子之后,《吕氏春秋》之前。①

《孝经》的地位固然很高,但一般也认为《孝经》之"经"与其他经典的"经"意思不同,更多是"法则"或"常法""常道"的意思。

中国传统社会里,家庭伦理是社会伦理的基础。所以《孝经》一书虽只有一千多字,但一直拥有非同一般的地位。汉代的儒生,在政治合法性的建设上,主要依据《春秋》,而在社会行为层面则依据《孝经》。所以纬书《孝经钩命诀》中,孔子自称"志在《春秋》,行在《孝经》",而《隋书·经籍志》说"孔子既叙六经,题目不同,指意差别,恐斯道离散,故作《孝经》以总会之。明其枝流虽分,本萌于孝者也"。

《孝经》以父子一伦为基础,并认为父子一伦所具备的爱、敬,可以推而至于家国天下,"在家敬于父,养成敬之心,则出外乃能敬于长、忠于君。而且,由此敬心而能行礼,则与一切规范,皆能有恰当之所行"。② 这样,孝可以说是一切道德的根本,也是社会秩序的基础。

鉴于孝道与社会秩序之间的关系,历代的封建帝王十分热衷于注解和讲解《孝经》。《孝经》开宗明义地提出,孝由家到社会,再到成就自己的历程,即所谓"始于事亲,中于事君,终于立身"。《孝经》规定了各阶层的人对孝的要求。指出不孝是最大的罪行。

《孝经》并不强调"顺",而是认为在父母和君主有过失的时候,应勇于谏净,君父如能从善而改过,则可有福报。

《孝经》鼓励通过事功而使父母得以显耀,这可以看作是光宗耀祖观念的一种体现。《孝经》对于"忠"和"孝"之间的关系也有巧妙的解释,即《广扬名章》所说的:"君子之事亲孝,故忠可以移于君。"这既是儒家家庭和社会国家一致性观念的延伸,同时也使儒家的观念和权力阶层的需求之间有一个协调。

(九)《尔雅》

《尔雅》是十三经中比较特殊的著作,因为《尔雅》本身并不提供任何的儒家观念,它的主要功能是古代治经的工具书。王宁说:"《尔雅》是一部古代经典的词语解释之书,它在释词上有三大任务:(1)标准语释方言俗语。(2)当代语释古语。(3)常用语释难僻词语。对文献语言作出的解释,我

---

① 彭林《〈孝经〉说略》,李学勤主编《经史说略》,北京:北京燕山出版社,2003 年版,第265 页。

② 干春松、陈壁生主编《〈孝经〉的人伦与政治》前言,北京:中国人民大学出版社,2015 年版。

们古代称作'故训',又称'训诂',《尔雅》实际上是一部训诂的汇编。它不像一般的经书,是供阅读的;而像古代的字书,是供查检的。"①

　　《尔雅》的作者历来说法不一。《尔雅》有的认为是孔子门人所作,有的认为是周公所作,经后人增益而成。更多的人则认为是秦汉时人所作,经过代代相传,各有增益,在西汉时被整理加工而成。

　　班固在《汉书·艺文志》著录有《尔雅》三卷 20 篇。唐朝以后将它列入"经部",成为儒家经典之一。现存《尔雅》为 19 篇,与班固所说的 20 篇不同。具体看(1) 释诂、(2) 释言是对古代的一些单词的训释,而(3) 释训则主要是训释迭字和联绵字。(4) 释亲是对古代的亲属关系称谓的解释。(5) 释宫、(6) 释器、(7) 释乐这三部分是对宫室建筑的形制、日常的用具和服饰、乐器等器物的名称的解释。(8) 释天是对天文历法等名词的训释。(9) 释地主要是对古代的行政区划的训释。(10) 释丘、(11) 释山、(12) 释水是对自然地理的名词解释。(13) 释草、(14) 释木是对植物的名词的训释。(15) 释虫、(16) 释鱼、(17) 释鸟、(18) 释兽、(19) 释畜顾名思义是对动物的名称的训释。

　　对于《尔雅》的注疏有代表性的有晋郭璞的《尔雅注》、清代邵晋涵的《尔雅正义》、清代郝懿行的《尔雅义疏》等。

第二节　经 典 与 解 释

　　我们读《中庸》的时候,会读到"文武之政,布在方策"。这个"方策"就是指不同的书写载体,现在也被用来断定帛书和竹简的时代归属。古书的抄写是有一定规则的,比如说竹简有长短,官府用的是长二尺四寸,而私人所用的则是长一尺二寸。也有八寸的,还有一种六寸的木板,是用来记录读经时的一些思考。

　　但形制的问题在帛书和纸张出现之后,已然不成为问题了。后来出现了如我们现在所看到的"书"这样的体裁。对于这些经典而言,在汉代以后,当五经博士制度建立之后,一方面,经典的真理性地位得以确定;另一方面,如何对经典进行解释已经成为儒家思想发展的一个关键问题。

　　我们已然了解,不同时代所重视的经典也不同。在历史发展的不同阶

---

① 王宁《〈尔雅〉说略》,李学勤主编《十三经说略》,北京:北京燕山出版社,2003 年版,第283 页。

段,所面对的问题各不相同,儒家思想需要对之做出对应性的回应,比如四书在唐宋之后受推崇,就是因为佛教所带来的冲击。当然更为激烈的冲击来自具体的政治问题,比如正统性问题等。

由此可见,经典的解释可能是一种政治性的事件,或是一种观念和价值的传达,当然也可以是学术性的辨析。更多的是这几方面甚至更多层次功能的结合。传统中国的儒生解经,显然不只是为了学习一种知识,更是为了寻求生命意义,寻找生活普遍规则的源头,追问生命存在和社会、政治规范的合法性。所以,传统的经典解释者总是立足于他们所在的历史环境,在不同的历史时代、不同的历史情境中面对经典、复活经典精神。

一、经典的注释结构

中国经学的注释有其独特方式,一般而言分为传、说、记、章句和笺注等形式。在东汉末年郑玄注经之前,五经的传、说、记、章句都是独立成篇的,其目的是为了保持经的崇高地位。

所谓"传"是指对经的传述,主要指五经的解释性或辅助性的作品。"孔子及其弟子讲述经书,往往是口授,这些解释在历代师弟之间口耳相传,渐被整理成书本",①这就是传的形成。最重要的作品如《春秋》三传、《易传》等。有的经典,如《春秋》,据说是孔子根据鲁国史书"笔削"而成,因此圣人的意思主要在"传"中,所以一般三传更被看重。

同为"传",形式也多样,《春秋公羊传》《穀梁传》是阐明经典微言大义的,而《毛诗训诂传》则是依随文字逐字逐句解释的。

"记"最常见的作品有《礼记》《乐记》,主要是记录祭祀程序及其意义解释的作品。"如果说'传''说'的作用是忠实地解释、传述经义,那么'记'的作用便是像史官记事那样,记录那些经传本应载有但却没有提到的事件和学说。"②

"笺",主要是对前人解释的引申、发挥或补充、订正。

"疏""正义",这是唐代以后出现的新的注释经典的说法。到了唐代,社会生活形式发生了很大的变化,而且去古已远,即使是汉代的许多注释也变得不容易理解。因此,在注释经典的时候,不但要注释正文,而且还要对汉人的注释进行再度注解,这种形式,被称为"疏""正义"。最典型的作品如《五经正义》。

---

① 王葆玹《今古文经学新论》,北京:中国社会科学出版社,1997 年版,第 66 页。本书关于经学体裁的介绍多参考此书。

② 同上,第 68 页。

章句也是经学的重要形式,我们阅读四书的时候,一般会采用朱熹作的《四书章句集注》。章句,最简单的说,就是把原本连在一起的经典进行分章和断句。《后汉书·桓谭传》李贤注说:"章句谓离章辨句,委曲枝派也。"从两汉经学的状况看,"章句"在断句的过程中用义理和旁证进行解释。《后汉书·徐防传》引徐防的话说:"《诗》《书》《礼》《乐》,定自孔子;发明章句,始于子夏。其后诸家分析,各有异说。汉承乱秦,经典废绝,本文略存,或无章句。"这里的意思是说,因为秦始皇焚书,所以经书散乱,而章句之学是在搜集、整理失散的经籍过程中兴起的。这种说法有很多的支持者。

二、今文经与古文经

中国的经典解释有很多的划分方式,最典型的是经学中的今文与古文,这是从汉代一直延伸到康有为和章太炎的经学内部的学派纷争。而另一种则是从义理与考据来区分汉学和宋学,在这样的区分中,今古文之间的差别似乎就被淹没了,而变成注重文字考辨和义理阐发的区分了。

我们先来了解今文和古文、今文经和古文经。

所谓今文和古文是两种文字的写法。"两汉官方所尊崇的五经及其传记全用隶书抄写,这就是汉代以及后代学者所说的'今文'。战国时代六国流行的六艺经传分别用六国文字抄写,与籀、篆、隶三种字体不同,这就是汉代及后代学者所说的'古文'。"[1]汉武帝时官方抄写的经文定本被称为今文经,而古文经来源则比较复杂。有些是民间收藏的,有些是出土的经书,最著名的记载是鲁恭王在扩建其宫的时候,把孔子旧宅毁坏了,发现里面有一些用六国文字书写的《礼》和《尚书》等文本,后由孔安国献上。

在汉武帝立五经博士的时候,所谓的五经就是今文经,但在西汉末刘歆争立古文经为博士的时候,今文经和古文经之间的冲突便开始了。他们之间的冲突最基本的原因当然是立场上的差异。

对于今文经学和古文经学之间的差别,历来有很多不同的见解。甚至认为这种区分来自廖平。廖平有许多充满争议的解释。在今古文的区分上,他认为今古文的差别是礼制的差别,今文以《王制》为主,古文以《周礼》为主。它们都来自孔子,古文经是孔子早年的学说,今文经则是孔子晚年的学说。[2]

综合许多学者的意见,最主要的差异有以下几个方面。[3]

---

①　王葆玹《今、古文经学之争及其意义》,姜广辉主编《中国经学思想史》第二卷,北京:中国社会科学出版社,2003 年版,第 555 页。

②　参廖平《廖平选集上·今古学考》,成都:巴蜀书社,1998 年版。

③　参考王葆玹《古今兼综:两汉经学》,台北:万卷楼图书有限公司,2001 年版,第 69—72 页。

　　第一，关于经典的构成和来源：今文经学家认为五经皆是孔子手定，经学的历史就应以孔子删定五经为起点。他们不承认《乐经》的存在。古文经学家则认为先秦原已存在《乐经》，六经是孔子以前各时代的官书，并非创始自孔子。

　　第二，孔子的地位：今文学家极度推崇孔子，认为孔子乃圣人，是"素王"，因此将孔子纳入古代以来的圣王系统。他们还结合谶纬，认为孔子是"感生""受命"而"告成"。也就是说，孔子是他母亲与黑帝感而生，因此是受天之命，为万世制定法度。而告成则是完成这些过程之后的向天祭告。古文家则把孔子看作是先师、良史。他们更尊崇周公。

　　第三，"微言大义"还是"述而不作"：今文家认为孔子删定五经的主要目的是要托古改制。因此要从这些经典中去发现微言大义，并阐释出一系列治国安邦的理论。但古文家则更相信孔子是"述而不作，信而好古"。

　　第四，经典系统：在汉成帝和哀帝之前，今文经学主要的经典是春秋公羊学。在哀帝之后，今文学与逐渐兴旺的古文学均以《周易》为首要经典。但相互之间攻击的重点不同，古文经学力攻《春秋公羊传》，而今文经学的目标则是《左传》和《周礼》。

　　第五，今文经学虽然传承系统明确，但因最初主要依赖口传，而且有些经典如《尚书》并不如古文经完整，因此被指责为"信口说而背传记"和"保残守缺"。古文经学的经典因是从民间收集或是偶然发现，并无确定的传承系统，所以被攻击为"无有本师"，被看作是刘歆伪造而成。

　　第六，今文经内含有天人感应、灾异等思想，在西汉末和东汉初，与谶纬思想合流。而古文经排斥谶纬。

　　一般而言，西汉今文经学盛行，东汉则古文经学盛行。与此相关的一般的经学史著作都会说西汉重"师法"，东汉重"家法"。

　　皮锡瑞说：先有师法后有家法，师法是溯源，家法则是发展。"汉人最重师法，师之所传，弟子所受，一字毋敢出入，背师说即不用，师法之严如此。"[1]这是十分容易理解的，因为经既然被立为博士，既有责任把经典解释清楚，同时为利益考虑也要保护其独特性。然而问题是严守师法的经学如何会分那么多的派别，我们知道所立的五经博士中，许多经典均是同时立有很多家。虽然按皮锡瑞的观点，有些是不该立而立，但是立异同样是经学存在和发展的一个必然趋势。

　　就严守规矩而言，师法和家法并无本质的区别。师法指的是西汉初年

---

①　皮锡瑞《经学历史》，北京：中华书局，2004 年版，第 46 页。

经学确立过程中诸位大师解释经典的基本观念,后来五经各立数家,数家经法又有不同的传承,所以就产生了家法。而家法本身来源于这些大师,所以重家法必然重师法。比如西汉的易学来源于田何,后来形成了施、孟、梁丘三家易学,都立为博士。相对于田何来说,后形成的三家可以说是家法,田何本身的观念可称为师法。但对于三家易的传人来说,这三家易的观念就是师法了。

家法确立的一个重要标志是章句。西汉初期的儒生继承先秦诸子的观念,思想比较解放,并不拘泥于文字,但是随着设立博士,对于经典的解释越来越技术化。经学思想本身也需要体系化和固定化。这种固定化的最初动机可能是为了应付来自不同门派之间的攻击。比如说:"(夏侯)胜从父子建字长卿,自师事胜及欧阳高,左右采获,又从《五经》诸儒问与《尚书》相出入者,牵引以次章句,具文饰说。胜非之曰:'建所谓章句小儒,破碎大道。'建亦非胜为学疏略,难以应敌。建卒自颛门名经,为议郎博士,至太子少傅。"①

其实,经学门派之间的互相攻击一直是十分激烈的。不仅是今古文之间,而且今古文内部也时有冲突。特别是古文经学,因为长期被今文经学压制,攻击今文经学也最力。班固说:"古之学者耕且养,三年而通一艺,存其大体,玩经文而已。是故用日少而畜德多,三十而五经立也。后世经传既已乖离,博学者又不思多闻阙疑之义,而务碎义逃难,便辞巧说,破坏形体。说五字之文,至于二三万言,后进弥以驰逐。故幼童而守一艺,白首而后能言。安其所习,毁所不见,终以自蔽,此学者之大患也。"②

今文经学对古文经的压制也是明显的,而且今文经日渐繁琐也是事实,因此,今文经学日渐远离现实需要,而失去活力。当时刘歆请求哀帝将《左氏春秋》《毛诗》《逸礼》和《古文尚书》立为博士。当汉哀帝令当时的五经博士论这些经典是否应立于学官时,这些既得利益者或是不予评论,或是嘲讽,导致刘歆只能写《移太常博士书》发表公开评论,其中对今文经学有着很尖刻的评价:"往者缀学之士,不思废绝之阙,苟因陋就寡,分文析字,烦言碎辞,学者罢老且不能究其一艺。信口说而背传记,是末师而非往古。"结果惹来众怒,只好自求外放为河内太守。

虽然古文经学在立为博士的过程中一直不甚顺利,但它作为一种民间的学术,反而显示出活力,名师迭出,最终成为东汉经学主流。

东汉末年,郑玄以古文经为主,兼而吸收了今文经学的一些资源,遍注

---

① 班固《汉书》卷七五《夏侯胜传》,北京:中华书局,1962 年版,第 3159 页。
② 同上,卷三〇《艺文志》,第 1723 页。

群经,从而使古文经学和今文经学有一定程度的融合。随后的经学发展表明,经学虽为官学,但古今之间的直接对抗似乎销声匿迹了。

今文经学和古文经学的立场对立贯穿了经学史的始末,晚清经学就是以今文经学的康有为和古文经学的章太炎之间的争论作为解体的句号。

在经学系统中,我们经常接触的还有汉学和宋学这样的说法。其实,"汉学"这个名称出现于南宋,按刘师培的说法:"古无'汉学'之名,汉学之名始于近代。或以笃信好古,该汉学之范围。然治汉学者,未必尽用汉儒之说;即用汉儒之说,亦未必用以治汉儒所治之书。是则所谓汉学者,不过用汉儒之训故以说经,及用汉儒注书之条例,以治群书耳。"[1]

在清初的学术风气中,汉学主要是以训诂考证为主的一种经典解释形式。在清中叶今文经学兴起之后,因为十分切合晚清复杂的社会需要,今文经学所具有的解释空间迸发出巨大的力量。有意思的是,当康有为写《新学伪经考》的时候,他认为古文经学不应该当"汉学"之名,因为这些古文经书都是刘歆为配合王莽篡权而伪造的,所以只能称为"新学"。

而宋学主要指理学。清代的学术便是从考据学对于宋学的批评开始的。他们批评道学家"不读书"就是指宋明儒者相对不关注经典本身的考据,而以阐发经典所蕴涵的性理和政治道德意味为主。宋学所体现的是儒家在受佛教和道教的影响之后,试图在天道和人道之间建立一种新的联系的努力。相对于传统的经学,宋学更侧重于思辨,强调道德修养的工夫。

清代考据学的攻击目标就是以程朱为代表的宋学,以戴震的《孟子字义疏证》为肇端,而以翁方纲等理学人士代表的宋学则对戴震进行猛烈的人身攻击。宋学和汉学之间的冲突的标志性事件表现在《汉学师承记》的印行和《汉学商兑》对之的反驳上。

江藩作《汉学师承记》的目的就是要说明"经术一坏于东西晋之清谈,再坏于南北宋之道学,元明以来,此道益晦。至本朝三惠之学,盛于吴中,江永、戴震诸君继起于歙,从此汉学昌明"。[2] 方东树的反击也是学理与人身攻击兼备。先是强调道学则圣学,程朱乃孔子道统之彰明者。后是攻击汉学家训诂考据其用心是"悖道害教",甚至连汉学人士在科场失意之事也被用来攻击。

随着现代学科体系的建立和经学的解体,汉学被归入历史学和文字学,

---

① 刘师培《近代汉学变迁论》,《刘申叔先生遗书》第 49 册,民国二十三年(1934 年)印本,第 2 页。

② 江藩《汉学师承记》,台北:学海出版社,1985 年版,第 5 页。

而宋学则更多成为哲学的研究对象。

三、谶纬与经学

在儒家的经典解释问题上，有一点特别值得关注，即谶纬问题，后世因为谶纬中绝而难以了解谶纬在汉代政治和经典解释中的独特意义。而我们亦需要以现代的眼光来客观分析谶纬现象所产生的历史原因，以便对之做出比较符合其本来面目的解释。

刘邦以布衣身份登帝王之位，开创了一个平民登极的新纪元，然而这需要面对尖锐的合法性的挑战。首先是道德上的，如何从德与位的关系中解释刘氏天下的道德依据问题；其次是神圣性问题，即从天道流行、五德转移的角度来证明汉朝建立的必然性。显然，传统儒家经典中比较道德理想主义思路并不足以提供合适的解释。针对这一现实的问题，儒生们需要对传统儒家经典做出新的解释，结合阴阳家甚至方士观念的董仲舒的"公羊学"便是经学自我调整的重要表征。而一些更为贴近需要辅助性的"类经典"则被用来扩展儒家对于神圣性问题的态度。这样，原先在中国人观念中就很有市场的谶纬开始典籍化。《隋书·经籍志》就转述了一种流行的说法："说者又云：孔子既叙六经，以明天人之道，知后世不能稽同其意，故别立纬及谶以遗来世。"我们可以做这样的分析，当权者需要谶纬，或是因为现实中有许多问题五经中并没有给出明确的答案，这时谶纬的作用就显示出来了。谶纬可以为他们行为的合法性提供证据。尤其在王莽变法和刘秀恢复刘氏帝国时期，谶纬特别兴盛，"王莽矫用符命，及光武尤信谶言，士之赴趣时宜者，皆骋驰穿凿，争谈之也"。[①] 这就说明，需要做一些非常规的政治操作的时候，谶纬十分有效。

谶纬能否合称在经学中是一个问题。《四库全书总目提要》作者称："儒者多称谶纬，其实谶自谶，纬自纬，非一类也。谶者诡为隐语，预决吉凶。……纬者，经之支流，衍及旁义。……渐杂以术数之言，既不知作者为谁，因附会以神其说。迨弥传弥失，又益以妖妄之词，遂与谶合而为一。"[②] 这段话的意思是"谶""纬"原先分属不同领域，因为纬书需要将自己神秘化，所以借用了谶的因素，这样便合在一起。

的确，自一开始，"谶""纬"有一个独立的发展历史。《说文解字》说："谶，验也。"即通过隐语、符、图、物等形式来预言人事的吉凶祸福。虽然最

---

① 范晔《后汉书》卷八二上《方术列传》，北京：中华书局，1965年版，第2705页。

② 永瑢等《四库全书总目》卷六《经部六·易类六》，北京：中华书局，1965年版，第47页。

早的"谶"字出现在《史记·赵世家》，但相信占卜的中国人很早就相信预兆，比如在秦时流行的"亡秦者胡也"，就是典型的谶语。

"纬"即纬书，是经书的支流，主要指的是汉儒假托古代圣人制造的依附于"经"的各种著作，也称"七纬"：《易纬》《书纬》《诗纬》《礼纬》《乐纬》《孝经纬》和《春秋纬》。

有人说纬书作自孔子，这显然是汉儒为抬高纬书的地位而假托。一般认为，纬书形成于经学确立之际，在西汉末年兴盛，而定型于东汉初年。谶纬在兴盛之时，地位十分特殊，甚至儒生在引证时会先引谶纬，再引五经。谶纬一时被称为"内学"，王莽"改制"、光武"中兴"都曾以它做正当性的根据。王莽在位时，大量收集谶纬图书，"征天下通一艺教授十一人以上，及有逸《礼》、古《书》、《毛诗》、《周官》、《尔雅》、天文、图谶、钟律、月令、兵法、《史篇》文字，通知其意者，皆诣公车。网罗天下异能之士，至者前后千数"。① 这样，大量零散的经谶、图谶、谶语、符谶、灵篇得以结集汇编，时势所趋，儒生也多熟悉谶纬。

刘秀以图谶起兵，即位后，崇信谶纬，并将谶纬作为重要政事裁定、决断的参考依据。中元元年（公元56年）刘秀"宣布图谶于天下"，②从此以后，谶纬所凭借的根本经典——《河图》、《洛书》（合四十五篇）及七经之《纬》（合三十六篇），总计八十一篇——被正式确立。这样，官方垄断了谶纬的解释权，并严厉控制私造谶纬的行为。

汉末，谶纬之风渐弱，统治者不断地禁谶。如三国时曹魏政权"科禁内学及兵书"，③晋武帝司马炎"禁星气谶纬之学"，④隋"炀帝即位，乃发使四出，搜天下书籍，与谶纬相涉者皆焚之"。⑤

汉代儒学和阴阳家学之间纠缠不清的关系，使得经学和谶纬之间的关系也异常复杂。一方面，既然有人认为这些纬书可能是孔子或孔门弟子所作，那么这些书必然是传达孔子为天下制法的重要典籍，也就是说，谶纬是经学的一部分。另一方面，也并非仅仅儒家利用谶纬，民间方士和后起的道教也利用这样的手法，只不过儒家主要采用《七纬》，而民间方士们更为庞杂而已。

说谶纬是经学的一部分，今文经学是一个最好的例子。《四库全书总目提要》甚至把《春秋繁露》当作纬书："盖秦汉以来，去圣日远，儒者推阐论

① 班固《汉书》卷九九上《王莽传》，北京：中华书局，1962年版，第4069页。
② 范晔《后汉书》卷一下《光武帝纪》，北京：中华书局，1965年版，第84页。
③ 陈寿《三国志》卷二三《魏书·常林传》，北京：中华书局，1982年版，第660页。
④ 房玄龄等《晋书》卷三《武帝纪》，北京：中华书局，1974年版，第56页。
⑤ 魏徵等《隋书》卷三二《经籍志》，北京：中华书局，1973年版，第941页。

说,各自成书,与经原不相比附,如伏生《尚书大传》、董仲舒《春秋阴阳》,核其文体,即是纬书,特以显有主名,故不能托诸孔子。"

何休在作《春秋公羊传解诂》时大量引用谶纬以注经的做法,是今文经学与谶纬结合的例证。《春秋公羊传解诂·哀公十四年》解释"君子曷为为《春秋》",便引用纬书《春秋演孔图》的说法:"得麟之后,天下血书鲁端门曰:'趋作法,孔圣没,周姬亡,彗东出。秦政起,胡破术。书记散,孔不绝。'子夏明日往视之,血书飞为赤乌,化为白书,署曰《演孔图》,中有作图制法之状。孔子仰推天命,俯察时度,却观未来,豫解无穷。知汉当继大乱之后,故作拨乱之法以授之。"

再从《白虎通义》考察,"征引六经传记而外涉及纬谶"的倾向仍是十分显著的,"傅以谶记,援纬证经"的确是《白虎通义》的最大特色。这不但表现为它大量采纳引用了诸如《援神契》《钩命决》《含文嘉》《元命包》《稽耀嘉》《感精符》《乾凿度》《动声仪》等谶纬内容,而且在引征经典时,凡是有经有纬的,通常是先引谶纬,后引经书。

即使是主张以史实为主的古文经学派在汉代的谶纬之风影响之下,也难免与之发生关系。汉章帝时贾逵上书称《左传》与图谶相合,于是《左传》《古文尚书》《毛诗》等都得到朝廷的承认,古文经学缘此而有大的发展。

第三节　经学的历史演变和解体

经学作为儒家思想最为正宗的呈现,在不同的时代,因儒学发展的内在逻辑和外在政治因素的影响,呈现出不同的特点。然而到近代中国,因为政治体制特别是教育体制的变革,制度化的儒学解体,经学便失去了其存在的土壤而走向衰落。

一、经学的演变

虽然,在历史上对于经典的起源有很多种说法,有些甚至上追到伏羲观天地和鸟兽之迹画出八卦的时候。但经学起于汉代是无可辩驳的。

对于影响中国几达2 000年的经学,不同时期对其演变的轨迹有很多种看法,这些看法见仁见智,各有侧重。

《四库全书总目》的《经部总叙》提出经学有六变:

自汉京以后垂二千年,儒者沿波,学凡六变。其初专门授受,递禀师承,非惟训诂相传,莫敢同异,即篇章字句,亦恪守所闻,其学笃实谨严,及其弊也拘。王弼、王肃,稍持异义,流风所扇,或信或疑,越孔、贾、啖、赵以及北宋孙复、刘敞等,各自论说,不相统摄,及其弊也杂。洛、闽继起,道学大昌,摆落汉、唐,独研义理,凡经师旧说,俱排斥以为不足信,其学务别是非,及其弊也悍。学脉旁分,攀缘日众,驱除异己,务定一尊,自宋末以逮明初,其学见异不迁,及其弊也党。主持太过,势有所偏,材辨聪明,激而横决,自明正德、嘉靖以后,其学各抒心得,及其弊也肆。空谈臆断,考证必疏,于是博雅之儒引古义以抵其隙,国初诸家,其学征实不诬,及其弊也琐。要其归宿,则不过汉学宋学两家,互为胜负。①

概括地说,他们把经学分为:(1)两汉时期;(2)魏晋至宋初时期;(3)宋初至宋末时期;(4)宋末至明初时期;(5)明正德嘉靖至明末时期;(6)清初时期。他点出了各个时期的代表人物和优缺点。然而许多学者认为,站在今天的立场上看,首先是没有说明经学起源的问题;其次是(3)(4)(5)这三个时期似乎应归入同一时期;最后是应该加上清中后期经学的衰落阶段。

跟这个分法不同的是江藩,他在《汉学师承记》中将经学分为十个阶段:(1)三代,人们开始接受诗书的教化。(2)秦和汉初,诗书被烧,黄老当道,经师勉力使经典之火不至熄灭。(3)西汉时代,经学繁盛。(4)东汉时代,经学高峰,尤其是郑玄"博综群经",几达经学之巅。(5)晋朝,伪造经书的时代,比如王肃的《孔子家语》等。(6)南北朝的宋齐之后,南北不同经学风尚的形成。(7)唐代,《五经正义》颁示天下,但也有经师用王弼的《周易》注释替代郑玄的,用孔安国的伪《尚书》取代马融和郑玄,因此属于"舍珠玉而收瓦砾",不知取去之道。(8)宋代,邪说蜂起的时代,儒生以性命之学取代礼乐大道。(9)元明时代,则是以科举制义压制经典的时代。(10)清代,拨乱反正的时代。

江藩的分段有其独到之处,但汉宋门户之见太重。另一个将经学分为十期的是晚清皮锡瑞,他则是站在今文经学的立场来总结的,比如今文家坚持经典来自孔子。他的分法具体是:(1)经学开辟时代(断自孔子删定六经为始);(2)经学流传时代(战国至汉初);(3)经学昌明时代(自汉武帝始);(4)经学极盛时代(西汉元帝、成帝至东汉);(5)经学中衰时代(汉末至魏晋);(6)经学分立时代(南北朝);(7)经学统一时代(唐至宋初);(8)经学变古时代(北宋仁宗至南宋);(9)经学积衰时代(元、明);

---

① 永瑢等《四库全书总目》卷一《经部总叙》,北京:中华书局,1965年版,第1页。

（10）经学复盛时代（清）。

1912年中华民国成立，经学逐渐在大学的教育体系中被边缘化甚或被学术化，这样，经学不再具有"先王之政典"的地位，而被现代的分科学术体系所取代，对于经学的研究已经逐渐由经学内部的门户之争转向客观的对象化的研究，出现了许多重要的学者，如章太炎等，在将经典视为"僵死"的材料而加以研究的重要学者有周予同、朱维铮等。

周予同先生也提出了他对于经学的分期的看法，他命之为"二期三世说"：

1. 中国封建社会前期的经学

（1）经书的产生和儒家学派

（2）秦的统一和"焚书坑儒"

（3）西汉的今文学派的产生与盛行

（4）王莽改制——古文学派的产生与发展

（5）魏晋时代的古文派

（6）三至六世纪经学以及玄佛儒之斗争

2. 中国封建社会后期的经学

（1）隋唐经学注疏与整理

（2）宋学产生及发展

（3）清朝经学（鸦片战争前）

3. 鸦片战争后"山穷水尽"的经学

（1）外国资本主义侵入，社会性质改变以及议政派的出现

（2）议政派发展为戊戌变法

（3）今文学"经师派"、古文派在学术史上的贡献

（4）经学的终结①

显见之，周予同的分期带有明显的时代特色。他受到当时的历史分期模式的影响，强调社会环境的变化对经学发展的影响，这应该是周氏分期法的优点。比如他强调西人入侵对经学的影响，这的确是经学衰微的根本原因。但有时候学术的发展并不一定与外在的历史条件重合，经学的转变除了受社会历史条件的影响之外，也有经学自身的发展原因。而且周氏之社会分期法在中国历史学界分歧颇多。

晚近出版的由姜广辉先生主编的多卷本《中国经学思想史》，认为经学

① 朱维铮编《周予同经学史论著选集》（增订本），上海：上海人民出版社，1983年版，第872—873页。

的发展是为了应对当时的社会政治问题,将经学分为四个时期:(1)前经学时代,(2)汉唐经学,(3)宋明经学,(4)清代经学。该书指出:先秦经学的核心关切是解决文化断裂与继承的问题。汉唐经学应对的是中国政治合法性和制度焦虑问题,即"外王"问题。而宋明则关注人生焦虑,即"内圣问题"。清代则是对两千年文化的总结,将经学纳入史学,并融汇西学。①

将经学的发展与时代的要求相关联,是这个分期法最具新意的地方。但这样的分期也可能有将经学转化为思想史的嫌疑。经学之发生和转化固然与时代密切相关,但是经学一旦成立,便有其政治的逻辑和学术的逻辑双重制约。因此如果将经学的演变与社会问题直接关联,自然会忽视经学作为"学"的问题,这或许是这种区分所需要关照的问题。

二、经学体制的解体

1840 年鸦片战争之后,在西方列强的军事和经济优势冲击之下,中国社会面临空前的社会危机,作为对这些危机的应对方案,引入西方的观念乃至制度体系,成为近代中国社会变革的重要面向。

面对这些问题,儒家所受到的质疑是首当其冲的,因此,经学是否能回应这些问题也就成为儒家是否继续提供社会价值支撑的依据。因此,今文经学再度兴盛,并由廖平、康有为发展出融摄中西制度的新解释。康有为基于今文经学立场为他的社会变革主张而写作的《孔子改制考》和《新学伪经考》在晚清思想界引发了地震般的反应。而章太炎基于古文经学立场将孔子"人化"的努力,虽是出于反对今文经学神化孔子的做法,客观上却成了近现代直接抨击孔子的肇端。

康有为为了将孔子塑造成改革家和为万世立法的制宪家,将一些经典判定为伪经。在视儒家经典为万世不易之真理的时代,将一部分经典判为"伪经",这对中国人的思想观念的冲击之巨大是不难想象的,以致当时许多人要求禁毁这部书籍。他们预感到《新学伪经考》牵一发而动全身,势必对儒家经典的神圣性产生颠覆性的影响。叶德辉的反应直接而强烈,他说"宁可以魏忠贤配享孔庭,使奸人知特豚之足贵;断不可以康有为搅乱时政,使四境闻鸡犬之不安"。② 当时朱一新给康有为写了五封信,其中明确指出,古文经学和今文经学虽有许多不同之处,但其基本原则是一

① 姜广辉主编《中国经学思想史》第一卷,北京:中国社会科学出版社,2003 年版,第 18—19 页。

② 叶德辉《叶吏部与南学会皮鹿门孝廉书》,苏舆编《翼教丛编》卷六,上海:上海书店出版社,2002 年版,第 169 页。

致的,即旨在阐明"君臣、父子、兄弟、夫妻"的永恒义理。如果站在今文经学的立场将古文经视为伪经,就有可能造成连锁反应,会让所有人怀疑儒家经典的价值。

在《孔子改制考》中,康有为试图把孔子塑造成改革的先驱,这激发了儒学官僚更为激烈的反对。随着戊戌变法的失败,康有为的经学事业也告失败。而主张革命的章太炎通过解构孔子的神圣性来解构清王朝统治的合法性,他更具现代学术性的姿态,使之与典型的古文经学家有了越来越大的距离。在陈壁生看来,章太炎视六经为古史,以孔子为史家之说出。这样,经学就是尧舜以来的历史记载,并且,这种历史记载对后来历代修史产生了重大影响,成为历史的源头。要建立一个新的民族国家,便必须通过对六经的历史化解读,寻找这个民族的源头所在,以历史作为国家构建的"国本"。清代章学诚言六经皆史,其意谓六经皆先王之政典,史官之所职。章太炎稍变其意,其所谓史,则今之历史也,故六经是上古三代之陈迹。经乃连缀书简之绳,非解者所谓常道也。[1]

无论是章太炎的古文经学进路,还是康有为托古改制的今文经学道路,在随后的激烈的新文化运动面前,似乎都缺乏足够的抵抗力,在大多数中国人的心目中,经学被认定为无力再为社会的发展提供思想上的动力。

这样的认定促成了教育制度和学校制度的变革,成为经学衰落更为致命的原因。在许多的教育变革措施中,模仿西方的学制是最先进行的试点之一。当然,所有的新学制的设立,无一例外要考虑"经学"的问题。1901年,张之洞以日本的"六科分立"为蓝本提出了"七科方案",即在大学中设置经学、史学、格致学、政治学、兵学、农学、工学。这个方案最值得注意的地方是将经学列为各科之首,体现了"中学为体,西学为用"的指导性原则。但随之担任"管学大臣"的张百熙提出了新的七科,即政治科、文学科、格致科、农业科、工艺科、商务科、医术科。这个方案与张之洞的最大不同是并未将经学单独成科,同时加上了医科。显然,这种取消经学科的做法在当时多少有些超前,所以在 1903 年正式颁布的《奏定学堂章程》(亦称"癸卯学制"[2])中,重新确立了经学科在教育体系中的优先地位,理由是经学是中国学术之本。"若学堂不读经书,则是尧舜禹汤文武周公孔子之道,所谓三纲五

---

① 参看陈壁生《经学的瓦解》导言,上海:华东师范大学出版社,2014 年版。

② 癸卯学制于 1904 年 1 月 13 日公布实施。该学制以"中学为体,西学为用"为指导思想,以尊孔读经为宗旨,内容比壬寅学制详备。癸卯学制自 1903 年公布起,一直沿用到 1911 年清王朝覆灭,对近现代的学校教育制度的影响很大。以后学校制度的建立,实际上是在癸卯学制的基础上进行的。

常者尽行废绝,中国必不能立国矣。"①

我们已经注意到了,在这个全面模仿西方和日本教育体制的学科设置方案中,并没有设立西方学科体系中十分重要的哲学科,也没有像日本那样开设哲学概论之类的课程,因此立刻招致王国维的批评。他的批评强调了哲学学科在西方学科体系中的地位和哲学本身的意义,但是他并没有体察到"癸卯学制"所蕴涵的文化意义,也就是在西学主导的学科体制中,中国传统的文化价值观何以得到传承的问题。而这个问题正是整个晚清知识界所要面对的核心问题。

王国维认为学无中西新旧之分。所以,西学兴,中学就兴。但客观的情况未必如此,清末更多的人则是认为"按照西方教育体制兴办新式学校后,新式学堂采用西方分科式的学科体制,中国固有的经史之学则难以在这种体制中获得一席之地,人们必然会趋向西学,研习近代学科体制下的西学各学科门类,而对中国旧学不予重视"。②

在学校体制中设置经学科,甚至设立专门的"存古学堂"显然是解决这一困境的制度性考虑。更积极的考虑则是用刚刚接受的西学来整理中国传统旧籍,发掘中国古典的新义。按孙宝瑄的说法就是"以新眼读旧书",比较学理化的说法来自严复。严复说:"今夫学之为言,探赜索隐,合异离同,道通为一之事也。是故西人举一端而号之曰'学'者,至不苟之事也。必其部居群分,层累枝叶,确乎可证,涣然大同,无一语游移,无一事违反;藏之于心则成理,施之于事则为术;首尾赅备,因应厘然,夫而后得为之'学'。""是故取西学之规矩法戒,以绳吾'学',则凡中国之所有,举不得'学'名,吾所有者以彼法观之,特阅历知解积而存焉,如散钱,如委积。"③事实上,多数中国人所了解的"各种近代学问",就社会科学而言,其基础是严复所翻译的八大名著所奠定的,它涵盖了经济、政治、法律、社会以及逻辑诸学科,有力地影响了以后的学科观念。

近代的中国知识阶层,无不努力甚至广泛地阅读西方典籍,以此来解读儒学,甚至以发掘诸子学来与西方的学科相对接,④并依西方的学科规范来建立中国的知识体系。"在西潮澎湃之强势下,抛弃中学所特有的以六艺为

① 张百熙《张百熙集》,长沙:岳麓书社,2008年版,第43页。
② 左玉河《从四部之学到七科之学——学术分科与近代中国知识系统之创建》,上海:上海书店出版社,2004年版,第400页。
③ 王栻主编《严复集》第一册,北京:中华书局,1986年版,第52页。
④ 国粹派的重要人物邓实说:"如墨、荀之名学,管、商之法学,老、庄之神学,计然、白圭之计学,扁鹊之医学,孙、吴之兵学,皆卓然自成一家之言,可与西土哲儒并驾齐驱者也。"氏著《古学复兴论》,《国粹学报》第1卷第9期。

核心、以四部之学为框架的学术分类体系,采用哲学、伦理学、政治学、经济学、历史学、社会学等西方近代学科分类体系,并将经、史、子、集典籍分类体系及其所包含之知识系统拆散,按照西方近代学科分类系统所划定的领域,将其重新归类,纳入到文、史、哲、政治、经济、法律、社会、教育等学科体系及知识系统中,已成为清末学术演进之大势。"①

在新的教育模式下,儒家很快便发现自己的容身之处已经越来越狭窄。虽然现代大学的创办之初强调中学为主、西学为辅的策略。在 1903 年的《重订学堂章程折》中,张之洞等人提出"至于立学宗旨,无论何等学堂,均以忠孝为本,以中国经史之学为基。俾学生心术壹归于纯正,而后以西学瀹其智识,练其艺能,务期他日成材,各适实用,以仰副国家造就通才、慎防流弊之意"。② 1906 年学部又制订了"忠君、尊孔、尚公、尚武、尚实"的教育宗旨,但正如张之洞自己所看到的:"近数年来,各省学堂建设日多,风气嚣张日甚。大率以不守圣教礼法为通才,以不遵朝廷制度为志士。即冠服一端,不论文武各学,率皆仿效西式,短衣皮鞋,扬扬自诩。……至于学堂以内,多藏非圣无法之书,公然演说,于读经讲经功课钟点,擅自删减。以及剪发胶须诸弊层出,实为隐忧。"③

下面我们将从 1903 年到 1912 年前后的教育宗旨的变化和课程安排为背景,来系统考察现代教育是如何将以经学为基础的儒家的知识摈弃出正常的知识传播系统的。正是因为儒家和新教育系统之间的断裂造成了儒家在现代中国人知识体系中的地位的日益降低,最终使儒家失去了它的基本的信仰的群体。

光绪二十七年(公元 1901 年),清廷颁布了"兴学诏书",提出"兴学育才,实为当务之急"。并要求"除京师已设大学堂应行切实整顿外,着各省所有书院,于省城均改设大学堂,各府及直隶州均改设中学堂,各州县均改设小学堂,并多设蒙养学堂"。④ 1902 年又颁布了《钦定学堂章程》,建立学堂和国民通识教育体系。清末的教育改革显然并不只是单纯地将书院改为学堂,而是从教育宗旨到教育内容都发生了极其重大的变化,虽然一直到 1905 年废除科举,这种变化才有了质变。

在 1902 年,颁布具有近代意义的《钦定学堂章程》的时候,当时科举虽

①　左玉河《从四部之学到七科之学——学术分科与近代中国知识系统之创建》,上海:上海书店出版社,2004 年版,第 423 页。

②　舒新城编《中国近代教育史资料》上册,北京:人民教育出版社,1980 年版,第 197 页。

③　朱寿朋著,张静庐等点校《光绪朝东华录》,北京:中华书局,1958 年版,第 5676 页。

④　同上,第 4719 页。

有所改革,但并没有被废除,所以儒家经典的传播还是主要的教育内容。《钦定蒙学堂章程》第一章第一节规定:"蒙学堂之宗旨,在培养儿童使有浅近之知识,并调护其身体。"直接与儒学有关的课程有修身和读经。如规定的修身内容是:教以孝弟、忠信、礼义廉耻、敬长尊师、忠君爱国。

而从必需阅读的儒家经典来说,第一年是《孝经》和《论语》;第二年是《论语》和《孟子》;第三年是《孟子》,第四年是《大学》和《中庸》。当时每周按十二天计算。修身和读经时间为所有课时的三分之一弱。(第三、第四年每周的修身课由每天一小时减为隔天一小时。)

《钦定小学堂章程》的第一章第一节规定:"小学堂之宗旨,在授以道德知识及一切有益身体之事。"小学也设修身和读经,寻常小学堂与儒家思想直接有关的课程约占三分之一。高等小学堂时间也大体占所有课时的三分之一。其中修身课以《曲礼》和朱子《小学》为依据。读经则是第一年读《诗经》,第二年读《诗经》和《礼记》,第三年读《礼记》。高等小学堂的读经和修身时间有所减少。课程安排上,每周(12天)每三天中有一天是修身和读经两小时课程,其他每天有一小时的读经课。课时占总课时的比例由蒙养学堂的1/3减少至2/9。读经的内容则进一步深化,第一年是《尔雅》《春秋·左传》,第二年是《左传》,第三年是《公羊传》《穀梁传》。

而在第二年颁布的《奏定初等小学堂章程》和《奏定高等小学堂章程》中,对于课程安排和读经的内容有了进一步的具体说明,所占课时也有所提高。

如当时的初等小学课程设立有:修身(每周2小时)、读经讲经(每周12小时)、中国文字(每周4小时)、算术(每周6小时)、历史(每周1小时)、地理(每周1小时)、格致(每周1小时)、体操(每周3小时)。每周共学30小时,其中修身和读经占14小时。并规定:"现在定以《孝经》《四书》《礼记》节本为初等小学必读之经,总共五年,每年除假期外以二百四十日计算。

第一年,每日约读四十字,共读九千六百字;

第二年,每日约读六十字,共读一万四千四百字;

第三、四年,每日约读一百字,共读四万八千字;

第五年,每日约读一百二十字,共读二万八千八百字。

总共五年,应读十万零一千八百字;除《孝经》(二千零十三字)、《四书》(五万九千六百十七字)全读外(共六万一千六百字),《礼记》最切于伦常日用,亟宜先读。惟全经过于繁重,天资聪颖学生可读江永《礼记约编》(约七万八千余字),其或资性平常,或以谋生为急,将来仅志于农工商各项实业,无仕宦科名之望者,宜就《礼记约编》择初学易解而人道所必应知者,节存四万字以内,俾得粗通礼意而仍易于毕业。"①

高等小学的课程有:修身(每周 2 小时)、读经讲经(每周 14 小时)、中国文学(每周 8 小时)、算术(每周 3 小时)、《中国历史》(每周 2 小时)、地理(每周 2 小时)、格致(每周 2 小时)、《图画》(每周 2 小时)、《体操》(每周 3 小时)。每周共 38 小时。并规定:"现在定以《诗经》《书经》《易经》及《仪礼》之一篇为高等小学必读之经。总共四年。每年除假期外以二百四十日计算,每日约读一百二十字,每年应读二万八千八百字,四年应共读十一万五千二百字。除《诗》(四万零八百四十八字)、《书》(二万七千一百三十四字)、《易》(二万四千四百三十七字)全读外(共九万二千四百十七字)……合《诗》《书》《易》共九万六千八百五十四字,余暇甚多,易于毕业。"②

《钦定中学堂章程》的第一章第一节规定:"中学堂之设,使诸生于高等小学卒业后而加深其程度,增添其科目,俾肆力于普通学之高深者,为高等专门之始基。"中学的课程设置有:修身、读经、算学、词章、中外史学、中外舆地、外国文学、图画、博物、物理、化学、体操。但修身和读经所占的课时较之小学大大减少。中学分四年,头两年每周 37 小时,后两年每周 38 小时。修身和读经的课时均为每周 5 小时,而外国文则占每周 9 小时。

次年颁布的《奏定中学堂章程》中对修身和读经有更具体的说明。读经时间也略有不同。"现在所定读经讲经钟点,计每星期读经六点钟,挑背及讲解三点钟(间日背讲一次),合计九点钟;另有温经钟点,每日半点钟,在自习时督课,不在表内。

因学生皆系高等小学毕业者,故应读《春秋左传》及《周礼》两部,每日读二百字,每年除各假期外,以二百四十日计算,应读四万八千字,五年应共读二十四万字。计《春秋左传》(十九万八千九百四十五字)、《周礼》全本(四万九千五百一十六字),合共二十四万八千四百六十一字。若用黄叔琳《周礼节训本》(约二万五千字)则合计不过二十一万三千余字,尚有余力温习。"③

《钦定高等学堂章程》第一章第一节规定:"高等学堂之设,使学生于中学卒业后欲入大学分科者,先于高等学堂修业三年,再行送入大学肄业。"

在 1903 年颁布的《奏定高等学堂章程》中,将高等学堂的学科分为三类:"第一类学科为豫备入经学科、政法科、文学科、商科等大学者治之;第二

---

① 张百熙《张百熙集》,长沙:岳麓书社,2008 年版,第 143—144 页。
② 同上,第 160 页。
③ 舒新城编《中国近代教育史资料》中册,北京:人民教育出版社,1981 年版,第 503 页。

类学科为豫备入格致科大学、工科大学、农科大学者治之;第三类学科为豫备入医科大学者治之。"①

这三类学科中,人伦道德和经学大义两门与儒家思想直接相关的课程作为公共课在每周 36 小时中占 3 小时,均低于外语课的课时量。人伦道德课主要内容是"摘讲宋元明国朝诸儒学案"。经学大义第一年讲《钦定诗义折中》《书经传说汇纂》《周易折中》;第二年讲《钦定春秋传说汇纂》;第三年讲《钦定周礼义疏》《仪礼义疏》《礼记义疏》。

《钦定京师大学堂章程》第一章第一节指出:"京师大学堂之设,所以激发忠爱开通智慧,振兴实业;谨遵此次谕旨,端正趋向,造就通才,为全学之纲领。"1903 年颁布的《奏定大学堂章程》中指出:大学分为八科:经学科、政法科、文学科、医科、格致科、农科、工科和商科。其中经学分十一门:周易学门、尚书学门、毛诗学门、春秋左传学门、春秋三传学门、周礼学门、仪礼学门、礼记学门、论语学门、孟子学门、理学门。但考量其他七科的课程安排,我们并不能发现有专门涉及儒家思想的训练课程。即使是文学科中的中国文学门中,所关注的也是经典的文法而非义理。

1905 年废除科举之后,新的学部成立,对教育宗旨做了重新的界定。这个新的教育宗旨分为两类五条,第一类是"忠君""尊孔";第二类是"尚公""尚武"和"尚实"。从《学部奏请宣示教育宗旨折》中对于这些条文的解释中,可以看出明显的时代特征和中体西用的色彩。

1911 年辛亥革命之后,儒家已经不再作为统治合法性的依据。随之,教育的目的发生了根本的变化,连带着教育的制度和课程的设置也发生了根本性的变化。比如 1911 年蔡元培任教育总长发表了《对于教育方针之意见》就明显是针对 1906 年的教育宗旨而发的。他说:"忠君与共和政体不合,尊孔与信教自由相违。"1912 年 7 月召开的临时教育会议通过了新的教育宗旨是:"注重道德教育,以实利教育、军国民教育辅之,更以美感教育完成其道德。"很显然,新教育观体现了蔡元培先生的教育思想。

中华民国元年(公元 1912 年),教育部公布普通教育暂行办法,改称学堂为学校,令上海各书局将旧存教科图书暂行修改应用,并令废止读经,禁各校用《大清会典律例》等。当年五月,又由教育部宣布普通教育暂行办法,条文很多,对于学校和教科书特别提出:"(一)各项学堂改称学校。(二)各种教科书务合共和民国宗旨。前清学部宣布所颁及民间通行教科书中有崇清及旧时官制避讳抬头等字样,应逐一更改。教员遇有书中有不合共和宗

---

① 舒新城编《中国近代教育史资料》中册,北京:人民教育出版社,1981 年版,第 562 页。

旨者,可随时删改,并指报教育司,或教育会,通知书局更正。(三)师范中小(学)一律废止读经。"①后不断有人提出,导致传统文化中绝的原因并不在五四新文化运动,其致命的一刀来自蔡元培先生废除读经的主张。

在学校废除读经之后,民间主张读经的运动也不时地出现,比较有影响的是 1934 年到 1935 年的关于读经问题的争论,还有就是 20 世纪初年关于读经是蒙昧还是启蒙的讨论。

这两次讨论虽然时间相隔 70 年左右,但核心的观点似乎没有大的差别,主张读经的人士认为,经典是中国文化的核心,对于提升道德、增强民族信心有很大助益,至少有助于提升人们的文化修养。而反对者则认为,读经是一种蒙昧的表现,与科学与民主格格不入。

虽然废除读经已经快百年了,但是争论应该会继续下去,这既关涉政治和意识形态的因素,也关涉对于中国前途和发展方向的思考。

---

① 张静庐辑注《中国近代出版史料初编》,上海:群联出版社,1954 年版,第 242 页。

第四章　孔子——神圣与凡俗之间

在中国历史上,孔子的地位是十分特殊的。在先秦,他就已经被称为圣人,按《白虎通义》的解释,"圣"指的是能沟通天人的人,圣人倾听上天的旨意并转达给人类。然后,因为儒家文化本身的特点,孔子与释迦牟尼和穆罕默德这样的宗教创始人不同,对他的崇拜始终有强烈的理性化色彩,所以他从来没有被视为神灵。即使是近代的康有为要把他立为"大地教主",他也是以"人道教"为特色,而非一神教那样的"神"。

圣人和道教中羽化成仙的神仙不同,也与西方绝对的超越的"神"不同,他并非一般意义上的"人",也不是神,按照一个流行的说法,堪称为"神圣的凡人"。

第一节　孔子弟子和后学心中的孔子形象

《左传·昭公七年》记载了孟僖子临死前的一段话,他说:我听说将有一个有能力的人,名字叫孔丘,他是圣人的后代。他的先祖中,有许多有德行的人,所以他们的后代中,必将有一个人会脱颖而出。这个人应该就是孔丘吧!因此让他的两个儿子拜孔子为师。他说这番话的时候,孔子34岁,由此可见,在这个时候,孔子已经很受人尊重,并被寄予了很高的期望。

其实,从记录孔子与弟子言行的《论语》一书中,我们也能感觉到孔子对于自己的一种期许。在《子罕》篇中,孔子自认是周代礼乐的继承者:"子畏于匡,曰:'文王既没,文不在兹乎?天之将丧斯文也,后死者不得与于斯文也;天之未丧斯文也,匡人其如予何?'"《白虎通义》中依此认为孔子知道自己的担负有改造世界使命的"圣人"。但孔子自己似乎对于是否"受命"心里没底,在相信"圣人出,必有祯祥"的时代,孔子为"凤鸟不至,河不出图"

而感到烦恼。

在孟子的时代,孔子已经被确定地认为是"五百年必有王者兴"的"王者"。孟子在《尽心下》中说:"由尧舜至于汤,五百有余岁;若禹、皋陶,则见而知之;若汤,则闻而知之。由汤至于文王,五百有余岁,若伊尹、莱朱,则见而知之;若文王,则闻而知之。由文王至于孔子,五百有余岁,若太公望、散宜生,则见而知之;若孔子,则闻而知之。由孔子而来至于今,百有余岁,去圣人之世若此其未远也,近圣人之居若此其甚也,然而无有乎尔,则亦无有乎尔。"①这样他把孔子居于圣王的统绪之中,这成为后世"道统"说的肇端。

孔子首开私人讲学,弟子数量最多,然而在弟子的心目中,孔子的形象已非一般的"教师"可比拟。所以,当有人说子贡比孔子还要贤能的时候,子贡的回答是"他人之贤者,丘陵也,犹可逾也;仲尼,日月也,无得而逾焉。人虽欲自绝,其何伤于日月乎? 多见其不知量也!"②

子贡甚至认为孔子犹如天阶那样遥不可及,"君子一言以为知,一言以为不知,言不可不慎也。夫子之不可及也,犹天之不可阶而升也。夫子之得邦家者,所谓立之斯立,道之斯行,绥之斯来,动之斯和。其生也荣,其死也哀,如之何其可及也?"③

虽然间或有一些弟子对于孔子怀才不遇,甚至遭遇"陈蔡绝粮"这样的困境有抱怨之情,比如子路曾经抱怨君子也要受穷吗? 但总体而言,他们对于孔子是"心悦而诚服"的。在他们心中,孔子就是圣人,其贡献甚至要超过古代的圣王。

在《孟子》书中,我们可以看到这样的记载。"昔者子贡问于孔子曰:'夫子圣矣乎?'孔子曰:'圣则吾不能,我学不厌而教不倦也。'子贡曰:'学不厌,智也;教不倦,仁也。仁且智,夫子既圣矣!'……可以仕则仕,可以止则止,可以久则久,可以速则速,孔子也。……自有生民以来,未有孔子也。"④

孔门弟子甚至认为,孔子比尧舜还要贤能。例如在《孟子·公孙丑》中,宰我说道:"以予观于夫子,贤于尧舜远矣。"子贡和有若也认为孔子出类拔萃,自我人类以来没有超越孔子的人。子贡说:"见其礼而知其政,闻其乐而知其德。由百世之后,等百世之王,莫之能违也。自生民以来,未有夫子

---

① 焦循撰,沈文倬点校《孟子正义》卷二九《尽心章句下》,北京:中华书局,1987年版,第1034—1037页。

② 程树德撰,程俊英、蒋见元点校《论语集释》卷三八《子张》,北京:中华书局,1990年版,第1340页。

③ 同上,第1342页。

④ 焦循撰,沈文倬点校《孟子正义》卷六《公孙丑章句上》,北京:中华书局,1987年版,第213—216页。

也。"有若曰："岂唯民哉? 麒麟之于走兽,凤凰之于飞鸟,泰山之于丘(土至),河海之于行潦,类也。圣人之于民,亦类也。出于其类,拔乎其萃,自生民以来,未有盛于孔子也。"①

孟子一方面借用"五百年必有王者兴"的预言将孔子看作是承接道统的人,同时也有另一种表达,说孔子是"圣之时者"。孟子曰:"伯夷,圣之清者也;伊尹,圣之任者也;柳下惠,圣之和者也;孔子,圣之时者也。孔子之谓集大成。集大成也者,金声而玉振之也。金声也者,始条理也;玉振之也者,终条理也。始条理者,智之事也;终条理者,圣之事也。"②按朱熹的解释,所谓的集大成,就是孔子集中了前面三个圣人的品性而成就为一个大圣。

同为孔门的后学,荀子对孔子的评价比较趋于理性。他比较反对思孟学派的神秘路线,对于孔子的评价是"仁智且不蔽",尽管如此,把孔子和古代的圣王等同起来,是儒门的共同认识。因此,荀子接着说:"故德与周公齐,名与三王并。"不过,荀子对同为孔门后学的其他学派多有批评。他在《非十二子》和《解蔽》等篇中,对于包括子思、孟子在内的诸子的学说进行了尖锐的批评,认为要"上则法舜禹之制,下则法仲尼子弓之义,以务息十二子之说"。③

第二节　先秦诸子眼中的孔子形象

在先秦诸子百家争鸣的时期,孔子毫无疑问是最有影响力的人。道家和墨家基本都是以孔子为论敌。在战国残酷的战乱环境中,儒家的思想似乎因其不切实际而不被很多诸侯所接受;但儒家作为古代文献的整理者,儒家学派崇尚正义的天下国家观念,甚至是孔子的博学多能,都使得孔子成为各家立论所绕不开的人物。

孔子的主张,有人支持,也有人反对,各家均以孔子作为一个理所当然的靶子,即使是表达的主张,有时也会借孔子之言。《庄子》书中就有许多这样的例子。

诸子百家争鸣,最初凸显的是儒墨之间的冲突,《韩非子·显学》说:

①　焦循撰,沈文倬点校《孟子正义》卷六《公孙丑章句上》,北京:中华书局,1987 年版,第217 页。
②　同上,卷二〇《万章章句下》,第672—673 页。
③　王先谦撰,沈啸寰、王星贤点校《荀子集解》卷三《非十二子》,北京:中华书局,1988 年版,第97 页。

"孔子墨子俱道尧舜,而取舍不同,皆自谓真尧舜;尧舜不复生,将谁使定儒墨之诚乎?"意思是说孔子和墨子都坚持说自己遵循尧舜之道,他们实际的主张则是不同的。韩非子举儒墨的例子,说明了这两派是最有影响力的。

对于儒家与墨家的关系,有一种说法认为,墨家可能是从儒家学派中转出来的,《淮南子·要略》中也说墨家是因为不满儒家的繁琐和奢靡才转而自立学派的:"墨子学儒者之业,受孔子之术,以为其礼烦扰而不说,厚葬靡财而贫民,服伤生而害事,故背周而用夏政。"墨家的主张主要是针对儒家的。比如儒家强调亲疏有别,墨家主张兼爱。儒家肯定礼乐,墨子崇尚节俭和非乐。在《墨子·非儒》篇中主要是引用了晏子与齐景公的对话来说明用孔子提倡的那一套来治国是根本行不通的。"孔某盛容修饰以蛊世,弦歌鼓舞以聚徒,繁登降之礼以示仪,务趋翔之节以观众,博学不可使议世,劳思不可以补民,累寿不能尽其学,当年不能行其礼,积财不能赡其乐,繁饰邪术以营世君,盛为声乐以淫遇民,其道不可以期世,其学不可以导众。"①这段话比较集中地展现了儒墨之间的差别。

先秦的另一个重要的学派是道家,道家比较主张精神上的自由,在策略上主张妥协和退让,认为退让是最好的进取,所以看上去有点策略家的色彩。后来司马迁写《史记》的时候,把老子和韩非子等人放在一起。事实上韩非子也十分注意研究老子的思想,还写了《解老》和《喻老》,吸收了不少老子的智慧。

老子和庄子的思想存有很大的差异,如果看《庄子》,可以发现道家一派并不喜欢像墨家那样直接攻击孔子,而是采用改造孔子的办法,甚至直接把孔子说成是道家主张的支持者。

这种做法的源头是孔子问礼于老子的故事,《史记·老子列传》说:"孔子适周,将问礼于老子。老子曰:'子所言者,其人与骨皆已朽矣,独其言在耳。且君子得其时则驾,不得其时则蓬累而行。吾闻之,良贾深藏若虚,君子盛德,容貌若愚。去子之骄气与多欲,态色与淫志,是皆无益于子之身。吾所以告子,若是而已。'"本来孔子是向老子请教古代的礼制的,但老子的回答却是让孔子不要太留心世俗的功名,而要全身保形。意思是孔子应该接受道家的思想。《庄子》书中对于孔子的处理基本上是遵循这样的路线。而孔子问礼于老子的故事成为许多寓言性故事的原型。

---

① 孙诒让撰,孙启治点校《墨子间诂》卷九《非儒下》,北京:中华书局,2001年版,第299—300页。

《庄子》书中涉及孔子的故事有四十六则,而关于庄子自己的则只有二十六则。《庄子》中的孔子形象分为两类,即"老师"和"学生",所谓"老师"是孔门师徒之间的故事,而"学生"则是孔子向老子学礼的事迹。我们从《大宗师》中的两则故事可以窥斑见豹地了解《庄子》书中对于孔子形象的"改造"。

子桑户、孟子反、子琴张,三人相为友,曰:"孰能相与于无相与,相为于无相为?孰能登天游雾,挠挑无极,相忘以生,无所终穷?"三人相视而笑,莫逆于心,遂相与为友。莫然有间,而子桑户死,未葬,孔子闻之,使子贡往侍事焉,或编曲,或鼓琴,相和而歌曰:"嗟来桑户乎!嗟来桑户乎!而已反其真,而我犹为人猗。"子贡趋而进曰:"敢问临尸而歌,礼乎?"二人相视而笑曰:"是恶知礼意!"子贡反,以告孔子曰:"彼何人者邪?修行无有,而外其形骸,临尸而歌,颜色不变,无以命之。彼何人者邪?"孔子曰:"彼游方之外者也,而丘游方之内者也。外内不相及,而丘使女往吊之,丘则陋矣。彼方且与造物者为人,而游乎天地之一气。彼以生为附赘县疣,以死为决疣溃痈。夫若然者,又恶知死生先后之所在?假于异物,托于同体,忘其肝胆,遗其耳目,反覆终始,不知端倪。芒然彷徨乎尘垢之外,逍遥乎无为之业。彼又恶能愦愦然为世俗之礼,以观众人之耳目哉!"子贡曰:"然则夫子何方之依?"孔子曰:"丘,天之戮民也。虽然,吾与汝共之。"子贡曰:"敢问其方?"孔子曰:"鱼相造乎水,人相造乎道。相造乎水者,穿池而养给。相造乎道者,无事而生定。故曰:鱼相忘乎江湖,人相忘乎道术。"[1]

这则孔子派子贡前去吊丧的故事,首先是对儒家所坚持的礼乐文化进行解构,然后孔子再解释世俗之人与方外之人的差别,最后是师徒二人表达相忘于世间俗务的期待。经过这样的设计,儒家和道家之间境界之高低不言而喻。

《大宗师》中另一则故事是孔子和颜回之间的一段关于坐忘的对话。

颜回曰:"回益矣。"仲尼曰:"何谓也?"曰:"回忘仁义矣。"曰:"可矣,犹未也。"他日,复见,曰:"回益矣。"曰:"何谓也?"曰:"回忘礼乐矣。"曰:"可矣,犹未也。"他日,复见,曰:"回益矣。"曰:"何谓也?"曰:"回坐忘矣。"仲尼蹴然曰:"何谓坐忘?"颜回曰:"堕肢体,黜聪明,离形去知,同于大通,此谓坐忘。"仲尼曰:"同则无好也,化则无常也。而果

---

[1] 王先谦撰,沈啸寰点校《庄子集解》卷二《大宗师》,北京:中华书局,1987 年版,第 64—66 页。

其贤乎！丘也请从而后也。"①

孔子师徒通过坐忘，将儒家所坚持的仁义、礼乐一一抛之脑后，从而完全认同道家的礼义。

当然《庄子》书中也并不是始终那么客气，《外物》篇中讲述的便是"大儒"领着"小儒"去盗墓的故事。书中说，儒家即使盗墓时，所用也是《诗》《礼》。

> 儒以诗礼发冢。大儒胪传曰："东方作矣，事之何若？"小儒曰："未解裙襦，口中有珠。《诗》固有之曰：'青青之麦，生于陵陂。生不布施，死何含珠为！'接其鬓，压其颥，儒以金椎控其颐，徐别其颊，无伤口中珠！"②

大儒一面引用《诗经》中的诗歌来责备死者生前不事施舍，更不应该把珠宝带进墓地。一面提醒小儒挤压尸体的两鬓，按着他的胡须，再用锤子敲打他的下巴，慢慢地分开他的两颊，不要损坏了口中的珠子！

儒法之间的关系，一直是中国政治史、制度史和思想史研究者最感兴趣的话题。按照毛泽东的看法，儒法斗争的历史贯穿中国历史始终。

法家与儒家渊源很深，最重要的法家之一商鞅即是由儒转法。而韩非、李斯这两个法家的代表人物曾跟随大儒荀子学习"帝王之术"。但是正面攻击儒家的学说最为严厉的却是法家。从理论上，韩非正面攻击儒家的基本价值观；而实践上，李斯借助秦始皇的权力而实施《挟书令》，导致儒家典籍传播面临中绝的最大灾难。

法家基于与儒家完全对立的社会秩序观念和人性论假定，将儒家的诗、书、礼、乐和仁义、诚信、孝悌之类称为对社会有害的"六虱""十害""十二害"等，认为儒家和那些高谈阔论、带剑的人一样，都是社会秩序的破坏者，且"儒以文乱法"，因此是最要首先防范的。

的确，儒家主张复古，法家认为应根据现实的情况调整策略。儒家强调孝和家族伦理，而法家则更倾向于忠和国家利益。儒家强调仁义为本，而法家则效率优先。韩非子警告各诸侯说，如果听信了儒家的仁义之说，轻则割地受辱，重则身死。法家的思想十分投合秦国的统治者，商鞅就说动了秦孝

---

① 王先谦撰，沈啸寰点校《庄子集解》卷二《大宗师》，北京：中华书局，1987 年版，第 68—69 页。
② 同上，卷七《外物》，第 239 页。

公,而秦始皇在看了韩非的书之后,甚至急切地想见他。秦国之所以由一个
边陲小国强大到统一六国,所依赖的思想武器就是法家学说。

儒法之间虽然在理论上水火不容,但在实际的政治活动中并非如此尖
锐,所以后世有阳儒阴法之类的说法。这当然是由帝制政治的实际需要所
决定的。但对于孔子本人,法家中的许多人,特别是韩非都保持了足够的尊
重,承认他是"天下之圣人",只是认为孔子所提倡的主张过于理想而无法实
施。当然,韩非子有时候也采取与《庄子》类似的"改造"孔子的办法,只是
在这里孔子"变成"了法家。

《韩非子·内储说上》中有这么一个故事:"鲁人烧积泽,天北风,火南
倚,恐烧国。哀公惧,自将众趣救火。左右无人,尽逐兽而火不救。乃召问
仲尼。仲尼曰:'夫逐兽者乐而无罚,救火者苦而无赏,此火之所以无救也。'
哀公曰:'善。'仲尼曰:'事急,不及以赏;救火者尽赏之,则国不足以赏于
人。请徒行罚。'哀公曰:'善。'于是仲尼乃下令曰:'不救火者,比降北之
罪;逐兽者,比入禁之罪。'令下未遍而火已救矣。"[1]这个故事采用的是七十
子所经常虚拟的"哀公问政"的背景,但是主题完全变成孔子主张"以罚代
赏",采取法家的办法解决社会动员的难题。

第三节 "素王"问题以及谶纬中的孔子

先秦儒家特别强调德和位之间的关系,其理想的状态就是有德者居其
位。但是,面对春秋战国时期社会秩序的纷乱,德和位之间的关系越发引起
儒家的关注。对于孔子而言,许多人都期待孔子成为一个救世主,但是孔子
却始终没有机会实施他的政治理想。"西狩获麟"的故事象征性地表达了孔
子的困境。作为一个祥瑞的"麟"是由一个樵夫所获,当孔子获知麟死的消
息时掩面而哭,这预示着孔子这个圣人,在现实的政治架构中已经没有了他
的位置。这就给后世的儒家提出了一个问题,即如何在现实的政治谱系中
设定孔子的位置。

落实到道的统序里面,孔子所承接的是周公,所以古代周孔并称,但存
在一个没有居于天子之位的孔子如何获得为万世制法的问题,事实上,即使
到了唐代,孔子这个没有居位的圣人的地位还始终受到质疑,从而导致他是
"圣人"还是"教师"的地位争论。

---

[1] 王先慎撰,钟哲点校《韩非子集解》卷九《内储说上》,北京:中华书局,1998 年版,第 226 页。

从孟子开始，儒家就开始考虑这样的问题。比如孔子作《春秋》，孟子说："世衰道微，邪说暴行有作，臣弑其君者有之，子弑其父者有之。孔子惧，作《春秋》。《春秋》，天子之事也。是故孔子曰：'知我者其惟《春秋》乎？罪我者其惟《春秋》乎！'"①这就是说孔子在做本该由天子做的事，那么在理论上需要说明孔子这样做并不是一种僭越。

接下来的《春秋公羊传》开始进行类似的工作，突破口就是"西狩获麟"，也就是对西狩获麟的故事进行重新诠释。

《春秋公羊传》之昭公十四年有这么一条："十四年春，西狩获麟。"对于"获麟"问题，普遍的解释是国之将危的标志。但其中有一句话颇具想象空间——"有王者则至，无王者则不至"，因为孔子处在一个圣王不作的时代，否则他也不至于惶惶不可终日。但麟本身是一个祥瑞，因此，它的出现必然是有其理由的。这个理由在汉代的公羊学大师董仲舒看来，显然是孔子自己受命的标志。《春秋繁露·符瑞》中说："有非力之所能致而自至者，西狩获麟，受命之符是也。然后托乎《春秋》正不正之间，而明改制之义。"在原来的故事中，获麟导致了孔子"绝笔"，也就是不再写东西了，而在董仲舒这里，将"获麟"与孔子受命结合，这样便通过获麟取得某种受命的资质，便有了为万世制法的依据，而不至于受越礼的责难。

但这样虽有德无位却又受命改制的状况需要有一个简练的称呼，而《庄子》中的"素王"似乎特别合适。我们并不能断定董仲舒是否是受到《庄子》的启示，《庄子·天道》篇中说："夫虚静恬淡、寂寞无为者，万物之本也。明此以南乡，尧之为君也；明此以北面，舜之为臣也。以此处上，帝王天子之德也；以此处下，玄圣素王之道也。"这里的素王似乎是指那些有道为天下人心所向却没有位的人。董仲舒在其著名的《天人三策》中说："孔子作《春秋》，先正王而系万事，见素王之文焉。"由此，素王便成为有德无位的孔子的专有名词了。

孔子为素王的说法，虽然是春秋公羊家通过微言大义而塑造的，但几乎为汉代的人所普遍接受，比如有道家背景的《淮南子·主术训》中说孔子"专行教道以成素士"。有古文经学背景的贾逵在《春秋序》中说："孔子览《史记》，就是非之说，立素王之法。"

孔子为素王的说法还有很多版本，《孔子家语》记述齐太史子余叹美孔子："天其以夫子为素王乎？"这个"素"即"空"，指的是有其德而无其位。南北朝时期的杜预在《左传集解序》中还介绍了这样的说法："以仲尼自卫反

---

① 焦循撰，沈文倬点校《孟子正义》卷一三《滕文公章句下》，北京：中华书局，1987年版，第452页。

鲁,修《春秋》,立素王,丘明为素臣,子路欲使门人为臣,孔子以为欺天。"①
这里,素王的说法便更为复杂和层次化了,或许也可说明素王之说之流衍状
况。按照王光松的总结,"在贾谊同时或之前的汉初《春秋》学研习中,'素
王'一词在儒道兼习的时风中实现了由道入儒的过渡,但该词彼时既未专指
孔子,也未被寄予深意。《主术训》篇作者受孟子的影响与启发,将其'《春
秋》,天子之事'的论述与贾谊式'素王'论相结合,'素王'遂由泛指而专指
孔子,到董仲舒在改制更化的问题意识下用受命论贯通此种素王说,后世通
论意义上的孔子素王论始得以成型"。②

总之,无论是"为汉制法"还是为万世制法,孔子已经是"王",所以他的
神圣化是时代的需要。按照汉代帝王感生的流行说法,孔子也属于感生。
尤其是在纬书中,这样的故事层出不穷。《春秋纬演孔图》说:"孔子母徵
在,游大泽之陂,睡,梦黑帝使请已,已往梦交,语曰:'女乳必于空桑之中。'
觉而若感,生丘于空桑之中。"(《春秋纬演孔图》)

在同一本书中,我们可以看到孔子的异象,并叙述了"圣人不空生"的道
理,确立了孔子"为万世制法"的地位。这也意味着现实的帝王只是某一时
代的帝王,他们会随着时空的变化失去其宝位,但孔子则可以超越于此,从
而成为万世的精神源泉。

> 孔子母徵在,梦感黑帝而生,故曰元圣。
> 首类尼邱,故名。
> 孔子之胸有文,曰:制作定世符运。
> 孔子长十尺,大九围。坐如蹲龙,立如牵牛。就之如昂,望之如斗。
> 圣人不空生,必有所制,以显天心。丘为木铎,制天下法。
> 趣作法,圣没,周姬亡。彗东出,秦政起;胡破术,书记散,孔不绝
> (此鲁端门血书。十三年东,有星孛东方,说题曰:麟得之月,天当有
> 血,书端门。子夏至期往视,逢一即言门有血书。往写之)。血蜚,乌化
> 为帛,鸟消书出,署曰《演孔图》。

《孝经纬钩命决》中孔子几乎成了各类威猛长寿的动物的复合体。

> 仲尼斗唇,舌理七重,吐教陈机授度。

① 引文见皮锡瑞《经学通论·春秋》,北京:中华书局,1961年版,第10页。
② 王光松《在"德"、"位"之间》,上海:华东师范大学出版社,2010年版,第66页。

仲尼虎掌,是谓威射。

仲尼龟脊。

夫子辅喉。

夫子骈齿。

随着孔子的日益神圣化,孔门弟子也在纬书中显得与众不同。比如,颜渊因为名字中有一个"渊",所以"颜回有角额,似月性。渊,水也。月是水精,故名渊"。① 勇敢的子路是感雷精而生,《论语比考谶》说:"子路感雷精而生,尚刚好勇。亲涉卫难,结缨而死。"②别的弟子也各有特征:"仲弓钩文在手,是谓知始;宰我手握户,是谓守道;子游手握文雅,是谓敏士。公冶长手握辅,是谓习道;子夏手握正,是谓受相。公伯周手握直期,是谓疾恶。"③在有的谶纬作品中,甚至给孔门师徒别立一个系统,比如据说是子夏说过,孔子是素王,颜渊为司徒,子路(或子贡)为司空。

谶纬作品是汉代儒学的一个重要特征,也可以说是孔子神圣化的一个特殊的时期。但是,谶纬的衰落并不影响孔子的神圣化进程,历代的帝王无不通过加封孔子各种尊号来表示对于儒家思想的推崇。

第四节　历代尊孔记④

孔子死后,鲁哀公发表诔文云:"旻天不吊,不慭遗一老,俾屏余一人以在位,茕茕予在疚。呜呼哀哉! 尼父无自律。"意思相同但内容略有不同的诔文也在《礼记·檀弓》篇中有记载:"天不遗耆老,莫相予位焉,呜呼哀哉! 尼父!"虽然子贡等人对鲁哀公在孔子生前不能采纳孔子的政见表示愤怒,并认为这篇文字不合礼法,但这毕竟是来自权力阶层在孔子离世之初表示的态度,并使孔子有了第一个尊称"尼父"。孔子死后,他的弟子们在孔子的墓旁筑室为家,按时奉祀,并演习各类礼仪,渐渐发展为孔庙。

在这个以力争胜的战国时代,儒家虽然依然保持着巨大的影响力,但它的仁义道德似乎与整个时代不合拍。秦以法家而强,也因过于严酷的统治

---

① 　佚名《论语谶》卷二《论语撰考谶》,赵在翰辑,钟肇鹏、萧文郁点校《七纬(附论语谶)》,北京:中华书局,2012 年版,第 773 页。

② 　同上,《论语谶》卷一《论语比考谶》,第 768 页。

③ 　同上,《论语谶》卷三《论语摘辅象》,第 777 页。

④ 　参见程淯《历代尊孔记　孔教外论合刻》,1933 年版。

而丧失统治权。

汉初的休养生息所奉行的是黄老道学，刘邦本身对儒家并无好感，但是他在高祖十二年过鲁地的时候，却"以太牢祀孔子"。到了汉元帝的时候，孔子的后代开始受到赐封。最早是汉元帝时的孔鞒以帝师的身份受爵号为"褒成君"。汉成帝绥和元年（公元前8年），封孔吉为殷绍嘉侯，并接受大臣匡衡、梅福的建议，因为殷之嫡系后裔寻访困难，所以孔子的后裔应世代袭封。汉平帝元始元年（公元1年），追谥孔子为"褒成宣尼公"。

东汉建立之后，对于孔子的尊崇依然，并呈现不断上升的趋势。光武帝建武五年（公元29年），刘秀到达鲁地，使大司空弘祀孔子，并继续让孔子后裔袭封绍嘉侯和褒成侯。光武帝的继承人汉明帝，承袭刘秀尊孔的态度，还特地到鲁地拜谒孔子旧宅，并亲自到讲堂，让皇太子和诸王说经。这么做象征着孔子作为帝王师的地位。元和二年（公元85年），汉章帝到曲阜祭祀孔子及其七十二弟子，并会见孔氏家族的男子62人。在这个过程中，章帝和孔僖有一段耐人寻味的对话。章帝说："今日之会，宁于卿家有光荣乎？"孔僖回答说："臣闻明王圣主，莫不尊师贵道。今陛下亲屈万乘，辱临敝里，此乃崇礼先师，增辉圣德，非臣家之私荣也。"虽然我们不能将之上升为教统和政统之间的对抗，但是，尊崇孔子关乎政统的合法性而非仅仅对孔子个人的崇拜的意味则是十分明显的。

曹魏政权的时候，孔子的二十二世孙孔羡被封为"宗圣侯"。晋武帝泰始三年（公元267年）改封孔子二十三世孙为"奉圣亭侯"，并下诏太学和曲阜常年以三牲供奉孔子。

南北朝时期，政权更替频繁，又有少数民族政权，但尊崇孔子似已成为树立在中原实行统治的合法性的依据。因此随着政权的变换，孔子的子孙的封号也不断地变化，其中有"奉圣侯"、"宗圣大夫"（北魏），并（言益）孔子为"文圣尼父"、"恭圣侯"（北齐）、"邹国公"（后周）。

隋唐时期，虽然佛教渐渐盛行于中国，但是在官方的教育体制中，儒学的重要性日渐显现，并开始了周公和孔子并列的先圣先师的崇拜。

武德二年（公元619年），唐高祖下诏在国子学立周公和孔子庙各一座。到贞观十一年（公元637年），房玄龄建议以孔子为先圣，以颜回配享。

唐太宗一方面鉴于经典章句繁杂的状况，命孔颖达等人定《五经正义》来厘正，并数次巡视国子监，发布诏书征召天下的名儒为学官，学生论名一经以上的人能授予官衔。在国子监增筑学舍1 200间，增学生满3 260人。不但国内崇儒风气高涨，且吸引了周边国家遣学生来学习。

在唐高宗的时候，对于孔子的地位有一个反复，即又改孔子为先师，而周公恢复先圣的地位。这个措施被长孙无忌所反对，认为周公应配享到武王，而孔子弟子因各通一经，已经被后学视为先师，这样将孔子尊为"先师"是对孔子地位的降低，于礼也不合，因此要求恢复孔子"先圣"的尊位。

到唐玄宗开元八年（公元720年），孔庙的配享制度有很大的变化，即将颜回等十哲改为坐像，并悬挂孔子七十弟子坐像。开元二十七年追谥孔子为"文宣王"。

五代的周太祖于广顺二年（公元952年）拜谒孔庙。有人说，孔子是陪臣，不当以天子拜之。但周太祖说，孔子是百世帝王之师，不能不敬，并且寻访孔子和颜回的后人，任命他们为曲阜令和主簿。

宋代对于孔子的尊崇有增无减。孔林和孔子墓的守护人数增加，并且进一步确定孔子的后裔承继前人的封赐。宋真宗大中祥符元年（公元1008年），孔子被加谥为玄圣文宣王，孔子的父亲叔梁纥被追封为齐国公，颜氏为鲁国夫人。孔子的弟子也被进一步追封，颜回为兖国公，闵损以下九人为郡公。曾参以下六十二人为侯，左丘明等十九人为伯。大中祥符五年（公元1012年），孔子又改谥为"至圣文宣王"。至和二年（公元1055年），孔子第四十七世孙世愿被封为衍圣公。虽然在宋哲宗时期，衍圣公被改成奉圣侯，但宋徽宗崇宁三年（公元1104年）又改回衍圣公。由此，此封号为孔子后裔所世袭。

这个时候，金和元这些少数民族的政权也同样立孔子庙，封赏孔子后裔，元代的成宗于大德十一年（公元1307年）加孔子号为"大成至圣先师"。元文宗至顺元年（公元1330年）加封孔子父亲叔梁纥为启圣王，母颜氏为启圣王夫人，颜子为兖国复圣公，曾子（成耳）为国宗圣公，子思为沂国述圣公，孟子为邹国亚圣公，程颢为豫国公，程颐为洛国公。

明代朱元璋开始设置衍圣公官署，并将孔、颜、孟三氏之学立为官学，在曲阜设置尼山、泗水两书院。至明宪宗成化十二年（公元1476年），孔庙祭祀的乐舞改为"八佾"。理由是自唐代封孔子为文宣王之后，祀奉孔子逐渐改用天子之礼，如果官冕是用太子之服，而礼乐用诸侯之乐舞，便于礼不合。明嘉靖九年（公元1530年），一方面尊孔子为至圣先师；另一方面，鉴于颜回、曾子、子思陪祀孔子，因此应另立一堂祭祀孔子的父亲、颜回、曾子和子路的父亲。

清代对孔子的尊崇可谓中国历史上最隆重的。清世祖于顺治二年（公元1645年），更定孔子神牌为"大成至圣文宣先师孔子"。康熙二十三年（公元1684年），康熙专程赴曲阜致祭，行三跪九叩之礼，并书"万世师表"匾额，下令重修孔庙，形成现在我们所见的孔庙规模。乾隆十三年（公元

1748年），乾隆皇帝第一次到曲阜释奠先师孔子，随后于乾隆二十一年、二十二年、二十七年、三十六年、四十一年、四十九年、五十五年共八次赴曲阜释奠孔庙及孔林等，并在游历过程中，不断去各地孔庙行礼。虽在礼节制度上并无大的革新，但已成为历代皇帝亲历孔庙之最。光绪三十二年（公元1906年），面对西学传播的现实，学部颁布尊孔教为教育宗旨。

中华民国成立之后，政治、法律、教育体制为之大变，所以如何尊崇孔子成为社会关注的问题。而袁世凯于1913年2月的通令中，一方面强调孔子作为万世师表，在新的时代依然可以正人心、立民极，并力图将孔子的思想与专制政治划清界限。另一方面，他认为民国信仰自由，因此"非任其自由信仰，不足以证心理之同"。1914年2月袁世凯通令孔子的后裔仍旧膺受前代的尊荣，并于9月举行祭孔典礼。1920年，孔子第七十七代孙孔德成袭衍圣公，至1935年改称大成至圣先师奉祀官，奉祀官以特任官待遇。

第五节　孔庙及其陪祀、从祀制度

如果我们回望历史，孔庙和对于孔子的祭祀活动始终是儒学发展过程中的一个重要的方面。当然，在儒家处于价值体系的核心地位的时候，祭孔本身就是一个重要的国家典礼。

一、孔庙的变迁

关于孔庙的记载，以司马迁《史记·孔子世家》为最早，文中说："孔子葬鲁城北泗上，弟子皆服三年。三年心丧毕，相诀而去，则哭，各复尽哀；或复留。唯子赣庐于冢上，凡六年，然后去。弟子及鲁人往从冢而家者百有余室，因命曰孔里。鲁世世相传以岁时奉祠孔子冢，而诸儒亦讲礼乡饮大射于孔子冢。孔子冢大一顷。故所居堂、弟子内，后世因庙，藏孔子衣冠琴车书，至于汉二百余年不绝。高皇帝过鲁，以太牢祠焉。诸侯卿相至，常先谒，然后从政。"从这段记述我们可以知道，孔庙的最初发端是基于他的弟子和后人在孔子的旧宅辟一个区域存放孔子的遗物并进行祭祀活动。据司马迁的记载，并没有说何时立庙，到汉初，"孔庙尚未脱离祖庙范畴，仍是一派沉寂简朴的景况"。①

汉高祖刘邦在路经鲁国的时候用太牢祭拜孔子的事件很大程度改变了

---

① 董喜宁《孔庙祭祀研究》，北京：中国社会科学出版社，2014年版，第33页。

孔庙的性质。在汉高祖祭拜之后,礼制固然还未完备,但诸侯卿相便会时常拜谒孔庙。

虽然如此,以孔子宅为庙的时间延续了六七百年。《水经注》中说:"阜上有季氏宅,宅有武子台,今虽崩夷,犹高数丈。台西百步,有大井,广三丈,深十余丈,以石垒之,石似磬制。《春秋·定公十二年》,公山不狃帅费人攻鲁,公入季氏之宫,登武子之台也,台之西北二里,有周公台,高五丈,周五十步。台南四里许,则孔庙,即夫子之故宅也。宅大一顷,所居之堂,后世以为庙。"①

《水经注》的说法是,在汉武帝时,因为鲁恭王损坏了孔子的旧宅,家庙得以为人所知。"汉武帝时,鲁恭王坏孔子旧宅,得《尚书》《春秋》《论语》《孝经》,时人已不复知有古文,谓之科斗书,汉世秘之,希有见者。于时闻堂上有金石丝竹之音,乃不坏。庙屋三间,夫子在西间东向,颜母在中间南向,夫人隔东一间东向。夫子床前,有石砚一枚,作甚朴,云平生时物也。鲁人藏孔子所乘车于庙中,是颜路所请者也。"《水经注》的说法中夹杂了正史的记录和谶纬传说的内容,据说汉献帝的时候,孔庙曾经遭遇火灾,所陈列物品被焚毁,后经人出资而修复。

整个西汉时期对于孔子的祭祀仅限于阙里,但由于孔子地位的不断提升,对于孔庙的祭祀则逐渐由弟子自发的转向朝廷的行为。其标志是从第八代孙被封为"鲁文信君"始,孔子奉祠后裔开始领有官方身份。"迄十三代孙孔霸,因为'帝师'之故,元帝特赐爵'关内侯',食邑八百户,号'褒成君',徙名数(户籍)于长安。后因孔霸上书求奉祭先圣,元帝方令以所食邑祀孔子,还其长子(孔福)名数于鲁。……至平帝,方改封'褒成侯',专奉先圣之祭。自是孔子后裔世世封爵,且爵位与日俱增。"②

与此同时,汉代的儒生也不断在为孔子的祭祀的升级继续努力。毫无疑问,孔子的祭祀与儒家的命运息息相关,后来的发展也证明了这一点。其中匡衡和梅福等人的建言都甚为有力,而梅福的奏词得到了成帝的肯定。他说:"今仲尼之庙不出阙里,孔氏子孙不免编户,以圣人而歆匹夫之祀,非皇天之意也。今陛下诚能据仲尼之素功,以封其子孙,则国家必获其福,又陛下之名与天亡极。"③

① 郦道元著,陈桥驿校证《水经注校注》卷二五《泗水》,北京:中华书局,2013年版,第593—594页。
② 黄进兴《优入圣域:权力、信仰与正当性》,西安:陕西师范大学出版社,1998年版,第195—196页。
③ 班固《汉书》卷六七《梅福传》,北京:中华书局,1962年版,第2925页。

虽经儒家理想主义者王莽失败的改革,东汉的光武帝刘秀在尊孔上并不含糊。建武五年(公元 29 年)刘秀派遣大司空祭祀孔子,开创了后世帝王遣使祭孔的先例。后来汉明帝又首开祀孔子弟子的先例,并命令郡县道的学校都要祭祀孔子。"此为国学及地方学校祀孔子的开始。"①

谶纬中孔子形象的神化彻底烘托了孔子为汉代制法的神圣性,进而也完全确立了儒家作为统治合法性证明的地位。"孔教之普及化正是统治者与儒生相互为用的结果。作为孔教举行礼仪的制度,孔庙屡屡遭受政、教两股力量互动的波及,难免与时俱迁。其更动或不稳定根源,恰是一方面,它为'道统'的有形化身;另方面,却受制于代表'治统'的人君。"②

正是因为孔庙所具有的特殊的政治含义,在少数民族的政权和政局动荡的时期,对于孔子的尊崇反而处于一个高点,并且伴随着对孔子的祭祀的升格。比如三国割据时期的曹魏政权在挟天子以令诸侯的同时,也不忘挟孔子以彰正统。魏黄初二年(公元 221 年)曹丕命令修葺孔庙,又在孔庙周围修建房舍,招收一些学者居住。这样,便有了庙学合一的雏形。庙学合一的体制使孔庙的祀典成为制度化儒学的一个重要的组成部分,"学者必释奠于先师……示敬道也。其学有庙又如此,盖明有礼乐、幽有鬼神,用礼乐以教士于昭昭之际,而必致敬于冥冥之中,非独以报始教者之功德,实所以定入学者之心志也"。③

在南北朝割据时期,南北双方为了证明自己的正统地位争设孔庙,寻访圣人后裔,并开启依庙立学的新风气。例如南齐武帝和北魏孝文帝于公元489 年各自在自己的统治中心设立孔庙,他们对于正统地位的竞争,使孔庙由阙里走向全国各地。孝文帝还下诏全国各郡县的学校祭祀孔子,从此确立了国家在学校内祭祀孔子的新的礼制。

在唐代,各地的孔庙日益繁盛。唐高祖于武德二年(公元 619 年)下诏在国学立周公、孔庙各一所"四时致祭",进一步强化了庙学合一的建制。唐太宗于贞观元年(公元 627 年)要求天下学皆立孔子、周公庙。到贞观四年(公元 630 年),太宗下诏在州县设立孔庙,并以孔子弟子二十二人从祀。这在孔庙的礼制发展历程中有特别的意义,孔庙的功能也发生了些许变化。按黄进兴的说法:"孔庙遂是兼有正统文化宣导者,与国家教育执行者的双重功能。申言之,京师立庙,有别于原初孔庙,政治意图特为突显。但为维

---

① 董喜宁《孔庙祭祀研究》,北京:中国社会科学出版社,2014 年版,第 35 页。

② 黄进兴《优入圣域:权力、信仰与正当性》,西安:陕西师范大学出版社,1998 年版,第 184 页。

③ 戴敏修,戴铣纂修《(弘治)易州志》卷一六《重修学庙记》,上海:中华书局上海编辑所,1965 年版。

持奉祀之正当性,圣裔设立仍不可或缺。是故,不免染有家庙的残余性格。相对的,地方孔庙纯是遂行国家政教措施,而无此顾虑。这终使得孔庙完全脱离家庙性质,正式溶入国家祭祀系统,成为官庙的一环。"①

宋代尊孔气氛浓烈,曲阜孔庙的规模进一步扩大,而我们现在所见的孔庙格局也大致形成,主体建筑有大成殿、大成门、藏书楼等,并给孔子的父母以专殿供奉。

值得一提的是,因为北宋末年金兵南下,宋朝迁都临安,也就是今天的浙江杭州,建立南宋王朝。建炎二年(公元 1128 年),孔子第四十八世孙袭封衍圣公的孔端友捧孔子的楷木雕像随宋高宗赵构南渡,在衢州建孔氏家庙,被称为"东南阙里"。

元明清时期,孔庙继续扩大。据《兖州志》记载,曲阜的孔庙,元代修了六次,明代重修、重建二十一次,清代重修十四次,并最终形成了我们现在所见的孔庙规模。

我们现在所见的曲阜的孔庙由五殿、一阁、一坛、两庑、两堂、八门、一祠、三坊构成。五殿:大成殿、寝殿、圣迹殿、启圣殿、启圣寝殿。一阁:奎文阁。一坛:杏坛。两庑:东庑、西庑。两堂:金丝堂、诗礼堂。八门:棂星门、圣时门、弘道门、大中门、同文门、大成门、启圣门、承圣门。一祠:崇圣祠。三坊:道冠古今坊、德侔天地坊、金声玉振坊。

各地的孔庙规模略有不同,称呼也各不相同,有称夫子庙的,也有称文庙的,但基本布局是类似的,庙的正门称棂星门,棂星即天镇星,意味着祭孔就是尊天。棂星门前设泮池,也称泮宫,是官学的标志。泮池之后是孔庙的第二道大门,称大成门。"大成"二字取自《孟子》中的"孔子之谓集大成"。大成门内就是孔庙的主体建筑大成殿。大成殿外宽阔的平台称祭台或拜台,供祭祀时乐舞及行礼使用。大成殿内正中供孔子坐像,孔子像两旁是颜回、曾参等"四配"和"十二哲"的立像。大成门与大成殿之间的东西两侧都建有长长的厢房,称为东庑、西庑(简称两庑),庑中供奉着历代先贤、先儒的图像或木主。大成殿后建有崇圣祠,是用于祭祀孔子的父亲及其他祖先的场所。

二、仪式与政治:孔庙祀典与从祀仪式

有论者指出:传统儒学的教育场所包括以孔庙为中心的祭祀空间与以讲堂为中心的教学空间。这种"庙学制"起源于古代社会中生活与宗教结合

---

① 黄进兴《优入圣域:权力、信仰与正当性》,西安:陕西师范大学出版社,1998 年版,第 230—231 页。

的传统。在这样的"教育传统中，每个学生都参与祭祀仪式，但是并不是膜拜祈求神祇的庇佑，而是以孔子等圣贤为典型，以提升自己的生命境界。每个人面对孔子的人格典范，祭祀行为成为一种提升自己，促使自己成圣成贤的过程"。①

固然，从礼制的方面，我们可以看到祭孔所体现的典范作用，也就是从祭孔的仪式中，每个人所受到的感化。但是，孔子的思想既然已经成为政治合法性的依据，那么祭孔的仪式本身也就必然会被赋予政治上的意义。明宪宗说："自孔子后，有天下者无虑十余代，其君虽有贤愚之不同，孰不赖孔子之道以为治？其尊崇之礼愈久而愈彰，愈远而愈盛。"②

的确，在唐代之前，对于孔子的定位并不确定，当时周孔并称，孔子经常是作为周公的配享。但对于二者的角色在唐代开始有了很大的争议。

初唐时期，在不到 50 年的时间里，孔子形象的三次变化可作为典型的例证。"武德二年（619），唐高祖下令在国子学立周公庙和孔子庙，以周公为'先圣'，孔子为'先师'，而以孔子配享周公。就是说只承认他是教育家的鼻祖，不承认他有坐在主位单独享受致祭太牢的权利。但父亲的这一规定，却被儿子取消。贞观六年（632），唐高祖尚在，唐太宗便下令废除周公庙，以孔子为'先圣'，颜渊为'先师'。就是说让孔子升座南面，享受救世主鼻祖的待遇，而把第一位教师的荣誉让给他的大弟子。贞观十九年（647），即《五经正义》修撰期间，唐太宗又下诏为孔子增添了一群配享者，都是以解说经典著名的孔门后学。岂知他的儿子唐高宗即位不久，大约在永徽六年（655），便又下令取消父亲的规定，恢复祖父的规定，仍以周公为'先圣'，孔子为'先师'，改进之处在于保留颜渊、左丘明的'从祀'地位。这一改制显然带有刚谋得皇后地位的武则天的个人印记，因而引起了元老重臣长孙无忌等的反对。他们在显庆二年（657）集体决议，认为以孔子配享周公是降低了孔子地位，而将左丘明等作为'从祀'，也是违反'故事'的贬斥行为。儒弱的唐高宗只好服从，又取消了两年前的决定。"③这样，孔子开始有了独立的祀典。开元二十七年（公元 739 年），孔子被追封为文宣王，开始穿上王者的冠冕服饰，并有十哲侍列。

---

① 高明士《传统中国教育的理想与实际对现代通识教育的意义》，《"传统中国教育与现代大学通识教育"研讨会论文集》，台北：台湾大学历史系，1995 年版，第 22 页。

② 明宪宗《重修孔子庙碑》，骆承烈汇编《石头上的儒家文献》上，济南：齐鲁书社，2001 年版，第 403 页。

③ 朱维铮《历史的孔子与孔子的历史》，《走出中世纪》，上海：上海人民出版社，1987 年版，第 224—225 页。

孔子的独立祀典,意味着儒家始终在寻求的独立于政治系统的"道统"获得独立。虽然祀典仪式的确定和升降的权力来自现实中的帝王,但一旦独立,道统的意义便可得以彰显。牟宗三说,这甚至意味着孔子的地位被正式认识:"宋以前是周孔并称,宋以后是孔孟并称。周孔并称,孔子只是尧舜禹汤文武周公之骥尾。对后者(孔子)言,只是传经之媒介,此只是从外部看孔子,孔子并未得其应得之地位……但孔孟并称,则是以孔子为教主,孔子之所以为孔子,始正式被认识。"①

的确,自宋代道学的形成,道学家对于道统的独立性的强调致使儒家在提供政治合法性的同时,试图在现实的政治体系中发挥更大的作用。

然到明嘉靖九年(公元 1530 年),明世宗对于孔庙祀典的降格同样也可以做政治化的解释。当时,张璁提出奏议,认为孔子的圣人地位已经够高,不必要再称"王",这样不断升格的祭祀规格应降低;特别是孔子、颜回、曾子、子思在庙廷受人尊崇,而他们的父亲却只能在东西两庑从祀,这有违儒家孝道,应该别立一室来祭祀。

明世宗认识到儒家尊崇孔子的根本目的在于借尊孔来"自尊",所以听从了张璁的意见,改革孔庙祀典。其中主要的有:(1)孔子只称至圣先师,去其王号;(2)大成殿改称孔子庙;(3)毁掉孔子的塑像,用木主;(4)减祀仪,比如乐舞又八佾减至六佾等。②

这种礼制的变革,其核心还是在于政治的权力与儒家道统之间的紧张。因为道统的力量上升到一定程度之后,必然会对皇帝的权势造成制约,对此明末吕坤的话极具启发性,他说:"故天地间,惟理与势为最尊。虽然,理又尊之尊也。庙堂之上言理,则天子不得以势相夺,即相夺焉,而理则常伸于天下万世。故势者,帝王之权也;理者,圣人之权也。帝王无圣人之理,则其权有时而屈。然则理也者,又势之所恃以为存亡者也。以莫大之权,无僭窃之禁,此儒者之所不辞而敢于任斯道之南面也。"③不过"势"虽依"理"而存,但是如果理反过来压制势,便是权势者所不能容忍的。

在中国历史上,异族统治者对于孔子的态度更为复杂。一方面他们需要通过尊孔来证明他们统治的正当性,但同时他们也要警惕儒家思想中对于权力的制约性的一面。比如,清朝以"异族"入主中原,对思想的控制却是表现出残暴和温和相结合的办法。一方面大开文字狱,使士人充分感受生

---

① 牟宗三《道德理想主义的重建》,北京:中国广播电视出版社,1993 年版,第 222—223 页。
② 赵克生《明朝嘉靖时期国家祭礼改制》,北京:社会科学文献出版社,2006 年版,第 166—167 页。
③ 吕坤《呻吟语》卷一,台北:汉京文化事业公司,1981 年版,第 11—12 页。

存压力,同时又开设"博学鸿词科"笼络人心。对于孔子的态度也是既表示足够的尊敬,同时又强调君臣之义,抑制儒家民本思想的传播。如康熙皇帝在康熙二十三年(公元1684年)晋拜孔庙居然行三跪九叩这一历代帝王都不曾使用过的大礼,并特书"万世师表"以扬孔子之教。雍正皇帝也是即位伊始就追封孔子王爵,并在孔庙中新增大量的儒学名宿配祀。乾隆更是九次晋拜阙里孔庙,并将自己的女儿下嫁给七十二代衍圣公孔宪培。不过正如清帝中的"理论家"雍正所强调的,孔子之功在于"明伦纪、辨名分、正人心、端风俗。亦知伦纪既明,名分既辨,人心既正,风俗既端,而受其益者之尤在君上也哉? 朕故表而出之,以见孔子之道之大,而孔子之功之隆也"。①因此对于曾静提出的应该由儒林中杰出人士如程朱来做皇帝的说法,他不得不站出来辩论一番,让人"大义觉迷":"孔孟之所以为大圣大贤者,以其明伦立教,正万世之人心,明千古之大义,岂有孔子、孟子要做皇帝之理乎? ⋯⋯使孔孟当日得位行道,惟自尽其臣子之常经,岂有以韦布儒生,要自做皇帝之理! 若依曾静所说,将乱臣贼子篡夺无君之事,强派在孔孟身上,污蔑圣贤,是何肺肠?"②

孔庙祀典还值得一提的是从祀制度,中国有以德配天的传统。行祭天大礼时,夏后氏以黄帝配享,殷人以帝喾配享,周人以后稷配享。这种形式也为祭孔礼仪所仿效,但确定谁人可以配享是决定儒学形态的一个重要方面。孔庙既然是国家祀典,那么这决定权便也是由权力所控制。黄进兴说:"儒教从祀制与基督教封圣制最显著的差异,即一开始中国的统治阶层,包括人君和官僚集团,便掌握了孔庙从祀人选的主控权。它不像基督教封圣制是属于由下而上,地方性的民间宗教活动。"③

现在我们在孔庙大成殿两侧看到的"四配"即颜渊、曾参、子思、孟轲,但四人进入配享的时间有先后。最早得到配享殊荣的是颜回。颜回,字子渊,习称颜渊。三国魏正始二年(公元241年)春二月,齐王使太常以太牢祭孔子于辟雍,以颜渊配。这是以颜渊配享孔子之始。第二位进入配享行列的是曾参。曾参以孝著称,唐睿宗太极元年(公元712年),释奠以曾参配,是为曾参列入配享之始。第三位是孟子。孟子受业于子思的门人,唐以后,在儒家谱系中的地位不断升高,并称为仅次于孔子的"亚圣",宋神宗元丰七年(公元1084年),孟子开始进入配享行列。最后一位是子思,他是孔子的孙

---

① 庞钟路《文庙祀典考》卷一,台北:中国礼乐学会,1977年版,第11页。
② 雍正皇帝《大义觉迷录》,北京:北方妇女儿童出版社,2001年版,第105页。
③ 黄进兴《圣贤与圣徒》,北京:北京大学出版社,2005年版,第149页。

子,据传是《中庸》的作者,宋度宗咸淳三年(公元 1267 年),子思开始进入配享行列。

宋度宗咸淳三年(1267 年)春正月戊申,度宗诣太学,谒孔子,行释菜礼,以颜渊、曾参、子思、孟轲配享。顾炎武非常称赞理宗将颜、曾、思、孟配享孔子:"自此之后,国无异论,俗无异习,历元至明,先王之统亡,而先王之道存,理宗之功大矣。"①

孔子弟子还有孔门"四科十哲"的说法。据《论语·先进》,孔子曾经用德行、言语、政事、文学四科评定他的学生的优长:"德行,颜渊、闵子骞、冉伯牛、仲弓;言语,宰我、子贡;政事,冉有、季路;文学,子游、子夏。"开元八年(公元 720 年),唐玄宗诏令国学祭祀孔子时,以这十人为"十哲"配享。康熙五十一年(公元 1712 年),增补朱熹为第十一哲。乾隆三年(公元 1738年),清人又增补有若为第十二哲。

在孔庙中从祀,但级别又低于四配、十二哲的,称为"先贤""先儒"。

先贤主要是指孔门弟子。现在我们看到孔庙两侧墙上画有七十九位弟子,他们被称为先贤,即七十二弟子加上南宋理宗时增补的周敦颐、张载、程颢、程颐、朱熹五位理学家和与孔子同时代的子产、蘧伯玉。"先儒是指在历史上对儒学有杰出贡献的学者。最早推出这一举措的是唐太宗。贞观二十一年,太宗下诏,每年太学祭祀时,将左丘明、卜子夏、公羊高、谷梁赤、伏胜、高堂生、戴圣、毛苌、孔安国、刘向、郑众、杜子春、马融、卢植、郑玄、服虔、何休、王肃、王弼、杜预、范宁、贾逵等二十二位为《春秋》、《诗》、《书》、《礼》、《易》等作过出色的注释的学者,作为传播儒学的功臣配享,以表彰其传注之功。宋神宗元丰七年(1084),又将荀况、扬雄、韩愈等三位在儒学史上有杰出贡献的学者列入从祀的名单。此后,从祀先儒的名单不断增加,最后达七十七人,供奉于两庑的南端。与四配、十二哲不同的是,从祀的先贤、先儒,都只有牌位,没有塑像。"②

孔庙从祀的意义有很多分析者,从历史上关于孔庙从祀者的确立的过程看,其复杂程度甚至大到皇帝也不能独断性决定。朱鸿林认为这与道统有关,或者说与儒家意识形态的解释相关,在这个问题上,"皇权并不见得占了上风,儒臣也不见得受到压制,真正的决定力量,却是一种大多数人能够接受的传统文化力量"。③

① 顾炎武撰,黄汝成集释,栾保群校点《日知录集释》卷一四《从祀》,北京:中华书局,2020 年版,第 766 页。
② 彭林《中国古代礼仪文明》,北京:中华书局,2004 年版,第 264 页。
③ 朱鸿林《孔庙从祀与乡约》,北京:生活·读书·新知三联书店,2015 年版,第 23 页。

　　帝制被推翻之后,孔子不再是"道统"的代言者,虽然历代政府依然有各种形式的祭祀孔子的活动,但不再确立新的从祀者。官方对于孔子的祭祀活动主要是孔子诞辰纪念,但全国性的祭孔活动一直延续到1940年代末期。

　　1990年代以后,各种形式的祭孔活动又开始恢复。也有一部分主张孔教的人士认为孔庙就应成为孔教的宗教场所。无论是政府祭孔还是民间祭孔,祭孔活动虽然还有强烈的政治意味,但它混杂于其历史功能和文化功能之中。未来是否依然会恢复某种程度的孔庙从祀人选的确定程序,具有很大的想象空间。

第五章　教育、科举与儒学

　　说起科举制度，人们可能会想到"范进中举"后的疯狂。一直以来，人们对于科举的评价总是多种多样的，正面的评价说，科举是世界上最为公平的选拔制度，而负面的评价则指责科举制度是抑制人的自由创造和阻碍中国科学发展的罪魁祸首。而近代以来中国不断失败的事实似乎证明了这一点，所以在康有为、张之洞、袁世凯等人持续不断的呼吁之下，1905 年科举制度走向了终结。

　　对于科举制度本身的功过不是这里要讨论的，我们关心的是科举与儒学的关系。

第一节　科举制度的演变

　　科举制度最根本的目的是选拔合适的人才进入官僚阶层，其前身是中国古代的各种官员选拔制度。

　　周以前，虽然上层的职位是世袭的，但是，地方的贤能之士依然有被选举而升迁的机会。《礼记·王制》中记载："命乡论秀士，升之司徒，曰选士；司徒论选士之秀者，而升之学，曰俊士。……升于司徒者不征于乡，升于学者不征于司徒，曰造士。……大乐正论造士之秀者，以告于王，而升诸司马，曰进士；司马辨论官材，论进士之贤者，以告于王，而定其论。"这样的描述多少有些美化的成分，因为我们不可能有足够的材料来证明这样的制度的真正实施情况。到了周初，确定了学校育才和民间选才并行的选拔人才方式，这应该是有一定依据的。

　　到春秋战国时期，社会的变动使得学校和选士制度难以维系，诸侯公卿则通过养士的手段来获得自己所需要的人才。我们读到过很多士的故事，比如孟尝君的"鸡鸣狗盗"之徒,还有那些侠义心肠的刺客们。

而学在民间和私人讲学制度的兴起,更多的低身份的人通过学到的知识上升到士的阶层,导致了学术的多样化和百家争鸣的局面。与此相应的是,一个相对独立于宗族和国界的"士"的阶层兴起。

秦汉皇帝制度确立家天下的体制,天下的士成了皇帝的私人财产。不过总是要挑选一些合用的人来帮助自己治理天下。秦朝是法家之徒独领风骚,汉初是黄老道学。随后则是儒生和文史共存,在贵族制度解体之后,形成了一系列选拔官员的制度。汉以后到科举制度实施之前,主要的选举制度有:察举(举孝廉和举贤良)、辟举、九品中正制、学校、荐举、征召、上书自荐、技艺入仕等,在这些制度中,理论上是主张"以德取人""以能取人""以文取人"的原则,并在实践中也有一定程度的呈现,但不受门第等因素影响的相对客观的选士制度要到隋唐才建立起来。

一般的说法是,隋炀帝于大业二年(公元 606 年)开始设置"进士科",策试诸士,开启了科举的时代。虽然那些举荐的制度仍然存在,但是,以纯粹的考试形式来选拔人才占据越来越重要的地位。

唐代的考试制度主要沿袭隋朝,但更为完备。其中最受重视的是贡举,《新唐书·选举志》记载贡举的考试内容时说:"其科之目,有秀才、有明经、有俊士、有进士、有明法,有明字、有明算、有一史、有三史、有开元礼、有道举、有童子。而明经之别,有五经、有三经、有二经、有学究一经、有三礼、有三传、有史科,此岁举之常选也。"这么多的科目,可以看出主要的内容为儒家经史和礼乐知识,而且面相当广,有利于士子们选择。在这些科目中,进士科和明经科最受人追捧。

为了与选士制度的变革相适应,隋唐时代开始建立起完备的从国子学到地方的官学系统,这些学校系统以学习经典、掌握行政技艺和熟悉礼仪为主要教学内容,这样儒学的传播和学习开始与社会升迁建立起一种制度化的联系。

宋代的科举制度虽然因为政治的角力而屡经反复,但其基本格局依然继承了唐代制度,并在考试的规则上有进一步的完善,比如出现了"糊名""誊写""保任"等防止考试作弊的办法。所谓糊名,就是将考生的姓名"封印",即考官在评价的时候并不能知道考生的姓名。"誊写"算是"糊名"的补充,通过将考卷誊写成统一的字体,可以防止从笔迹来判断考生的身份。这些原则主要是为了保证考试的公平性。而"保任"主要是让一些地方的官员为该地方的考生的道德品质做出担保。

明代的科举在选举中的地位更为重要,甚至一度为了遏制奔竞之风而专以科举取人。后虽又有变化,但专重科举已是毋庸置疑了。《明史·选举志》说:"科目者,沿唐、宋之旧,而稍变其试士之法。专取四子书及《易》《诗》《书》《春秋》《礼记》五经命题试士,盖太祖与刘基所定。其文略仿宋经义,然代古人语气为之,体用排偶,谓之八股,通谓之制义。"从这段话中我们可以了解到,首先明代的考试范围有了变化,以四书五经作为考试的内容;其次,答题的方式有了一种标准化的文体,即八股文。逐步又确定了朱熹的《四书集注》作为科举考试的保准解释。

考试的方式也有一些变化,开始了每三年一次的"大比":整个考试分为三个阶段,乡试(在考生所在的省举行的考试,中式者称为举人);会试(各地的举人到京师参加的考试,中式者称为进士);殿试(会试成功者,由皇帝直接在宫廷里进行策试,中式者分一、二、三甲,一甲三人,分别为状元、榜眼和探花)。

明清之后科举逐渐成为进入权力核心和国家行政管理机构的唯一途径,因为明英宗天顺年间规定之后非科举出身的不能进入内阁。明代的京官清要均任用进士出身的人,其他的机会也都是首先考虑进士。

明代的各级官学,因为科举制度的强大吸引力,不自觉地成为科举的预备机构,而宋代所盛行的书院在明代则起伏不定。明末书院复盛,成为讲授和研读儒学的重要场所。而王阳明本人强调社学,即在体制的学堂体系之外来教导民间子弟,教化礼俗。王门子弟的另一重要的活动就是会讲,他们在东南一带聚集讲学,人数多至上千,为王学的传播贡献良多。清代的科举制度基本上也是依照明代的方式,略有损益。

毫无疑问,科举作为一种儒家思想与权力之间的特殊连接方式,对儒家经典的传播居功至伟。但是科举日益使人们远离对经义本身的理解而转变为对于制艺的重视,儒学的发展便受到很大的束缚,顾炎武曾痛言"八股盛而六经微,十八房兴而廿一史废",把八股对儒学的损害比之于焚书坑儒。①

在这些选拔性的考试之外,还有童生的考试。所谓童生,并不是完全按照年龄来判定的,无论年齿大小,凡是没有取得县、府学生员的都称之为童生,这个资格也很重要,因为它是参加选拔考试的基本条件。

科举考试的自由参选的前提,极大地激发了全民读经的热情。即使是自给不暇的农村社会,也以"耕读之家"为标榜。在没有公共教育的传统社会,私塾成为开蒙的主要途径,所学习的程度虽然不一,但是儒家的经书则

---

① 顾炎武撰,黄汝成集释,栾保群校点《日知录集释》卷一六《十八房》,北京:中华书局,2020年版,第842页。

是首要的。

在这里或许有必要对书院与科举之关系略做说明，中国的教育向来由官学和私学相辅相成来实现培训学生和进行社会教化的功能。官学之起源或可上推至王官之学，而私学则起源于王官之学崩溃之后的诸子私人授学，向例认为孔子是中国私学之鼻祖。

书院之出现约在唐宋，最初的功能可能是藏书之地，并因藏书而逐渐发展出读书治学的场所，又因官府藏书和私人藏书两种形式而产生书院之公私两种形态。

宋代初年，由长期战乱而导致的官学体系的崩溃使书院在很长的时间里替代了官学的功能。即使在 1044 年庆历时期诏令天下兴学之后，书院依然发挥重要的作用。

宋代的儒生比较喜欢在书院讲学，并影响了那个时代的风气。比如北宋三先生主讲泰山书院，力辟佛老，使书院成为儒学复兴的基础。南宋的书院讲学之风更盛，当时儒学的代表人物朱熹、陆九渊等先后主持过一些书院。当时的书院中，以"四大书院"名动天下，即白鹿洞书院、岳麓书院、应天府书院和嵩阳书院。这些书院有些有官方的支持，有些纯粹是私人筹集资金创立的。

书院在宋代的兴盛与理学的发展关系密切，不可否认书院相对独立的地位是士人追求圣贤人格的理想场所，而科举的日益兴盛对儒家精神的抑制也是理学家们醉心于书院的重要原因。陈淳关于"圣贤之学"和"科举之学"之区分的一段话，可作为理学家对官学体制反思的一种自觉。"或曰：今世所谓科举之学，与圣贤之学何如？曰：似学而非学也。同是经也，同是子史也，而为科举者读之，徒猎涉皮肤，以为缀缉时文之用，而未尝及其中之蕴。止求影像仿佛，略略通解可以达吾之词则已，而未尝求为真是真非之识。穷日夜旁搜博览，吟哦记忆，惟铺排骈俪，无根之是习，而未尝有一言及理义之实。自垂髫至白首，一唯虚名之是计，而未尝有一念关身心之切。盖其徒知举子蹊径之为美，而不知圣门堂宇高明广大之为可乐；徒知取青紫伎俩之为美，而不知潜心大业趣味无穷之为可嗜。凡天命民彝、大经大法、人生日用所当然而不容阙者，悉置之度外，不少接心目，一或扣及之，则解颐而莫喻。于修己治人齐家理国之道，未尝试一讲明其梗概，及一旦蹑高科、蹂要津，当人天下国家之责，而其中枵然，无片字之可施，不过直行己意之私而已。若是者，虽万卷填胸，锦心绣口，号曰富学，何足以为学？峨冠博带，文雅蕴藉，号曰名儒，何足以为儒？"①这段话颇具道学家之风采，也揭示了科

---

①　陈淳著，熊国祯、高流水点校《北溪字义·似学之辨》，北京：中华书局，1983 年版，第 83 页。

举制度之后,即将经典作为升迁之途之后,虽然人们自幼及老一直诵读经典,但主要的目的只是虚名,而不屑了解知道圣人的本意,对于经典与修身齐家治国平天下的关系也不去考虑和实践。所以一旦科举成功而占据高位,只会以自己的想法来治理社会,这些人名义上是儒者,实际上根本不配"儒家"名号。书院的制度迭经变异,因为其对于官方意识形态的挑战性,所以朝廷对书院的管制处于松紧不定的状态。而因为主持者的境界的高低不同,书院本身在发展过程中其功能也日趋多元化,一般而言可分为讲学型、教化型和科举型,也就是说许多的书院也具有为科举服务的功能。

第二节　权力和知识互动中的儒学

科举制最主要的功能是选举贤能之士进入官僚体系,但因科举考试的内容以儒家经典为主,所以直接影响到中国古代的教育体系的面貌。对于儒家而言,科举制度的确立,意味着儒家建立起一个举国的传播体系;而对于权力系统而言,儒家的知识提供了王朝政治的合法性依据和社会价值观的基础。

一、科举,让儒学与权力接轨

按照《礼记·王制》的描述,儒家的理想教育模式是这样的:"司徒修六礼以节民性,明七教以兴民德;齐八政以防淫,一道德以同俗;养耆老以致孝,恤孤独以逮不足;上贤以崇德,简不肖以绌恶。……命乡论秀士,升之司徒,曰选士。司徒论选士之秀者,而升之学,曰俊士。……乐正崇四术,立四教,顺先王《诗》、《书》、《礼》、《乐》以造士。春秋教以《礼》、《乐》,冬、夏教以《诗》、《书》。……大乐正论造士之秀者,以告于王,而升诸司马,曰进士。司马辨论官材,论进士之贤者,以告于王,而定其论。论定然后官之,任官然后爵之,位定然后禄之。"《王制》所描述的教育制度虽然并不一定完全复制到现实中去,不过,通过考核而获得相应的社会地位则是自古有之的。

儒学提倡"学而优则仕"。他们继承周代礼乐教化的理想,孔门后学始终抱持积极参与社会事务以服务社会的理念,他们熟悉经典,通过经典的理念来管理社会,而其中的贤者获得一定的官职。

从这一点来说,任何统治阶层,为了让他们的统治取得稳定的基础,他们就需要确立起一种路径,而统治者手中主要的资源就是权力和官位。因此,他们就以权力和官位作为主要的诱惑手段取得的支持并为他们的政策进行辩护。

虽然，我们不能简单地认定儒生学习儒学的最初动机就是为了取得权力，或者换一种说法，他们即使以获得权力为出发点，他们的目的也是为了改造统治群体，让统治者接受儒家所构想的社会秩序。

最初的经学传播可能是精英化的，但是一旦思想与利益取得一种共谋，那么，不难理解后世的许多儒生其目的可能不在儒家的理想而只是在于儒学背后的利益，这样的关系通过科举制度而得到强化。而科举制度作为一种有效的选举制度，它连带影响到整个传统中国的教育制度，通过官学体系、书院和遍布于乡野村所的私塾而将儒学和权力结合的观念灌输到每一个识字的人心里。

在汉代帝王开始抛弃无为而治的策略而代之以"独尊儒术"的方针后，董仲舒和公孙弘所提出的制度设计的要点正是确立儒家与权力和利益之间的关系。五经博士、博士弟子和太学的设立，经学之士与政治权力的联系就特别直接。

与先秦的儒家相比，儒学的重点也发生了一些变化。汉儒结合阴阳家的天人观念，通过重新解释天道和人道之间的关系，将政治权力的转移与天人关系密切关联起来。

汉代的察举制度越来越多地倾向于儒家观念与社会资源之间的关系。而隋唐以后的科举制度更有效地建立起儒家的知识体系和官僚体制之间的互相依存状态。儒家通过调整经典系统或者重新解释经典来提供社会象征符号，从而为现实的社会秩序和政治秩序的有序运行提供思想上的支持。而帝王则通过对官员选举方式的变化，确立儒生进入权力机关的优先地位，并逐步过渡到科举时代（唐之后）的"单一性"机会。何怀宏说：所谓的"单一性"机会，"第一，它是一种最优的机会，一旦入仕就会带来最大好处、最大利益，不仅获得权力，也获得声望和财富；第二，它越来越成为社会上的一种主要上升机会，虽然还有其他途径出人头地，但那些却是异途，后期只有科举才是正途，对于贫寒者还可以说是唯一的上升之阶；第三，它接近于单一的制度性机会，——只有它提供了一种稳定的、一贯的希望。'单一'意味着把社会上的主要和最高的价值欲求整合为一个：即仅仅指向官场。'单一'还意味着古代选举和取人的途径和标准也日趋为一"。[①] 从前面的介绍我们知道，选举和取人的制度日益单一化，导致教育制度和取士制度的合一化

① 何怀宏《选举社会及其终结》，北京：生活·读书·新知三联书店，1998 年版，第 139—140 页。

倾向。官方的知识传播系统自不用说,由于权力的指向的惟一性和单向性,这样社会知识的内容和教学内容比较统一到儒家知识上,民间的知识传播体系日益向科举准备转向,客观上制约了别的知识的发展。到明清时代,整个教育体系包括儿童的启蒙教育都日益以科举为惟一取向,这样权力、儒家知识和统治合法性之间的逻辑联系便完整地建立起来。

从儒家的总体倾向而言,科举制度的实施前后并没有根本的变化,儒家始终以理想的"道"在社会中的落实作为目标。但是,当皇权绝对化之后,或者说当皇帝被视为是上天和人间之间的唯一沟通者的时候,那个抽象的、并不容易落实的道,甚至暂时有了栖身之所。也就是说当皇帝作为上天的代理者的话,那么皇帝与天道也就有一定的联系。因此,虽然儒家会坚持道统高于治统,儒家之道德理想会高于现实的政治秩序,但是,儒生依然会把通过皇帝来实现自己的政治理想作为一个比较可行的途径。因此,得遇明君成为儒生的梦想。

从某种角度看,科举制作为儒家与权力的中介,在一定程度上化解了儒家理想与现实政治之间的紧张性。因为儒家在很大程度上已经由以自己的理想去改造社会现实变成为现实的政治合法性提供依据,而儒生所获得的权力便是这种妥协的回报。

孔子说"人能弘道,非道弘人"(《论语·卫灵公》),但在科举制度建立之后,文化资源直接通向权力资源,儒家之"道"已经成为儒生获取功名(弘人)的手段。由于每次考试都是以皇帝的名义举行的,所有的考生可以被广义地认为是"天子门生",我们可以想见唐太宗发出"天下英雄尽入吾彀中"时内心的得意。这便是思想被制度化之后,"道"臣服于权力之下,思想本身的发展也不可避免地受制度本身的制约。

二、社会危机与科举的危机

任何的制度都会随着时间的推移而出现很多次级制度,科举制度也一样,最为人诟病的是科举这样的选举制度虽然看上去以经典为基础,但事实上人们只关注字词,而不关注经典内容本身;只关注科举所能带来的利益,而不关注治理社会的目的。

还有一些弊端来自制度本身,比如花样翻新的作弊,特别是越来越多的人口和相对确定的选拔人数之间的冲突。这些矛盾在宋明时期都不同程度地存在着,而到了清代则尖锐化。我们熟悉的鲁迅先生之所以家道中落,就是因为他爷爷周福清科举弊案。

而人口等矛盾激化的主要原因是"康乾盛世"之后人口的压力。人口不断增长,但各省录取人数却是相对固定的,这就导致科举竞争日趋激烈。晚清的最大困境是因太平天国起义和解决外力入侵所进行的战争和赔款所造成的沉重的财政压力。为了解决财政困境,朝廷甚至进行功名买卖,比如,安徽等地的盐商通过给朝廷提供一定的资金来换取该省的名额的增加,称为"增广学额"。这样做的一个后果是,获得功名的人超过了现实的职位,还有就是破坏了科举的神圣性。

大规模的金钱和功名之间的交换是从太平天国起义后开始的,为筹集镇压太平天国所需的巨额军费开支,1853 年咸丰皇帝下达谕旨:"著照大学士等所请,由各省督抚,妥为劝导,无论已捐未捐省份,凡绅士商民,捐资备饷,一省至十万两者,准广该省文武乡试中额各一名。一厅州县,捐至二千两者,准广该处文武试学额各一名。如应广之额,浮于原额,即递行推展。傥捐数较多,展至数次,犹有盈余者,准其于奏请时声明,分别酌加永远定额。加额银数,及如何归并划除之处,悉照大学士等所议办理。其捐生本身,应得奖叙,仍准奏请,另予恩施。"①这么做的结果是,从 19 世纪上半叶到下半叶,不经过正常考试渠道而成为绅士的人数激增了 50%。

更为恶劣的是,捐输得功名的人因为有财力打通关节,反而更容易获得官职,这样老老实实而又穷困的儒生所能获得的机会就会大大减少。当时官员们所上的奏折中,就提出各省督抚更喜欢任命"异途",而不愿意给贫穷的从正途上来的官员以实际的职位。加上军功集团挤占,因此事实上许多人一辈子只能做个"候补",而很难充任实际的职位。

到了晚清,由于战败而承担的种种赔款不但加重了老百姓的负担,整个国家财政也已经破产,因此出卖禄位和朝廷的名器成为解决财政困境的一种重要的手段。据山西乡绅刘大鹏在他的日记中说:"为赔洋款,山西一省共捐二百余万金,凡出捐输金者,皆赏给实职官阶。现在因捐输而得官者纷纷,上至道台、知府,下至知县、教官杂职,皆因捐输而得,名器之烂,如此之极,无论至贱之人,亦有官职在身,良可慨也。"②

科举的有效能的运作基于它作为社会地位上升的唯一途径的特性,但捐纳的过度扩张,造成科举和权力之间的平衡关系被打破,进而造成制度本身的缺口,也就是说制度本身已经不能最大限度地保证体制内的人员的利益,这样这种制度的正当性和吸引力自然会受到影响。据张仲礼的研究:

---

① 中国第一历史档案馆编《清政府镇压太平天国档案史料》第 6 册,北京:社会科学文献出版社,1992 年版,第 128 页。

② 刘大鹏遗著,乔志强标注《退想斋日记》(1901 年 10 月 27 日),太原:山西人民出版社,1990 年版,第 102 页。

"从理论上说，文生员和平民不得捐官。因为文生员是在学的学生，理应努力进取更高的荣誉，并由此而谋'正途'出身。平民不应平步青云，一跃而为上层绅士。然而在实际上生员和平民都允许捐监生和贡生衔，他们可由此再进而捐官。其中有的人从未真正成为监生和贡生，因为他们捐官时，将监生和贡生捐银和官职的捐银同时缴纳，因此在官员们的奏报中，往往将捐官者的出身分别为官吏、绅士、商人或富豪。"①这就好比直接在街上买一张毕业文凭再去买一个官职，这样的结果就是谁有钱谁就可以当官。

一旦以科举为枢纽而建立的权力/真理/利益之间的平衡被打破，便会导致整个社会对于儒业的疏离，同时老百姓对于传统的功名的尊重感也就大大地减弱了，转而对财富和拥有财富的人表现出仰慕。据刘大鹏日记说："顷闻太谷大富王姓者年二十余，先捐一道员，改捐莫部郎中，于本月初八日赴京供职，饯行者络绎不绝，路旁之人莫不歆然倾慕。嗟乎！富家之子不读书而可列于朝廷，贫窭之士抱学问而终困于朝野。"②

三、科举对儒学影响的另一面

科举制度对于儒家观念的传播是十分关键的，当儒家的价值观成为一种社会流动的必要的和前提性的条件时，对于这种价值观的认同便成为一种自觉的行为。但以对知识的流动实行控制为主要特征的思想观念的制度化本身意味着它对于社会秩序的各种竞争性的解释的控制甚至排斥，就如"罢黜百家、独尊儒术"所明确标榜的。这会导致两方面的后果，其一，因为社会的凝聚要求适当地建构核心模式，以向更大的受众传送，所以考试的内容越来越集中在少数的儒家经典如《四书》上。这样儒家的观念其实只能是部分地被表达。其二，由于对于竞争性解释的排斥，主流的观念因缺乏内在的发展动力而僵化。科举的发展便是这样，在不断形式化的过程中导致其形式和内容的不断背离。

如前所述，科举制度无论是考试的形式还是内容均处于不断变化发展过程中，不过其结果却是考试的内容越发集中于少数几部儒家的经典。自北宋的王安石改革科举内容起，一种根据儒家的经典阐发义理的"经义"之试便确立了。按康有为的说法，"推王安石之以经义试士也，盖鉴于诗赋之浮华寡实，帖括之迂腐无用，故欲借先圣深博之经文，令学者发精微之大义，

①　张仲礼《中国绅士》，上海：上海社会科学院出版社，1991 年版，第 26—27 页。

②　刘大鹏遗著，乔志强标注《退想斋日记》（1905 年 9 月 11 日），太原：山西人民出版社，1990 年版，第 145 页。

以为诸经包括人天,兼该治教,经世宰物,利用前民,苟能发明其大义微言,自可深信其通经致用。立法之始,意美法良"。① 这种"依经按传"代圣贤立言的考试方式被延续下来。到了明代(明清两代的科举形式基本上一致),"乡试三场,首场试四书义、经义,另一场试论、判、诏、诰、章、表,一场试经史策论。三场所重在首场,首场的经义或称五经文,仿四书文,亦用八股文式。所以论者称明以时文或四书文取士者,乃就其所重者而言"。②

八股文③的出现,使考试不断向技术化转化。甚至可以这么说,八股文的形式使得儒家经典的内容已完全演化为一种道具,让位于严整的形式,也即当人们将注意力集中到如何应对八股的技巧的时候,对于经典所要呈现的儒家观念反而会忽视。这是思想制度化之后必然会导致的悖论。随着思想的制度化和意识形态化,其内容日渐被固定为一些口号和语录,至于其真正的内容反而被掩蔽了,从而思想便失去了其内在的活力而走向僵化甚至僵死。儒家便转化为利禄之途。

对于八股文这种形式的本意和实际的作用的评价是一个十分复杂的问题,或许我们起码不能仅仅简单地用现代教育的目光来衡量这种制度。这并非本文的重点,这里所要讨论的是出于"通经致用"为目的而设立的制度逐渐僵化和技术化,进而演化为一种表面上和形式上的东西,这样考题中的儒家经义的内容反而成了一种点缀。这也是自明末开始人们攻击以八股为特征的科举制度的主要着力处,有人甚至要八股为明代的灭亡负责。

当时的统治者已经发现科举制度的弊端,甚至这种制度所发生的异化,并开始寻求改变,如清高宗在命方苞选辑《钦定四书文》时说:"国家以经义取士,将使士子沉潜于《四子》、《五经》之书,含英咀华,发摅文采,因以觇学力之深浅与器识之淳薄,而风会所趋,即有关于气运。诚以人心士习之端倪,呈露者甚微,而征应者甚钜也。"④即通过对儒家经义的体会来激发内心的秩序感。但这一点连乾隆自己都表示怀疑,乾隆在乾隆五年(公元1740

① 康有为《请废八股试帖楷法试士改用策论折》,《康有为政论集》上册,北京:中华书局,1981年版,第268页。
② 王德昭《清代科举制度研究》,北京:中华书局,1984年版,第23页。
③ 八股文要求每篇文章均按一定的格式、字数来写作。所谓八股即破题、承题、起讲、入手、起股、中股、后股、束股。破题是用两句话将题目的意义破开,承题是承接破题的意义而说明之。起讲为议论的开始,首二字用"意谓""若曰""以为""且夫""尝思"等开端。入手为起讲后入手之处。起股、中股、后股、束股才是正式议论,以中股为全篇重心。在这四股中,每股又都有两股排比对偶的文字,合共八股,故名八股文。题目主要摘自四书五经,所论内容主要据宋朱熹《四书章句集注》,不得自由发挥、越雷池一步。一篇八股文的字数,清顺治时定为550字,康熙时改为650字,后又改为700字。
④ 王钟翰点校《清史列传》卷一九《方苞》,北京:中华书局,2005年版,第1440—1441页。

年)给太学下的谕令中就说:"独是科名声利之习,深入人心,积重难返,士子所为汲汲皇皇者,惟是之求,而未尝有志于圣贤之道。"

当科举成为惟一的社会身份上升通道的时候,我们可以理解对于考试技巧的研究必然会超过对于考试内容的关注,而学校作为与科举相联系的儒家传播途径,也必然会演变为科举的预备机构。到了晚清时期,人们对于考试形式的看重和对于内容的忽视已经到了有点偏执的地步,甚至对于字体的讲究都要超过对于义理的体认。据山西乡绅刘大鹏在1896年9月12日的日记中说:"我朝开科取士,乡试会试外,大率以字取者居多。殿试则是取字,朝考亦然,京都凡取士,总以字为先,以诗赋为次,文艺又次之。故用功之士,写字为要务,一日之中写字工夫居其半,甚且有终日写字者。京师之人相见问曰:近日用功否? 即问写字也,并不问所读何书。若见一生人,阴问此人书法如何,善写则钦仰,不善写则轻视,风气使然也吁。"①

如果说是科举的形式化造就了儒家和真理之间的距离,那么这种危机是内在的,这是由制度化本身的逻辑所决定的。科举的不断形式化和技术化倾向势必使科举的内容和形式之间产生巨大的分离,也就是说儒家所提倡和追求的"德性"只有通过日常的行为而不能通过一种形式上的考察而测量出来,因此科举的形式化是必然的。这是由科举这种形式和内容之间的先天的矛盾所决定的。列文森说:"儒家的需要导致了科举制度的形成,但科举制度形成后似乎又违背了儒家的需要,它甚至按照那些想成为官员之人的愿望把文化提升到了品质之上,因为毕竟学问是能够系统检验的,而品德则不能。"②然而制度在运行过程中产生的违背制度原则的次级制度,则是制度化儒家在晚期最大的危机。

儒家的制度化决定了从事"儒业"的声望,因为声望本身可以对社会地位的差异进行再细致化和补偿,以保持儒家的象征意义。所以按清代的制度,教职需有专门的选拔途径,教授必须出身进士、举人,而学正、教谕、训导也要有进士的身份。但是在雍正的时候,首丌将不胜任的官员改任教职的命令,这样就变成了一个成例,即教职几乎成为庸劣人员的安置之所。这表明在正式的以儒家为核心的制度之下,产生了极具操作性的次级制度。这种制度虽然并不直接与核心制度相冲突,但因其实用性而极大地消解着核心制度的神圣性。随着人们将科举视为近代人才匮乏的原因,它对制度化

---

① 刘大鹏遗著,乔志强标注《退想斋日记》,太原:山西人民出版社,1990年版,第61页。
② [美]列文森著,郑大华等译《儒教中国及其现代命运》,北京:中国社会科学出版社,2000年版,第197页。

儒家的打击也越发明显。

因为科举考试除了为朝廷选举服务人才之外,其重要的功能还在于造就一批社会的榜样人物,通过赋予他们特殊的地位和相应的权威而作为转变民众观念和维护社会安定的重要力量。如嘉庆十九年(公元 1814 年)上谕中说:"向来直省各学政岁科考试,取进童生,覆试时定有敬谨默写《圣谕广训》之条。诚以士为民倡,果能平时服诵,相与宣讲,内而砥砺躬行,外而化导乡俗,自见薰德善良,风气日臻醇厚。"①但事实上,由于投考者和录取者之间巨大的差额和科举所能带来的现实的功利,读书人早已将"化导乡俗"而使民风醇厚的责任置之一边,而是想尽一切办法以达到出人头地的目的。

正是因为参加考试的士子们已经认"四书五经为干禄之具",因而身上便少有道德承当意识,因此诸如"冒名顶替"(即所谓雇枪手)、"垫塞"(即将大量写好的文章缝在衣服里,或放在考生带饭的篮子里)、"传递"(一旦大考官将题目公布,立刻有人将之传给在场外等待的人,然后在场外等待的人着手写文章,再通过看守和监考人员将之传递到需要的人手中,毫无疑问这种做法需要预先沟通)等手段层出不穷,到晚清的最后几年甚至发展成聚众闹事和借机生事的理由。徐复观先生的一段话恰当地描述了科举作为制度化儒家核心设置的异化的实质:"科举在事势上只能着眼于文字,文字与一个人的行义名节无关,这便使士大夫和中国文化的基本精神脱节,使知识分子对文化无真正底责任感;使主要以成就人之道德行为的文化精神,沉没浮荡而无所谓。文字的好坏,要揣摩朝廷的好恶,与社会清议无关,这便使士大夫一面在精神上乃至在形式上完全弃置乡里于不顾,完全与现实的社会脱节,更使其浮游无根……科举考试都是'投牒自进',破坏士大夫的廉耻,使士大夫日趋于卑贱,日安于卑贱。把士与政治的关系,简化为一单纯的利禄之门,把读书的事情,简化为单纯的利禄的工具。"②

第三节　现代教育模式的引入和废除科举

近代中国的社会危机是在内外矛盾的双重压力下形成的。所谓的外力,即西方文化的经济和军事强势,典型的如"船坚炮利"。而内在的问题则

① 奎润等纂修,李兵等点校《钦定科场条例》,长沙:岳麓书社,2020 年版,第 65 页。
② 徐复观《学术与政治之间》甲集,台中:中央书局,1956 年版,第 144 页。

是制度和这些制度背后的价值观,科举的危机正是制度危机和价值危机的集中体现。

儒家的榜样性形象是圣人,现实目标则是成为君子。虽然对于君子和圣人可以有许多种解释的方式,但有一点是可以确定的,君子之所以成为君子并非是他擅长于做什么具体的工作,而是他能够对"上天"通过自然和人类社会体现出的宇宙秩序"道"有所体会。正是在这种基本背景之下,中国人的知识指向更多是关注社会秩序的建立及与之相关的内容,包括人如何维护这种社会秩序。因此起码从制度化儒家确立的汉代开始,中国的教育内容是灌注儒家的这种思想倾向,即《中庸》所谓"修道之谓教"的。正因为儒家所要造就的就是"君子",所以作为儒家制度化的核心内容的科举,它所要选拔的便不是专门的管理人才或技术人员,而是一种对于儒家的秩序观念有着深刻认同的"君子"。马克斯·韦伯对于中西考试内容的分析,充分说明了它们之间的巨大差别:"中国的考试,并不像我们西方为法学家、医师或技术人员等所制定的新式的、理性官僚主义的考试章程一样确定某种专业资格。……中国的考试,目的在于考察学生是否完全具备经典知识及由此产生的、适合于一个有教养的人的思考方式。"①

但是这样的理念在西方的军事和经济强势面前,很快失去了其合法性。在鸦片战争的屈辱面前,已经日趋腐败的科举制度乃至整个中国的教育制度和知识倾向都面临着前所未有的挑战,儒家所着力养育的人才根本无力应对洋人的坚船利炮。当时参加《南京条约》谈判的黄恩彤谈到中国的海防说:"无论昔之言战言防,均成画饼。即今之言造船,言铸炮,言练水勇,言筑台堡者,亦复毫无把握。"②在民族的尊严遭受严重的侵犯之时,知识阶层对民族国家的前途的思考中充满了怀疑和反思的情绪。与此相关的倾向主要有两种:在观念层面试图对儒家的内容进行重新理解,儒家经世致用的方面和具备更大的解释可能性的今文经学成为思想界的主流;而在制度变革的应对上,则是主张引入西方的制度模式。

在制度改革上,政治制度的改革涉及许多禁区,阻力重重。所以改革学校和科举制度逐渐成为舆论共识,并逐渐落实到具体的措施上。如在设立学校方面,鉴于与外国交涉需要外语人才,所以在建议设立"总理各国事务衙门"之时,奕訢还建议设立专习外国文字的"同文馆",并于 1862 年正式建

---

① ［德］马克斯·韦伯著,洪天富译《儒教与道教》,南京:江苏人民出版社,1993 年版,第143 页。

② 黄恩彤《抚夷论》,《鸦片战争》第五册,上海:上海人民出版社,1962 年版,第 434 页。

立。此后上海的广方言馆和洋务学堂开始出现，1867年同文馆奏请招收正途的学生，这样，在制度化的知识传播途径中非儒学的成分逐渐进入，使得儒家的独占性优势开始被削弱。

一开始，人们对于科举的改革的想法主要是试图在原有的考试内容上做一些变动，也有人主张特设一科，来专门选拔有造船、制造、驾驶、测量能力的人材。在经过无数次的质难和辩驳之后，1888年举行的戊子乡试，首开算学科，并决定只要报名人数在20名之上者，就可以开考。虽然以后数次均因报名人数达不到要求而停摆，但这毕竟对儒家的"求道斥器"的教育理念是一个重大的冲击。

随着中外冲突的不断加剧和中国一次比一次惨重的失败，许多人逐渐将社会批评的矛头指向科举。特别是甲午战争的失败，科举已经成为中国人的出气筒。严复说："逮甲午东方事起，以北洋精炼而见败于素所轻蔑之日本，于是天下愕眙，群起而求所以然之故，乃恍然于前此教育之无当，而集矢于数百年通用取士之经义。"[①]康有为激烈反对八股取士，他在代宋伯鲁所拟的奏折中说："夫西人之于民，皆思教之而得其用，故自童幼至冠，教之以算数图史，天文地理，化光电重，内政外交之学，惟恐其民之不智。"而中国之教育，从幼年到青年"束缚于八股帖括之中，若惟恐其民之不愚也者"。[②]在十分情绪化的年代里，人们已经不仅将目标对准科举的内容，甚至主张连科举这种形式也应该废除。梁启超的分析开始意识到了"君子不器"的科举理念和西方的教育体系在提升国民素质上的不同之处。梁启超以西方的普及教育为坐标认为中国的科举考试是趋中国人于愚昧的境地，因此应该废弃。梁启超说："且科举之法，非徒愚士大夫无用已也，又并其农工商兵妇女而皆愚而弃之。吾生童无专门之学，故农不知植物，工不知制造，商不知万国物产，兵不知测绘算数，妇女无以助其夫，是皇上抚有四万万有用之民，而弃之无用之地，至兵不能御敌，而农工商不能裕国，岂不大可痛哉！"[③]梁启超显然意识到了科举和儒家传播之间的关系，他更以现代教育的立场指出科举不利于儒家的传播，而且是使儒家思想与民众阻隔的主要障碍。

在这种社会氛围之下，朝廷开始接受有关国家知识治理制度的重构的建议，光绪二十一年（公元1895年）设立"官书局"，以选择翻译外文书籍和

---

① 王栻主编《严复集》第一册，北京：中华书局，1986年版，第166页。
② 康有为《请改八股为策论折》，孔祥吉编著《康有为变法奏章考辑》，北京：北京图书馆出版社，2008年版，第247页。
③ 梁启超等《公车上书请变通科举折》（1898年），《戊戌变法》第二册，上海：神州国光社，1953年版，第345页。

各国报纸,以传播新知识。光绪二十二年(公元 1896 年)于京师设立大学堂,并在各省、府、州、县设立学堂的建议也被采纳。科举的改革继续进行,光绪二十四年(公元 1898 年)经济专科设立,这样在传统的科举之外又别设一途,与正途相类。同年科举中的八股文体被废除,而改试策论等。

戊戌政变在推行了 100 多天之后被叫停,许多新政的措施很快被废止,不过京师大学堂因为外国教习已经聘任等原因而继续,其他的教育改革措施在光绪二十七年(公元 1901 年)也开始陆续恢复,清廷在西安宣布将在光绪二十八年(公元 1902 年)废除时文诗帖,而用经义和策论来考试,并停止武科。并在回北京之后下令"将宗室、觉罗、八旗等官学,改设小学堂、中学堂,均归入大学堂办理……各省驻防官学、书院,一律改为小学堂"。①

学校教育和以科举为核心的教育其实是完全不同的两种教育类型,借用何怀宏的说法:"由旧科举向新学校的转变,实质上是一个由选拔少数道德文化精英从政的制度(即它甚至还不是一种精英的教育培养制度,而只是一种初步的选拔制度),向一个普及全民教育、广泛实施专业、技术训练制度的转变,前者是依附于一个等级社会,而后者是走向一个平等社会;所以前者必须严格精选,限制数量,保证质量,而后者则不妨广开学路,尽量吸引人受教育,各学一技术,各习所业。"②

虽然教育在培养国民的惯习方面,古代的教育和现代教育之间有类似之处,但科举考试并不提供日常的知识的学习,或者说并不涉及除做官之外的职业技能的培养,当然也不涉及西方教育体系中最为核心的"科学"。与此相应的是,科举和新式教育在社会功能也就是社会地位和社会资源的获得上也有巨大不同,因此,科举的存在必然成为新式学堂发展的障碍。

许多新派人士均将科举视为学堂的敌人,张之洞就说过:"夫学堂虽立,无进身之阶,人不乐为也。其来者必白屋钝士,资禀凡下,不能为时文者也。其世族俊才,皆仍志于科举而已。……使乡会试仍取决于时文,京朝官仍絜长于小楷,名位取舍惟在于斯;则虽日讨国人而申儆之,告之祸至无日,戒以识时务、求通才、救危局,而朝野之汶暗如故,空疏亦如故矣。故救时必自变法始,变法必自变科举始。"③因此,光绪二十九年(公元 1903 年)袁世凯、张之洞等人以科举阻碍学堂为名,要求逐年减少学额,直至到最后"舍学堂别无进身之路"。1906 年科举正式被废除。

---

①　朱寿朋著,张静庐等点校《光绪朝东华录》,北京:中华书局,1958 年版,第 4827 页。
②　何怀宏《选举社会及其终结》,北京:生活·读书·新知三联书店,1998 年版,第 392 页。
③　张之洞《劝学篇·变科举第八》,上海:上海书店出版社,2002 年版,第 52—53 页。

最初,改良派人士仅仅以为科举改变是一个局限于教育制度的变革,但实际上科举与儒学的合作已经成为中国传统社会稳定机制的一个重要的方面。因此,科举的废除,从其后果我们可以看到,它所带来的是整个社会制度体系的骨牌效应。科举本身的危机和近代学堂的冲击,导致了作为儒家的基本支持群体的绅士群体逐渐分化瓦解,而且绅士身份的社会吸引力减弱。而科举的废除致使不再存在绅士群体产生的机制,这导致了实际和潜在的儒家群体的力量削弱,儒家越来越失去了它的民众基础。按罗兹曼的说法:"科举制度曾经是联系中国传统的社会动力和政治动力的纽带,是维护儒家学说在中国的正统地位的有效手段……它构成了中国社会思想的模式。由于它被废除,整个社会丧失了它特有的制度体系。"①

不过,即使新派人士意识到科举的基础地位,他们依然不可能从根本上抵抗这种社会变革的发生。在西方文化的示范作用之下,后发国家都面临着丧失其特有的制度体系的危机,这是由传统社会走向现代社会所必须要偿付的代价。

总之,制度化结构和文化价值之间是一种互相证明的关系,科举维系着儒家的文化价值和传统的制度体系之间的平衡。因此说,以对于科举的怀疑和废除科举为前导,由于对于儒家价值观的信心的丧失,整个晚清的改革的一个中心,一言以蔽之,就是对于传统制度体系中儒家成分的否定,同样也是对儒家的制度体系的否定。首先以西方的教育模式为基础的新式学堂的建立,使儒家失去了最为重要的传播途径,教育的内容也已经由儒家的经典转向自然科学知识和外语;其次以建立议会为核心的新的行政模式的建立,消解了皇权和等级制度;再次,对于西方法律的模仿使得指导人们的日常生活的原则发生了根本性的变化。这样无论是儒家的制度化还是制度的儒家化,都不复存在现实的根据,制度化儒家逐渐走向了终点。

科举制在近代危机中所遭受的解体命运其实不仅仅在于科举制度本身,而是在于以皇权为核心的中国传统的制度系统和价值系统整体危机的一种体现。尽管我们现在对"现代化""现代性"有着种种理解,但是对于中国而言,有一点是确定的,即现代性以前所未有的方式,把许多传统社会抛离了其原有类型的社会秩序的轨道,从而形成了新的生活形态。从这个角度看,近代中国对于科举的批评似乎是在用"现代性"的标准来衡量传统制度的功能,在传统即是落后的现代性的逻辑之下,其结论是比较自然的。

---

① [美]吉尔伯特·罗兹曼主编《中国的现代化》,南京:江苏人民出版社,1995年版,第338页。

　　在全新的制度体系中,儒家的合法性便不复存在,同样儒家也不可能为一种新的制度体系提供合法性依据。因此在近代中国,儒家传播系统和儒家与权力结合的途径的解体是必然的,而科举只不过是充当着解体的先导者。余英时说:"无论儒家建制在传统社会具有多大的合理性,自辛亥革命以来,这个建制开始全面地解体了。儒家思想被迫从各个层次的建制中撤退,包括国家组织、教育系统以至家族制度等。其中教育系统尤为关键。儒家与有组织的宗教不同,它的思想传播中心不是教会组织而是各级的公私学校,而中国传统的教育直接与科举制度连成一体。1905年科举的废止是儒家建制解体的一个最早的信号,其事尚在辛亥革命之前。"①

---

　　①　余英时《现代儒学论》,上海:上海人民出版社,1998年版,第242页。

第六章　个人与家国天下

　　儒家思想对中国社会的影响是全方位的,特别是对于政治制度和社会秩序的建构上,在汉代以后,儒学在体制的力量的支持下,逐渐成为官方的意识形态,因此,儒家的价值观得以不断地向民间社会渗透。

　　有人认为,无论是在正式制度还是在民间秩序中,儒家的观念均没有真正地得到落实,金耀基甚至认为儒家体制只是国家体制的一部分而已。他说:"儒家对中国社会影响之巨大,并无别的观念体系可类比。但是,儒家的政治理想并不真正的落实到现实的政治实践中,建成一个'儒教国家',相反制度化儒家只是国家体制中的一部分,因而可以称之为'国家儒学体制'。"[①]这样的说法有讨论的空间。的确,儒家的理念并不能在现实的制度和生活中得到充分落实,但其通过各种方式影响了传统中国的方方面面。它可能是通过渗透的方式进入中国人的生活。举个例子说,中国人信奉的佛教、道教,还有形形色色的民间信仰,有些是外来的,有些是发自民间的,但是当它要在中国社会获得信众的话,就需要接受儒家的一些基本信念,有些民间宗教甚至是以儒家价值的信仰化。官方制度就更多地体现了儒家的理念。

　　在中国的传统社会中,各种制度固然有其自发的源头,然而,国家体制和法律领域,儒家价值的影响随着历史的发展而越来越深入。民间社会,向来是各种信仰并行不悖。因此,说儒家影响中国人生活的方方面面并不为过。

---

① 金耀基《中国政治传统与民主转化》,《中国社会与文化》,牛津:牛津大学出版社,1993年版,第112页。

第一节　修身为本：身体与个人

儒家的产生就是继承了周代思想中对于"德"的推崇,当这样的德转变为对君主的道德要求和对百姓生活的道德感的强调的时候,儒家体现出一种强烈的道德理想主义的精神。儒家的道德理想主义的根基就是修身。

一、修身为本

在任何社会,个人的道德品行都受到重视,尤其是在人类社会的早期,因为制度并不完备,个人品德被视为是首要的和基础性的,比如《管子·权修》篇中就有这样的说法:"有身不治,奚待于人？ 有人不治,奚待于家？ 有家不治,奚待于乡？ 有乡不治,奚待于国？ 有国不治,奚待于天下？ 天下者,国之本也;国者,乡之本也;乡者,家之本也;家者,人之本也;人者,身之本也;身者,治之本也。"虽然我们不容易了解《管子》的具体成书年代,也不好简单判别其学派归属,但是这个说法,与《大学》《中庸》等儒家经典是基本一致的。

《大学》说:"自天子以至于庶人,壹是皆以修身为本。"这充分说明了修身在儒家的修养体系中的根源性地位。在《大学》的格物致知正心诚意修身齐家治国平天下的完整的道德修为体系中,修身一方面体现为内在心性修治,同时,其又需要在齐家治国平天下这样的实践性活动中得到验证和升华。由此可见,修身担当着儒家内圣和外王之间的枢纽作用。

修身,首先要处理的是身心①关系。身体,作为一种自然生物性的存在,修身就表现为对于自己的形体的存在和持久的追求,因为躯体由父母所生养,因此,也是承担社会责任的基本单位。《孝经》说:"身体发肤,受之父母,不敢毁伤,孝之始也。立身行道,扬名于后世,以显父母,孝之终也。"

其次,在儒家的观念中,身体问题和心性问题是一体之两面,这样,修身便可以理解为一个"以心控身"的问题,强调精神对欲望的融摄而达到身心的合一。有时候,儒家会强调心是身体的主宰,但新出土的文献《性自命出》中,也有这样的说法:"身以为主心",强调身形仪容对内心端方庄敬的正面影响。

---

① 对于儒家的身体观的分析,可参看杨儒宾《儒家身体观》,台北:"中央研究院"中国文史哲研究所,1996 年版。周与沉《身体:思想与修行》,北京:中国社会科学出版社,2005 年版。

对于身心问题,孟子有很多的讨论,从而奠定了儒家心性论的基本理路。孟子提倡身心兼修,他在《公孙丑上》中讨论"不动心"的问题时,就提出要"持其志,无暴其气",他对志、气和体的关系的描述是"夫志,气之帅也;气,体之充也",这就勾勒了由志到气到体的顺序。外在的身体和内在的心性均是十分重要的,因为他们之间存在着互相依赖的关系,而志则具有更为关键的意义。孟子充分重视"养气"在修身过程中的作用,当问到他的长处时,孟子的回答是"我知言,我善养吾浩然之气"。

儒家有很多的德目,在不同的时候强调的重点有所不同,但纲领在于诚于中而形于外,内外合一。这一点也是孔子所特别强调的。他说"礼"固然不可逾越,但没有内在体验的礼只是"虚文"。所以,人而不仁,如礼何？礼仪如果仅仅流于形式而缺乏内心的庄敬的话,那比没有礼仪还要可怕。

无论是《大学》还是《中庸》都特别推崇"慎独",因为慎独不仅仅是所谓独处时的谨慎,而是一种内外合一的状态。这也为所有的儒家学者所肯定。《荀子·不苟》篇说:"君子养心莫善于诚,致诚则无它事矣。……君子至德,嘿然而喻,未施而亲,不怒而威,夫此顺命,以慎其独者也。善之为道者,不诚则不独,不独则不形,不形则虽作于心,见于色,出于言,民犹若未从也,虽从必疑。天地为大矣,不诚则不能化万物。圣人为知矣,不诚则不能化万民。"如果不是内外一致,则难以打动别人,也不可能教化百姓。

儒家之所以如此看重合外内之道的"诚明"境界,是因为儒家认定道德修养是社会秩序的最为坚定的基础,也告诫统治者不能只依靠外在的制约,只有通过自己的榜样性的道德实践来"感化"别人。

"德"和"位"之间的矛盾有时候会导向将现实中的威权力量装饰成道德楷模。所以,儒家倾向于从道德的角度对政治秩序保持一种批评的角度,大德之人必居大位的理念,要求当权者要积累道德资本而成为社会的榜样,孔子在《论语》中就反复申说这一点。比如《为政》中,孔子说:"为政以德,譬如北辰,居其所而众星共之。"他甚至借用风和草来比喻道德教化的作用,"君子之德风,小人之德草,草上之风必偃"。[1] 有德的君子会像风吹草低那样,让一般的老百姓涵蕴在道德的气氛中,从而成就道德化的生存。

在儒家的观念中,修身是政治活动的起点和保障。《大学》中说:"欲治其国者,先齐其家;欲齐其家者,先修其身。""身修而后家齐,家齐而后国治,国治而后天下平。"这段看似循环式的话语,主要突出的是修身不仅是起点,

---

① 程树德撰,程俊英、蒋见元点校《论语集释》卷二五《颜渊》,北京:中华书局,1990 年版,第866 页。

而且是建设一个完善的政治秩序必要的条件。这样的理念被后世的儒家反复提倡,《孟子·离娄上》说:"天下之本在国,国之本在家,家之本在身。"这就是根源性的说明。

二、自我与社会

在分析儒家的身体观的时候,有一个问题必然会提醒我们:该如何理解"身体"与"自我"之间的关系。因为"自我"意识是个体性存在的基础,而长期以来,人们认为儒家重视社群和人伦秩序,似乎会遏制个人的"自我意识"。

个体和"自我"或许是一个现代性影响下的问题,起码是在西方的观念作为对照而涌现的问题。启蒙思想家对于儒家的批评也集中于此。儒家缺乏现代意义上的"权利个人"的意识,现代新儒家并没有否认,杜维明在讨论儒家的"为己之学"的观念时说:"现代西方文化中普遍流行的权利意识与儒家传统不同。孔子所说的为己之学,并非指人本身是被孤立的或可孤立的'个人'。他甚至也并不认为自我是独立于社会之外的自主实体,不认为自我经常与社会发生冲突。确实,其时其世还没有人持有这样的观念。"①

然而,如果将"自我"与"个人"做适当的分辨,我们必须指出,没有权利个体的观念并不意味着儒家缺乏"自我"的意识。这个自我最常见的表达方式就是"己"。

《论语·宪问》中,孔子说"古之学者为己,今之学者为人",这便是在一种强烈的"人"与"我"的对照中来凸显"自我"。儒家在建立"自我"的意识的时候,始终有社会和他人作为参照物,自我的确立过程同时也是建立一种个人与他人、社群甚至宇宙之间和谐关系的过程。孔子把这个过程描述为忠恕之道,一方面是比较积极的,"己欲立而立人,己欲达而达人"。这个立场看上去会导致将自己的观念强加给别人,然而孔子有一个更为宽容性的恕道来平衡,"己所不欲,勿施于人"。这个忠恕原则在《中庸》中有相似的一种表述:"诚者自成也,而道自道也。诚者物之终始,不诚无物。是故君子诚之为贵。诚者非自成己而已也,所以成物也。成己,仁也;成物,知也。"也就是说,儒家的忠恕之道是互为依托的,儒家的理念并不接受一个简单的自我完善,而是要通过自我完善来影响别人,并将之视为社会之一分子的责任。

这样,在理解个人与社会的关系时,个人的视角与社会的视角被重合,

① 杜维明《道·学·政:论儒家知识分子》,上海:上海人民出版社,2000年版,第32页。

"中国个人之理想有时以'内圣外王'称之,此乃一双管齐下之理想。一个人要内存清明,外显练达。他要成为宇宙的成员,而同时又为社会公民。他的人生一则要入世,但一则又不属于此一世界。个人的一切活动,长大成人,甚至修养成圣,无一不是在社会里实现。依据儒家的观念,圣人乃与宇宙合而为一。但此所谓合一乃经由社会,而非摆脱社会。社会幸福当然要依赖每一个人之修养、成就。但个人亦只有经由公共事业与社会服务,方能充分实现其所以为人的命运。社会责任与义务不但不应逃避且亦不可视为可厌的负担。相反地,个人只有竭尽他的社会责任,才能实现个人完善之人格"。①

从儒家所推崇的德目中,我们可以看到几乎均是就自我和他人的关系而展开,其基本的设定是"我这样做就可以对他人有利","儒家伦理这种脉络化的、人伦意义的普遍主义,落实在个人身上,要求个人修身而逐步加以实践之。但此时的'个人',并非西方天赋人权意义的个人,而是人伦关系中的个人、社会情景中的个人、相互依赖关系中的个人。个人作为一个行动者,他的行动要视互动的对方与自己的社会关系(远近亲疏)与社会情境而定,彼此相互依赖,在相互关系存在的脉络里,赋予行动的意义。'五伦'即是社会中这种相互依赖的人伦关系的归纳,个人在这样'既定的'社会关系里规范出来的角色组合(相互对称的组合:自己的角色—对方的角色)里,来扮演自己的角色,发挥自己的人性,实践自己的义务,对方也要做出合乎他自己角色的行动"。② 然而,以社群的利益为出发点的价值观势必会压制个人的权益,特别是当社群被局限于家庭或是家族的时候,个人与社群之间互相制约的关系变成个体对于家庭利益的服从,而真正的集团也有被消解的危险,因为儒家建立在人性本善基础上的普遍主义立场要求对方也以同样的态度来行事,而客观上这样的要求并非真正能够实现。

或许,在以家庭为基本社会单位的传统中国社会,儒家的自我观念及由此建构的社会秩序并无很大的缺陷,问题是在以个体为基本成分的现代社会中,这样的人我关系,既丧失了社会秩序建立的基本因子,同时也会干预到别人的权利。

那么,如何在保障个人的基本权利的基础上保存社群主义的温情,的确是新儒家的一个重要的使命。

---

① 梅贻宝《中国社会思想与行为上的个人地位》,方东美等《中国人的心灵》,台北:联经出版事业公司,1984 年版,第 312 页。

② 林端《儒家伦理与法律文化:社会学观点的探索》,北京:中国政法大学出版社,2002 年版,第 105 页。

第二节　宗 法 与 家

夫妇为人伦之始,然后有父子、兄弟乃至君臣,所以说,儒家伦理立足于家。儒家被称为周孔之教,很大程度上是因为周公制礼作乐,确立了以家庭为基础的人伦秩序。周公所进行的一系列以宗族或家族伦理为核心的制度变革,实质上就是"纳上下于道德,而合天子、诸侯、卿、大夫、士、庶民,以成一道德之团体"。①

一、宗法制与家族主义

中国家族制度的基本原则是在西周时期确立的。王国维认为周人的制度与殷朝的最大区别是嫡长子继承制的建立。这也是宗法制度的核心。宗法制度主要体现为两方面:嫡庶制和大小宗。嫡庶相对比较好理解,也就是正妻所生的儿子为嫡,其中嫡子中最长者为嫡长子,是合法的继承者。大小宗则比较复杂。《礼记·丧服小记》中是这么说的:"别子为祖,继别为宗,继祢者为小宗。有五世而迁之宗,其继高祖者也。是故祖迁于上,宗易于下。"《礼记·大传》中则是这么说的:"有百世不迁之宗,有五世则迁之宗。百世不迁者,别子之后也。宗其继别子之所自出者,百世不迁者也。宗其继高祖者,五世则迁者也。"简单地说,百世不迁之宗,主要是指那些有君位或爵位的人,他们的地位须由嫡长子继承,就构成大宗。而"别子为祖"则是要将"宗统"和"君统"区分开来。按曾亦的概括:"在周代嫡长子继承制下,唯有嫡长子才能继承君位,其余诸公子与嗣君有两重关系:一为兄弟关系,一为君臣关系。为了维持君权之不可侵犯,便规定诸公子与袭君位的嫡长兄弟只论君臣关系,不能论宗法关系。"②

当然,对于其他地位的宗族而言,"别子为祖"意味着迁徙出去的某一支,在自己生发出来的那一支又建立起新的宗族。始迁之祖又可以称为"大宗"。这样一来,整个宗族制度是一个动态的平衡,就是不断有新的宗族形成。

我们现在所熟悉的"九族"概念就是从"五世而迁"这样的原则中总结出来的:最直系的是高祖、曾祖、祖、父、自己、子、孙、曾孙、玄孙这样九代。《白虎通·宗族》说:"族者何也? 族者凑也,聚也,谓恩爱相流凑也。上凑

① 王国维《殷周制度论》,《观堂集林》二,北京:中华书局,1959年版,第454页。
② 曾亦《儒家伦理与中国社会》,上海:上海三联书店,2018年版,第74页。

高祖,下至玄孙,一家有吉,百家聚之,合而为亲。生相亲爱,死相哀痛,有会聚之道,故谓之族。"但是从"别子为祖"的角度,则产生了和己身同辈分的同高祖的族兄弟、同曾祖的再从兄弟、同祖的堂兄弟、同父的兄弟这样五个层次。一般所说的"五服"就是这样的范围。整个亲族的关系建立在这样的范围之内,除此以外,就不能算是亲属。

这样的礼制对于中国的法律规范有很大的影响,在西晋制定法律时,亲属之间的冲突和争议无不要遵循这样的原则,就是在人身侵害方面,幼陵长、卑犯尊要加重处罚,反之则要减轻。在财产侵害方面,以亲疏的层级不同来决定。对于重大的犯罪,则要采取连坐和株连九族的办法来控制社会秩序。杨联陞说:"赏与罚,赐福与诅咒,全都可以在家族内转移。在政治与法律制度中,有很多例子,如荫或荫叙;恩泽及于家中后代子孙;如封赠一二三代,即是把爵位赠与二三代的祖先;如虲赠,这是经官吏要求,将赠给他的爵位转赠给他的祖先;又有族刑,惩罚及于整个家族。"①

魏晋时期形成了一些世家大族,其中的组织方式并不一定遵循儒家的价值理念,不过家族凝聚的精神并没有变化。

到了宋代和宋以后,一种新的家族制度开始形成,宗族内的各家虽然是一个独立的生产和经营单位,但是同宗的家族在婚姻、继承、纠纷等方面要受到宗族组织的调节。宗族一般建立祠堂作为宗族的中心,并选举族长,制定宗族规范,编制族谱。这样的组织受到政府一定程度的支持,而且,明清以后的法律均允许族长在处理宗族事务的时候拥有一定程度的处置权。宗族规则成为国家法律的一种有机的组成部分。宗法制度的特性和对于社会治理的作用是儒者所看重的,比如张载就说:"管摄天下人心,收宗族,厚风俗,使人不忘本,须是明谱系世族与立宗子法。宗法不立,则人不知统系来处。古人亦鲜有不知来处者。宗子法废,后世尚谱牒,犹有遗风。谱牒又废,人家不知来处。……宗子之法不立,则朝廷无世臣。……宗法不立,既死遂族散,其家不传。宗法若立,则人人各知来处,朝廷大有所益。"②张载所关注的是在新的政治体系下,家族制度应该在地方自治的过程中发挥更大的作用。社会安定,对国家稳定也有助益。

在宋明以后的家族制度影响之下,"礼俗"被强调,孔子所提倡的"无讼"理念被推崇。费孝通说:"在乡土社会的礼治秩序中做人,如果不知道

① 杨联陞《报——中国社会关系的一个基础》,《中国现代学术经典·洪业、杨联陞卷》,石家庄:河北教育出版社,1996 年版,第 872—873 页。
② 张载著,章锡琛校《经学理窟·宗法》,《张载集》,北京:中华书局,1978 年版,第 258—259 页。

'礼',就成了撒野,没有规矩,简直是个道德问题,不是个好人。一个负责地方秩序的父母官,维持礼治秩序的理想手段是教化,而不是折狱。如果有非打官司不可,那必然是因为有人破坏了传统的规矩。"①这说明了地方秩序的建构过程中,家族内部的治理体现出的血缘亲情的意义。

家族制度本身虽随时代的不同而不断地变化,以礼的方式来处理社会政治问题则虽有损益,却也一以贯之。

中国伦理政治的特色就是通过家族关系来理解社会关系的,因而也是从家族伦理来理解社会政治伦理的。按照《礼记·大传》的说法,人伦的道理就是在家族里面已经穷尽了。"上治祖祢,尊尊也;下治子孙,亲亲也;旁治昆弟,合族以食,序以昭缪,别之以礼义,人道竭矣。"社会和国家不过是家族关系的扩大而已。

因此,儒家认为政治和社会组织只是人的伦常关系的扩展,是以个人(家庭)为中心、以血缘关系的远近而逐渐向外推展的。杨国枢将这样的一种现象称为"泛家族取向",并指出这样的倾向会将家族的结构形态和运作原则推展到家族以外的团体或组织,比如社会团体,甚至国家。而在规范上则是将家族伦理关系或角色关系推展到家族以外的团体或组织,将非家族成员予以家人化。这样的结果是将家族生活原则不加限制地运用到社会生活中去。②

在所有的人类感情中,基于血缘的感情是最自然也是最牢固的,尤其是在人员流动相对比较少的农耕社会,血缘关系更是一个经由实践所证明的原则。为历代君主所看重的《孝经》在处理亲和尊之间的关系的时候,便是以事亲作为起点:"夫孝,始于事亲,中于事君,终于立身。"为什么儒家道德实践的起点是家庭,陈荣捷的解释值得注意:"儒家从父母开始,是因为与父母的关系是人生的第一个关系,而且是绝对必要的关系,人们可能缺乏其他关系,但不可缺乏它。从实践的角度来看,它也是最近的关系。作为一般的实践之事,虽说人有对着所有人的而发的良好心意,但是人最先尊敬的是其中离自己最近的人。这涉及到的是爱的应用有所差等,而不是爱的本身,因为无法想象会有一半的爱或四分之一的爱的情形。儒家一再强调仁是爱所有人,理应贯彻仁的包含一切的特质。"③然而,儒家并不是没有顾及情感因

---

① 费孝通《乡土中国》,香港:香港三联书店,1986年版,第54—55页。

② 杨国枢《中国人的心理与行为:本土化研究》,北京:中国人民大学出版社,2004年版,第94页。

③ Wing-tsit Chan. "Chinese and Western Interpretations of Jen(Humanity)," *Journal of Chinese Philosophy* 2(1975):111.

素本身的不确定性,因此必须将这样的情感符号化和神圣化,甚至法制化。

我们说维护社会秩序的原则在于礼俗而不是法律,并不是像很多人所认为的那样,说中国古代根本不存在法律传统,或者说只有刑没有法,这样的看法都是不全面的。比较准确的表述是,中国的法文化带有浓厚的儒家思想的印记。按照俞荣根先生的说法,就是血亲传统、义务本位、权威主义和伦理至上。①

近代西方法律体系和法律观念确立了权利和义务主体统一于个人的原则,但在中国古代,权利和义务统一于社会共同体,即家庭和国家,而其中的一部分人以国家和家庭的名义占有别人的权利,所以大多数人只有尽义务的份了。义务本位的原则必然导致家族主义和国家主义,这样家族和国家的伦理取代公平和正义的原则,成为进行法律评价的基本原则,因此中国的法律带有浓厚的以血缘共同体为载体的宗法家族主义的世俗伦理色彩。

以家族主义的原则所确立的社会秩序,在社会生活中衍生出一种费孝通先生所说的“差序格局”,就是以血缘关系或亲情的远近来确定处理事务的准则,这种形态被许多人概括为“关系主义”的原则。按照一些社会学家的说法,以血缘关系的方式还是以契约的方式确定社会规则是传统社会和现代社会的基本分野。

对于“关系”,有人说:中国社会既不是个体本位,也不是群体本位,而是关系本位,这个解释很大程度上被我们所接受。因为关系的确依然影响着我们的生活。作为传统中国人生活准则的五伦,主要的出发点也是在“别”,即鉴定人与人之间关系的亲疏,然后来确定自己的行为准则,对此,金耀基说:“在中国,个体乃是一个从具体、等差的关系角度出发去设想‘旁人’的关系性存在。由于秉持着一种‘关系取向’,个体就肯定不会是一个孤立的实体,而必然是一个‘社会的’存在。”②

如果说西方的价值观是建立在个体的基础上的话,“关系性”可能是认识中国人的个人和群体关系的一个重要面向,许多人都认为,当中国人在说“人”的时候,往往并不是指个体的人,而是指处于某种关系中的“人伦”之人。“由于注重关系的特性,中国人在理解、解释自己的行为的时候,是把自己放在其所身处的人际关系网络当中的。一方面,个人用人际关系的架构去合理化自己的行为。另一方面,个人的终极关怀也寄托于其中。所以,不

---

① 俞荣根《道统与法统》,北京:法律出版社,1999 年版,第 440—441 页。本节的相关具体分析也多采自该书。

② 金耀基《关系和网络的建构》,《中国社会与文化》,牛津:牛津大学出版社,1993 年版,第68 页。

论在较稳定的社会秩序里,还是在社会变迁的过程中,中国人的人际关系之结构机器变迁会是个人、社会,以及个人与社会间关系之结构及其变迁的一个明显表征。"①

二、家、国同构

在很多情况下,家这个概念所包含的内容也是模糊的,一般地家所指的是核心家族的成员,但有时它又包含同一世系或氏族的全体成员,不仅如此,在我们所习用的"自家人"这个概念中,家的边界更是模糊不清,他可以延伸到一切人。②

儒家建立起一种"家国同构"的社会关系原则,正如《易经·序卦》中所说:"有天地,然后有万物;有万物,然后有男女;有男女,然后有夫妇;有夫妇,然后有父子;有父子,然后有君臣;有君臣,然后有上下;有上下,然后礼义有所错。"儒家以家族关系的方式来推演其他社会关系,但其关键的核心点则在于如何处理君臣关系,这也就是亲亲和尊尊的关系问题。《礼记·大传》说:"圣人南面而治天下,必自人道始矣。立权度量、考文章、改正朔、易服色、殊徽号、异器械、别衣服,此其所得与民变革者也。其不可得变革者则有矣,亲亲也,尊尊也,长长也,男女有别,此其不可得与民变革者也。"也就是说,有别于礼仪规范可以随着朝代的变革而不断变化,但决定礼仪之成立的原则是不能变的,这个不变的原则就是亲亲和尊尊等原则。之所以如是说,是因为由亲亲而发展的仁道原则,会发展出对于家族、社群和国家的责任感。"自仁率亲,等而上之至于祖。自义率祖,顺而下之至于祢。是故人道亲亲也。亲亲故尊祖,尊祖故敬宗,敬宗故收族,收族故宗庙严,宗庙严故重社稷,重社稷故爱百姓,爱百姓故刑罚中,刑罚中故庶民安,庶民安故财用足,财用足故百志成,百志成故礼俗刑,礼俗刑然后乐。"③这样的推论的确反映了儒家由家庭到国家的一种由伦理而政治的原则,或许更确切地说,是一种伦理和政治一体化的路径。

虽然,建立在宗法制基础上的封建制在秦统一之后就让位于大一统的郡县制,但是在郡县制的垂直体制下,宗法制度的精神依然贯穿在中国的制

① 李晶《人情社会:人际关系与自我观的建构》,北京:八方文化企业公司,2002年版,第14页。
② 金耀基《儒家学说中的个体与群体》,《中国社会与文化》,牛津:牛津大学出版社,1993年版,第7页。
③ 孙希旦撰,沈啸寰、王星贤点校《礼记集解》卷三四《大传》,北京:中华书局,1989年版,第916—917页。

度体系中。"宗法礼仪仍借着儒家经师主导着家族伦理和政治伦理。大体上说,秦汉以后尊尊亲亲屡经更迭时有上落,基本走向有二:一是母系尊序的不断提高;二是尊父与尊君屡起冲突,最终导致尊尊转向尊君。"①

在儒家比较关注的伦理关系中,相比于父子、兄弟、夫妇和朋友,君臣关系是一种"非自然""非血缘"的关系,家国同构使君臣之间的关系存在一种拟人伦的关系。这里面其实存在一个矛盾,一方面,宗法制要求君主和兄弟之间的关系转变为君臣关系;但另一方面,家国同构则希望君主和百姓之间的关系添上"家人"的关系。在儒家讨论孝道的《孝经》中,就把对于君主尽责也称为孝的重要一环。《孝经》说:"夫孝,始于事亲,中于事君,终于立身。"就是这样的意图的体现。

家国同构的另一个问题则是国家的家产化。在这个意义上,天下一家可以被理解为天子一家的私产。传统中国缺乏在家族之私和社会之公之间的制约。明末清初的思想家对于传统政治的批评也集中于这个方面。在这方面,黄宗羲的《明夷待访录》认为后来的皇帝将天下人之天下转变为君主一家之私产。"后之为人君者不然,以为天下利害之权皆出于我,我以天下之利尽归于己,以天下之害尽归于人,亦无不可;使天下之人不敢自私,不敢自利,以我之大私为天下之大公。始而惭焉,久而安焉,视天下为莫大之产业,传之子孙,受享无穷。"这是对于家产制国家的最为尖锐的批判。

在新的公、私意识之下,黄宗羲试图解构传统以父子关系来推演君臣关系的定则,强调士之出仕,非君主之家臣,是要为天下百姓谋利益。他在《原臣》篇中说:"或曰:臣不与子并称乎?曰:非也。父子一气,子分父之身而为身。故孝子虽异身,而能日近其气,久之无不通矣;不孝之子,分身而后,日远日疏,久之而气不相似矣。君臣之名,从天下而有之者也。吾无天下之责,则吾在君为路人。出而仕于君也,不以天下为事,则君之仆妾也;以天下为事,则君之师友也。夫然,谓之臣,其名累变。夫父子固不可变者也。"

我们在顾炎武等人的著作中也可以看到类似的观点,这意味着,儒家自身对于家国同构的关系也已经有了深刻的反思,某种程度上是儒家的自我批判。

三、皇权与绅权

我们知道,儒家学派的形成和发展逐步形成了一个儒士群体,在汉代儒

---

① 张寿安《十八世纪礼学考证的思想活力——礼教论争与礼秩重省》(《"中央研究院"近代史研究所专刊》86),台北:"中央研究院"近代史研究所,2001 年版,第 143 页。

家独尊之后,这个群体中的一部分人成为权力系统的组成部分,而即使未能通过察举或是后来的科举进入权力系统的另一部分人,也因为其掌握的知识而成为社会贤达,在中国民间社会中发挥其传导儒家理念、安定社会秩序的作用。

儒家在与政治结盟之后,儒生与政治权力之间的关系依然值得注意,因为儒生本身的身份的复杂性导致他们与政治关系的复杂性,正如杜维明所说:"儒家对国家政治生活的全身心参与,使他们既不可能成为教士,也不可能成为哲学家。然而,他们意欲改变世界的一致努力受到对人类问题的广泛关注所驱使,因此,他们既不能安于现状,也不能允许自己接受限定于狭隘的权力关系之中的游戏规则。他们对礼仪、行为规范、保存常识的信条、为人类价值提供超越基础的关怀,引导他们在社会中发生可与教士相比拟的作用。他们对知识、智慧、做人的尊严、社会准则、理想生活的追求,又促使他们扮演哲学家的角色。儒家学者在公众形象和自我定位上兼具教士功能和哲学家的作用,迫使我们认为他们不仅是文人,而且还是知识分子。儒家知识分子是行动主义者,讲求实效的考虑使其正视现实政治(realpolitik)的世界,并且从内部着手改变它。他相信,通过自我努力人性可得以完善,固有的美德存在于人类社会之中,天人有可能合一,使他能够对握有权力、拥有影响的人保持批评态度。"①"教士"和"哲学家"并不是儒家自我定位中的重要选项,他们胸怀治国平天下的使命,因此,他们也的确经常对于政治秩序中的不合理现象进行批判。不过,最为心仪的选项还是进入权力系统中施展自己所学。

在儒家的批判性面向中,主要体现为对君主进行道德层面的要求。"德"是儒家对政治合法性判别的依据。他们继承周人"天命靡常,惟德是辅"的信念,强调道德对于权势的制约和抗衡力量。三代之治所体现的天下为公的理想是他们最为推崇的理想政治形态。

但是,与儒家的理想相反,现实的政治秩序日趋专制,儒家的道德理想主义遭受重大的打击。孟子虽然力倡公义和仁政,但是在对于事关权力转移的"传贤"和"传子"的疑问的解释已经相当现实化。当万章问他,大禹将自己的王位传给自己的儿子是否说明禹之"德衰"的时候,孟子是断然否定的。他说:"不然也。天与贤则与贤,天与子则与子。"②荀子已经开始承认

---

① 杜维明《道·学·政:论儒家知识分子》,上海:上海人民出版社,2000年版,第11页。
② 焦循撰、沈文倬点校《孟子正义》卷一九《万章章句上》,北京:中华书局,1987年版,第647页。

君主的至尊地位,他说:"天子者势位至尊,无敌于天下……南面而听天下,生民之属莫不振动从服以化顺之。"后来的韩非和其他的法家人物都十分强调君主对于权力的专擅。如李斯在给秦二世的"督责书"中提出了"独制于天下而无所制"观点。

在秦始皇取得天子之位之后,儒生们建议模仿周代行封建的办法,把土地分给宗族家人和功臣,但李斯却主张采用郡县制。透过科层化的官僚体制,置编户齐民为皇帝直接控制,这样才是真正的安定之策。秦始皇采纳了李斯的建议,分天下为三十六郡,郡下有县,县下有令、长,构成了中国绵延几千年的政治制度。

儒生在秦始皇的统治时期遭受空前的迫害,于是在汉朝初年致力于攻击秦始皇残暴的一面,并提出马上得天下,不能马上治天下的反思性建议。而同时在理论方向上进行了大胆的转换,积极吸收阴阳五行的思想。而在实践上则利用熟悉古代礼仪的方便,为汉朝建立"朝仪"。但秦的快速灭亡,让儒家对于君权的限制的思想又得以重现。

传统的政治机制中,可以对皇权进行制约的力量主要来自几个方面:一是宗教的力量,比如董仲舒曾经用过的灾异观点,认为王道要服从天道。二是制度的力量,这包括所谓的"祖宗成法"、谏官制度,等等,但实际上这些制度对皇权的限制是十分有限的。

汉初的政治气氛,多少还受德和位之间的紧张的影响,但是,汉景帝的时候,黄生和辕固生就汤武革命之事发生了争辩。黄生认为汤武并非受命,而是通过弑君夺位,辕固生则认为汤武是得天下之民心,这便是受命的依据。

很显然,儒家的革命理论是统治者所不能接受的,如果承认夺取权力的过程不合理,等于给自己制造了一个敌对的力量,所以这样的讨论很快被皇帝所制止,后来的学者不再敢提汤武革命的事。按蒙文通的说法,儒家的革命精神被"改制"所替代,其责任在董仲舒。"自儒者之说,始乱于仲舒,易革命为改制,易井田为限田,选天子之说废,而教太子之说隆。明堂议政之义隐,而诤臣讽谏之义张,学校与考试相代兴,封建与守相相错杂,其蜕变固可考也。"①董仲舒以后,儒家的政治思想发生了很大的转变,这也说明了儒家逐渐强调与现实政治的合作,而放弃了激烈的革命理论。

从历史的现实来看,在君权至上的理论框架下,皇权的制约力量呈越来

---

① 蒙文通《儒家政治思想之发展》,《儒学五论》,桂林:广西师范大学出版社,2007 年版,第58 页。

越弱的趋势,而儒家理想中的"贤者居位"的理论则在皇权的打压下隐而不闻,即使是面对无道昏君的谏诤本身,也存有一个底线,即不能跨越君君臣臣的名分。最大的抗议就是逃避。现代儒者牟宗三认为以道统说为代表的"德治"对实际的政治并无制约作用,他说:"儒家德治,由孔子定其型范。后来儒者以及政治上的基本观念一直遵守不渝。秦汉一统后,君主专制的政治形态(即政体)成立,此'德治'一观念复随之用于其上而扩大,而其基本用心与最高境界仍不变。在大一统的君主专制之形态下,皇帝在权与位上是一个超越无限体。因为治权与政权不分,合一于一身,而其政权之取得又是由打天下而来,而儒者于此亦始终未想出一个办法使政权为公有。是即相应政权无政道。即使让政权寄托在一家世袭上,亦必须有一客观有效之法律轨道以限制之,使政权与治权离。如是方能根绝打天下之路,而维持政权之定常永恒性于不坠。……在无政道以客观化皇帝之情形下,儒者惟思自治道方面拿'德性'以客观化之。但是此种客观化是道德形态,不是政治法律的形态。儒者自觉地根据儒家的德治首先要德化皇帝与宰相。"①牟宗三区分"政道"与"治道",所谓政道主要是指政治民主,而治道则只是具体的治理方法。若顺着治道的思路发展下去,无非是"由慎独以清贞而安稳天下,所谓圣君贤相也。吾所谓政治格局,所谓政权民主,皆属于政道者。唯政道转出,而后可以补治道之不足"。②

儒生的人生理想就是齐家治国,但总有许多怀才不遇之士,这个群体在宋明以后逐渐成为地方社会的一个重要的成分,这就是绅士。

中国传统的政治权力,因为制度设计和统治成本的问题,很少真正落实到县以下的广大地区,即使是郡县制度建立之后,县以下的乡里仍是一个自治特色很强的有机体。

在汉代以后的很长时间里"聚落中民间的主导力量是父老阶层,他们的身分和权威系基于社会敬老的传统;而敬老在祭祀燕饮等社区活动表现出来。荀子说:'吾观于乡,而知王道之易易也。'(《乐论》)王道的根本在于孝悌,举凡同里邑的老者都待之如父,长者都待之如兄,凡同里邑之年轻人都视同子或弟,于是有孝悌,于是有敬老,这是古代聚落一体感和认同意识促成的"。③ 这其实就是以孝治天下的现实需要所在,就统治阶层而言,所谓的孝并不仅仅是家庭父子之间的关系,整个乡里秩序的完善也是孝。

① 牟宗三《政道与治道》,桂林:广西师范大学出版社,2006 年版,第 26 页。
② 牟宗三《历史哲学》,桂林:广西师范大学出版社,2007 年版,第 207 页。
③ 杜正胜《编户齐民:传统政治社会结构之形成》,台北:联经出版事业公司,1990 年版,第 227 页。

随着科举制度的兴起和完善,父老阶层的空间逐渐被科举之士所取代。一方面,在制度上,这些绅士获得了免除徭役等特权;另一方面,宋以后的家族支持,是儒生得以科举成功的重要后盾。因此"这种以宗族、乡里或家族的支持为背景,参加科举的仕子,及第后,其光耀同属于全家、全家族、全乡里,这是因为投入者,不仅有他个人才能与努力,还有庞大的经济力量。宋以后,士大夫的行动不再个人化,他们对支持他的宗族、乡里或家族有道义上的回报责任。乡里中对这些通过科举,成为官僚的士大夫,不管是任职在外,或休闲、退隐在乡的,都以缙绅之礼接待,一般也就称他们为乡绅"。①

乡绅的权力有很大的制约性和地方性,比如说在一个他的影响所及的村庄或血缘结合而成的同姓社区,但出了这个区域,他的权威性便不复存在。乡绅在一个社会中的最大作用就是通过推行地方教化的方式维护社会秩序。按费孝通先生的说法,绅权其实代表着"乡村中国的基本权力解构"。"(1) 在传统的中国权力结构中,有着两个不同的层次:顶端是中央政府;底部是地方自治单位,其领袖是绅士阶级。(2) 这里有着对于中央政府权威事实上的限制。地方上的事情是由社区的绅士所管辖的,是中央当局难以干涉的。(3) 虽然在法律上只有一条从上而下的贯彻帝国命令的轨道,但是在实际生活中,中间有政府的皂隶和地方上选择的'乡约'或者相同功能的人物,通过这种中介,不合理的命令可以打回去。这种由下而上的影响,在中国正式的政治制度的讨论中,通常是不予承认的。然而,他实际上是有效的。(4) 从下而上的影响的机制,是绅士通过他们当官的亲戚和参加过相同考试的台上台下的朋友们施加的非正式压力发生的。借此,影响有时甚至可以到达皇帝本人那里。(5) 所谓自治组织的兴起是来自社区的实际需要。这种群体的权力不是来自中央帝国,而是来自地方民众本身。当中央只是有限度地征税和招兵时,人们会感到'天高皇帝远'。但是,中央和地方当局之间有必要保持一些交往,这就意味着地方绅士总是在地方组织中占有战略性和主导的地位。"②

这就是说,儒生既代表着国家权力的延伸,也代表着儒家观念在乡村社会的生根。

---

① 王霜媚《帝国基础——乡官与乡绅》,郑钦仁主编《立国的宏规》,台北:联经出版事业公司,1983 年版,第 404 页。

② 费孝通《中国绅士》,北京:中国社会科学出版社,2006 年版,第 52—53 页。

第三节　国家与天下：王道政治与
　　　　天下主义

治国平天下是儒家的最高理想，这是"王者无外"和"以天地万物为一体"观念的合理推演。基于儒家对于人的认识和对于人道秩序的自信，因此，儒家思想从根本上是与种族主义论说矛盾的，它是要从亲亲推扩到仁民，最终是人类普遍文明的未来。

一、王霸之辨

儒家的王道概念来自《尚书·洪范》中"无偏无党，王道荡荡；无党无偏，王道平平；无反无侧，王道正直"。不过，对于王道和霸道之间的讨论则要等到战国群雄并争的时候才成为一个公共的话题，先秦诸子对于应该用什么样的手段获得天下的土地和人民展开辩论，在孟子和荀子那里被凝聚为王道与霸道之争。

《管子》书中就有许多关于王霸的论述，在《管子·枢言》中，管子区分了王道与霸道之不同之处，认为统治者所追求的目标的差异会形成不同的治理手段，产生不同的治理效果。"王主积于民，霸主积于将战士；衰主积于贵人，亡主积于妇女珠玉。"《管子》虽然也认为王道要高于霸道，但具体到该实行什么政策还要看当时的形势，不能一概而论。"弱国众，合强以攻弱，以图霸；强国少，合小以攻大，以图王。强国众，而言王势者，愚人之智也；强国少，而施霸道者，败事之谋也。……战国众，后举可以霸；战国少，先举可以王。"①

在儒家这边，孔子并没有明确的关于王霸问题的说法，孟子则肯定王道，否定霸道。孟子说："以力假仁者霸，霸必有大国；以德行仁者王，王不待大，汤以七十里，文王以百里。以力服人者，非心服也，力不赡也；以德服人者，中心悦而诚服也。"在这里，王霸之间的区别在于以德服人还是以力服人。面对梁惠王等人的询问，孟子依然强调通过"仁政"的手段来让百姓生活安乐然后赢得民心。"行一不义，杀一不辜，而得天下，皆不为也"，②应该说这样的措施对于身处霸道横行的战国时代，难免受"迂远而阔于事情"之讥。

---

① 黎翔凤撰，梁运华整理《管子校注》卷九《霸言》，北京：中华书局，2004 年版，第 472—473 页。
② 焦循撰，沈文倬点校《孟子正义》卷六《公孙丑章句上》，北京：中华书局，1987 年版，第216—217 页。

　　相比之下,荀子的立场似乎更灵活一些。首先,荀子也坚持王道为治国理政的最高立场。在《仲尼》篇中他说:"然而仲尼之门人,五尺之竖子,言羞称乎五伯,是何也? 曰:然! 彼非本政教也,非致隆高也,非綦文理也,非服人之心也。"

　　荀子并非决绝地反对霸道。在群雄争霸的格局下,荀子认为,霸道虽然德未至,义未济,但是以一种诚信的态度,富国强兵,使国土得以保全,也是可以接受的权宜之策。荀子所真正反对的是使用权谋而获得政权的人,所以他说:"故用国者,义立而王,信立而霸,权谋立而亡。"①

　　在秦汉之际,王霸之辨已经演变为儒法之争,法家任用霸道,但完全不顾仁义,而是考虑效用。汉代的制度便是杂糅儒法。《汉书·元帝纪》载:"(帝)立为太子。……尝侍燕(宣帝)从容言:'陛下持刑太深,宜用儒生。'宣帝作色曰:'汉家自有制度,本以霸王道杂之,奈何纯任德教,用周政乎?'"有人认为后世的中国政治其实一直是儒法互补或阳儒阴法,未尝不是没有根据的。但是作为一个符号性的存在,儒家的"德政"和"王道"政治是历代统治者所着力标榜的。

　　但自宋代道学群体的兴起,王道和霸道的问题便成为儒家理想和现实政治之间的一个表现,或许可以说王道理想是道学家试图影响现实政治的一个重要的手段。熙宁元年(公元 1068 年),程颢便向新即位的宋神宗上了《论王霸札子》。他说:"得天理之正,极人伦之至者,尧舜之道也;用其私心,依仁义之偏者,霸者之事也。……故诚心而王则王矣,假之而霸则霸矣,二者其道不同,在审其初而已。……故治天下者,必先立其志。正志先立,则邪说不能移,异端不能惑,故力进于道而莫之御也。"②开启了宋代王霸之论的端绪。

　　然将王霸之论推向高峰的则是朱熹和陈亮,但可以这么说,这个讨论并非是儒家与别的学派之间的争论,而是儒学阵营内部的不同立场的争论,包括的面甚广,甚至还有对儒家的人格和圣王理想的看法的差异。

　　从根本上说,陈亮认为孔子只提倡成人之道,而醇儒只是后人的发挥。圣王固然杰出,但也不能轻看英雄人物。正是朱陈之间有许多基本立场上的差异,所以他们的争论才会如此激烈。

　　在对现实问题的处理上,陈亮提倡功利之学,力主抗金,在当时的理学

---

① 王先谦撰,沈啸寰、王星贤点校《荀子集解》卷七《王霸》,北京:中华书局,1988 年版,第202 页。

② 程颢《河南程氏文集》卷一《论王霸札子》,程颢、程颐著,王孝鱼点校《二程集》,北京:中华书局,2004 年版,第450—451 页。

界中独树一帜,"当乾道、淳熙间,朱(熹)、张(栻)、吕(祖谦)、陆(九渊),四君子皆谈性命而辟功利。学者各守其师说,截然不可犯。陈同甫崛起其旁,独以为不然"。① 不过立场虽然不同,两人之间的关系还是很亲密的,并互相对对方持有敬意,但他们在许多问题的立场上黑白判别,陈朱争论似乎是不可避免的。

陈亮先是给了朱熹自己所作的《十论》和两篇《策论》,这些政论中基本上体现了陈亮的基本观点,也就是他也认为以儒治国是最好的,但是从宋代以来,王道一说成为唯一的指导思想,导致对于事功的忽视,所以应该用富国强兵来补充王道之不足。

为此陈亮提出了功利动机和道德目标之间的悖论,他所要反对的是二程所说的"三代专以天理行,汉唐专以人欲行"这样的绝对化的判分。朱熹当时对这些文章的评论是《策论》有切中时弊的论断,但《十论》则恐怕会让那些儒家根基未稳的人不知道三纲五常的正道。

两人的论辩在淳熙十一年(公元1184年)爆发,主要是朱熹发现浙江的永康、永嘉(叶适)和吕祖谦的学派有一种不断合流的趋势,因此需要做正面的论辩来正人耳目。

这年夏天朱熹写信给陈亮,希望陈亮放弃他的"义利双行、王霸并用"的说法,更主要的是要他改变自己的气质,做个"醇儒",以免经常遭受不白之灾。② 陈亮坚决否定自己的观点是"义利双行、王霸并用",并展开激烈的反驳。陈亮说:"自孟荀论义利王霸,汉唐诸儒未能深明其说。本朝伊洛诸公,辩析天理人欲,而王霸义利之说于是大明。然谓三代以道治天下,汉唐以智力把持天下,其说固已不能使人心服;而近世诸儒,遂谓三代专以天理行,汉唐专以人欲行,其间有与天理暗合者,是以亦能久长。信斯言也,千五百年之间,天地亦是架漏过时,而人心亦是牵补度日,万物何以阜蕃,而道何以常存乎? 故亮以为,汉、唐之君本领非不洪大开廓,故能以其国与天地并立,而人物赖以生息,惟其时有转移,故其间不无渗漏。"③陈亮反对道学家将三代和汉唐截然分为两段的做法。

关于醇儒问题,陈亮认为:"成人"是更主要的,而儒家只是这方面比较丰富的一家而已,言下之意是不能以这样的标准来排斥英雄人物的所做所

---

① 黄宗羲原著,全祖望补修,陈金生、梁运华点校《宋元学案》卷五六《龙川学案》,北京:中华书局,1986年版,第1850页。

② 朱陈讨论的详情可参看束景南《朱子大传》下卷,北京:商务印书馆,2003年版。

③ 陈亮著,邓广铭点校《陈亮集》(增订本)卷二八《又甲辰秋书》,北京:中华书局,1987年版,第340页。

为。"夫人之所以与天地并立而为三者,仁智勇之达德具于一身而无遗也。孟子终日言仁义,而与公孙丑论一段勇如此之详,又自发为浩然之气,盖担当开廓不去,则亦何有于仁义哉!……故亮以为:学者学为成人,而儒者亦一门户中之大者耳。秘书不教以成人之道,而教以醇儒自律,岂揣其分量则止于此乎。"

朱熹又回信讨论,他的结论似乎有些极端,他坚持认为,三代以后,即或是汉高祖、唐太宗这些英主,也都是"无一念不出于私也",所以,汉唐以后的历史不同于三代,"千五百年之间,正坐如此,所以只是架漏牵补过了时日,其间虽或不无小康,而尧、舜、三王、周公、孔子所传之道,未尝一日得行于天地之间也。……汉唐所谓贤君,何尝有一分气力扶助得他耶!"①

对于朱熹这些观点,陈亮在淳熙十二年(公元1185年)的往复回信中,不断地对朱熹做出了批驳。一方面继续强调不能把三代和汉唐分做两段的看法,并以天道和人道的关系来说明。陈亮认为,人之所以与天地并立为三,是因为人能参与天道的运行,这也就是说,天道不能独立于人道而单独运行。如果说舍弃人而道能存在的话,那简直成了佛教的立场了。他的结论是,既然人能参与天道,那么这个道便不会消失,也就证明了汉唐的时候也不是全是人欲。

到此我们可以发现,他们之间的争论的核心问题在于他们对于立足点的差异,朱熹侧重于内圣层面,而陈亮侧重于事功。如果侧重于内圣,那么正心诚意当然是人道之根本,有些须偏离尧舜之道,便是架漏牵补。而陈亮从现实入手,认为高谈心性而不涉事功,那便是托之于空言。

他们的讨论到第三年(公元1186年)告一段落,陈亮致信朱熹,说:"秘书之学,至公而时行之学也;秘书之为人,扫尽情伪而一于至公者也。世儒之论,皆有官不容针私通车马之意,皆亮之所不晓;故独归心于门下者,直以此耳。有公则无私,私则不复有公。王霸可以杂用,则天理人欲可以并行矣。亮所以为缕缕者,不欲更添一条路,所以开拓大中,张皇幽眇,而助秘书之正学也,岂好为异说而求出于秘书之外乎。不深察其心,则今可止矣。"②朱熹在答书中,说:"方念久不闻动静,使至,忽辱手书,获闻近况,深以为喜。"称自己:"只今日用功夫养病之余,却且收拾身心,从事于古人所谓小学者,以补前日粗疏脱略之咎,盖亦心庶几焉而力或有所未能也。"③

---

① 朱熹《寄陈同甫书》六,陈亮著,邓广铭点校《陈亮集》(增订本)卷二八,北京:中华书局,1987年版,第361页。

② 陈亮《丙午复朱元晦秘书书》,同上,第354—355页。

③ 朱熹《寄陈同甫书》十一,同上,第370页。

对于朱陈之间的论辩,陈傅良看似中庸的评论却点到了问题的要害。"'功到成处,便是有德;事到济处,便是有理。'此老兄之说也。如此则三代圣贤枉作功夫。'功有适成,何必有德;事有偶济,何必有理。'此朱丈之说也。如此则汉祖、唐宗贤于盗贼不远。以三代圣贤枉作工夫,则是人力可以独运;以汉祖、唐宗贤于盗贼不远,则是天命可以苟得。谓人力可以独运,其弊,上无竞畏之君;谓天命可以苟得,其弊,下有觊觎之臣。二君子立论,不免于为骄君乱臣之地,窃所未安也。"①从现实的处境看,陈亮的观点则会导致一种功利主义,而使后世的君王随意认定自己是王道的继承者;而朱熹的做法,则具有强烈的现实批评精神,因为只有坚持道统的相对对立,才可能对现实的政治保持一种强烈的批评精神,而这也正是孟子以来王霸论的核心精神。两者均有其不当之处,牟宗三对此的评价是比较有见地的,他认为历史的判断里面如果不辅之以价值和道德,那么,这个历史便是着眼于现象和历史事件。而如果只强调道德和价值,那么历史便只是那些原则和教条的正反两方面的例证。这样的历史均不是真实的历史。②

二、天下秩序

就儒家而言,道德的完成和理想的政治境界就是平天下,起点在"身",终点在"平天下",或者说"为万世开太平"。孟子说:"人有恒言,皆曰'天下国家'。天下之本在国,国之本在家,家之本在身。"③

"天下"是一个超越"国家"的存在,意味着一种对于自身、家族、国家等束缚的超越,是一种人性的真正的实现。杜维明说:"当自我克服了利己心而成为真正人性的,家族也必须克服裙带关系而成为真正人性的。依次类推,社群也必须克服地方主义、国家必须克服种族主义、天下必须克服人类中心主义,而成为真正人性的。"④

"天下"的概念一般认为是随着天帝出周人和殷人所敬拜的不同的神而融合成一个最高的神的产物。"相应于周统一王朝的建立,周人已不再视天帝为有所偏袒的神灵,而是以之为在众神中的最高神,普爱地上万民,降命

①　陈傅良《致陈同甫书》,陈亮著,邓广铭点校《陈亮集》(增订本)卷二九,北京:中华书局,1987 年版,第 393 页。

②　牟宗三《政道与治道》,桂林:广西师范大学出版社,2006 年版,第 190 页。

③　焦循撰,沈文倬点校《孟子正义》卷一四《离娄章句上》,北京:中华书局,1987 年版,第 493 页。

④　杜维明《儒教》,台北:麦田出版社,2002 年版,第 127 页。

于有德的人为天子以治理万民。此一最高神,天地万物的主宰者的观念的出现,在中国古人的思想中不但形成了一统摄完有的观念,亦出现了天下一家的思想。"①

具体地说,王者是因为德行而受命于天来管理世界上的人,这样王自然就是天子。在周代的统治崩溃之后,这个观念并没有随之消失,只是天与人之间的关系扩大了,由原来的天仅与天子发生关系扩展到与所有人可产生联络。

"天下"作为一个地理概念,它所包含的可能是人心中的所有土地,比如《尚书·禹贡》所描述的"九州"和"五服",并说:"九州"与"五服"的建立,于是"东渐于海,西被于流沙,朔南暨声教讫于四海。禹锡玄圭,告厥成功"。但是,受现代科学训练的历史学家肯定地认为这样的统治区域在当时的政治和军事格局下只可能是"虚构"。它所反映的最多是一种权力的核心区域和边缘区域的差别。杨联陞说:虽然关于五服或九服"这些周密的区分大部分都是凭空虚构,但是似乎也反映了商、周时一个较合乎事实的内服——王畿,和外服——诸藩的划分。当然,'内'、'外'只是比较而言,因此我们可以说内还可以有内,外还可以有外,一直分下去。由于军事、文化扩张的结果,一些外服可以被并入内服,所有诸藩都有变成外藩的可能,或者更通俗地说,所有生蕃都可能变成熟蕃"。②

这样的以不确定的"内""外"区分统治区域的方式导致许多的学者认为中国古代存在着一种超越于具体的统治领地的价值追诉,即"天下"。钱穆先生说:"中国古代人,一面并不存在着极清楚极明显的民族界线,一面又信有一个昭赫在上的上帝,他们关心于整个下界整个人类之大群全体,而不为一部一族所私有。从此两点上,我们可以推想出他们对于国家观念之平淡或薄弱。因此他们常有一个'天下观念'超乎国家观念之上。他们常愿超越国家,来行道于天下,来求天下太平。"③

在阅读钱穆先生的文本的时候,我们对于他所使用的"天下"和"国家"概念要做一个适当的辨析,因为在周时期的中国,"国"的概念并非是与现在我们所说的"民族国家"同义,在中国的家国体制中,国与国之间的关系虽非完全家族之间关系的升级,但在制度设定上,的确是一种家族道德的扩展

---

① 李杜《中西哲学思想中的天道与上帝》,台中:蓝灯文化事业股份有限公司,2000 年版,第5页。

② 杨联陞《从历史看中国的世界秩序》,《国史探微》,台北:联经出版事业公司,1983 年版,第3页。

③ 钱穆《中国文化史导论》,台北:台湾商务印书馆,1994 年版,第 48 页。

体。这也就是说,中国古代的确比较倾向于从家族的关系来理解不同族群之间的关系,这样的关系导致中国人是从文化①而非疆域或王来理解"国家",王朝本身有一个存在和灭亡的过程,这已经被儒家的天德流行的观点作为依据,但是在这兴灭的背后,一个超越这个或那个具体王朝的政治上的共同体的观念始终存在。

每一个王朝总是力图将本朝看作是更长久以来一直存在着的一个历时性的共同体的延续。这个共同体就叫中国,王朝可以结束,但是"中国"却不会结束,所以当几个政权同时存在的时候,"正统"的争议,便成为谁能真正代表中国的争论。

与此相对应,作为最高统治者的"天子"也并非只是一个区域的领袖,如拉铁摩尔说他们是"首席贵族":"周朝的天子代表着一个广泛文化的重心,但是他们并不以对每一地区进行直接统治的办法去治理一个结合紧密的帝国。他们所有的,只是在封建制度的范围内许多大贵族的服从,这些大贵族又同样取得许多小贵族的服从。赋税、民法、刑法和兵役在每一个封建国家中都是自主的,而并非集中于一个帝国。周朝天子也有王畿,但是他们是以大封建贵族而非帝王的姿态去治理。所以严格说来,周朝天子只具有'首席贵族'的封建地位。"②

所以,天子更像是一个秩序的维护者,这个秩序代表着超越人类的宇宙意识。"儒教的天是普遍、超越的至上神祇,不是'国家'(如'汉家')的上帝。儒教的天子是代表所有生民参与宇宙秩序的建构,而作为全体人民生存的依据与来源。故作为天子的皇帝,不只是'国家'的元首,更是'天下'人民的代表与依赖。二、再就是皇帝是'神格'或'人格'的问题而论,汉代的皇帝可谓是'人格',但此'人'须置于天地人的关系中界定其性质。儒家所期待的天子是一位能承担天人中介的圣人,这种圣人不是神祇,但却因承担郊祀等职责,也非凡人之人。儒者也相信天子具有某种主导宇宙秩序的神力。"③

当然许多人可能会从《春秋》中"尊王攘夷"的思想和古代的朝贡制度

---

① 包括梁漱溟在内的许多人,认为中国人对于国家的看法是"文化主义"的,认为近代中国在国家观念上出现了由文化主义向民族主义转变的历程。对于此问题的讨论可参看詹姆斯。[美]詹姆士·汤森著,莫亚军等译《中国的民族主义》,复旦大学历史系、复旦大学中外现代化进程研究中心编《近代中国的国家形象与国家认同》,上海:上海古籍出版社,2003年版。

② [美]拉铁摩尔著,唐晓峰译《中国的亚洲内陆边疆》,南京:江苏人民出版社,2005年版,第250页。

③ 甘怀真《中国古代郊祀礼的再思索》,刘增贵主编《法制与礼俗》,台北:"中央研究院"历史语言研究所,2002年版,第241页。

来说明,即使在制度原则上,古代中国并没有真正把"天下"观念彻底落实,这样的批评注意到了问题的一面,即现实性制度的不完满,但是并没有注意到,这些制度背后的"天下"观念并没有在朝贡制度和"宾礼"等这些似乎是中华中心论的制度设计中完全消失。①

但是"天下"更被视为是儒家的道统的载体,这样,帝王之私与天下之公称为尖锐的对立。这样的思想在明末清初得到集中体现。

明末清初的思想家们最为着力的是将"天下"本来所蕴涵的地理概念和王朝相分离。比如黄宗羲在《明夷待访录》中认为,自私自利是人的本性,但是因为有一种天下的观念使得人们"受其利""释其害",因此完美的君主应该是心系天下,所以是否合法坐"天下"的标准是人民的幸福和痛苦,而不是一姓朝廷的兴衰。这种观念在顾炎武那里得到更为经典性的陈述。

为我们所熟悉的顾氏名句"天下兴亡,匹夫有责",原话是"保天下者,匹夫之贱与有责焉耳",顾认为一个政权拥有领土,称为"有土";能让老百姓衣食有余而知荣辱礼义,是谓"保民"。有土且保民,方可称之为"保天下"。如果统治者不以民生为念,遂致"仁义充塞,而至于率兽食人,人将相食"。那么明朝的覆亡,与其说是因为清朝,不如说明朝君臣自身丧失"保天下"责职。因此,顾炎武说:"有亡国,有亡天下。亡国与亡天下奚辨?曰:易姓改号,谓之亡国。仁义充塞,而至于率兽食人,人将相食,谓之亡天下。……保国者,其君其臣'肉食者谋之'。保天下者,匹夫之贱与有责焉耳矣。"②这样就将政治的合法性定义为百姓的日常生活,定义为一种朴素的价值观,而不是君君臣臣之间的纲目,这是儒家内涵的"从道不从君"的更为明确的表达。所以在这里那种夷夏之辨转化为是否顺应"民心"。

儒家对现实政治的批评和对于完美政治的期待存在于他们对于"天下"观念的坚持,但是完整的天下图式应该是"国土"和"民心"的统一,当"天下"已然落入别人之手的时候,"道统"和"治统"的分离,则使得儒者由政治的参与者转变为政治的批评者,而完整的"天下"观念已然允许政治实践和

---

① 何伟亚说:"将宇宙秩序原则嵌入较高层次的礼仪,依据这些秩序原则来组成等级关系(终清一代,英帝国的代表们对这种关系一直知之甚少)。在此过程中,清代宾礼一直以如下方式保持着各藩王的特色,即承认他们在自己王国内的恰当的统治,而且把这种统治视为最高君主德行与恩泽在世界范围内的延续。清廷坚持在这样的原则下来包容并定位差异,这可以被看做是清廷对现实世界社会政治状况的独一无二的应对之策,这种应对之策承认各领土之间的关系中的模糊性,对待亚洲腹地诸国尤其如此。对于这种模糊性,宾礼并不掩饰,而是予以评释。"[美]何伟亚著,邓常春译《怀柔远人》,北京:社会科学文献出版社,2002年版,第215页。

② 顾炎武撰,黄汝成集释,栾保群校点《日知录集释》卷一三《正始》,北京:中华书局,2020年版,第681—682页。

政治理想的分离,因此明末清初的儒生们通过对于"天下"和"国家"的分离,使得天下由一种政治秩序转变为以理想对现实进行批评的武器。

需要说明的是,对于天下国家秩序的回溯不是也不可能让我们现有的民族国家体制回复到超越利益的格局中,因为即使在中国古代,天下秩序也更多是一种批判性的力量。我们需要的是建立这样的批判性角度来修订我们已经习以为常的"竞争""胜利"的观念,进而把利益相关者和竞争对手成为一个可以共存的伙伴。

第四节　道统、政统和学统

道统问题涉及儒家对于政治合法性的总体立场,其问题与"正统"观念相纠缠。同时,在道统的序列中,还有政统和学统、治统这样的观念。现代新儒家在强调中国本土性的立场的时候,依然没有放弃传统的道统观念的分析框架,而是希望通过道统的本土立场和现代的民主政治之间寻找到一条合适的通道。

一、正统与道统

中国历史素来强调正统,[1]原本于《春秋》而后为历代史家所发挥,欧阳修做《正统论》系统梳理"正统观"之来历,他在《原正统论》中说:"正统之说,肇于谁乎? 始于《春秋》之作也。当东周之迁,王室微弱,吴徐并僭,天下三王,而天子号令不能加于诸侯。其《诗》下同于列国,天下之人莫知正统。仲尼以为周平虽始衰之王,而正统在周也。乃作《春秋》,自平王以下,常以推尊周室,明正统之所在。"[2]这种说法承继了公羊学的大一统的观念,在宋代初年复杂的政治环境下,春秋学复兴,正统论的出现应该是顺理成章的。

欧阳修的正统论一反汉代公羊学所主张的五德终始说,认为那是因为孔子的学说被遮蔽之后的"非圣之曲学"。所以欧阳修对正统说做了新的定义:"正者,所以正天下之不正也;统者,所以合天下之不一也。"[3]按照他这

---

① 细参饶宗颐《国史上之正统论》,《饶宗颐二十世纪学术文集》第 8 卷,台北:新文丰出版股份有限公司,2003 年版。

② 欧阳修著,李逸安点校《欧阳修全集》卷一六《原正统论》,北京:中华书局,2001 年版,第276 页。

③ 同上,卷一六《正统论上》,第 267 页。

样的定义,他认为历史上"正统"有断绝的时候,比如东晋、后魏、魏及五代,或是不得其正,或是不得其统,导致正统"绝",他说"正统之序,上自尧、舜,历夏、商、周、秦、汉而绝,晋得之而又绝,隋、唐得之而又绝"。[①]

欧阳修之《正统论》一出,一时激起强烈反响,当时的许多重要人物参与讨论,如章望之、苏轼、司马光等,章望之的观点要在苏轼的文集里才能得到一些影子,核心的观点是认为应将那些以德合天下者称为"正统",以力得天下者称为"霸统"。

司马光亦十分重视正统论,他基本上接受欧阳修的理论,但是他在编写《资治通鉴》的时候,为了让历史保持连贯性,所以将魏、南朝、五代也列入纪年。这招致了朱熹的批评。朱熹在写《资治通鉴纲目》的时候,他的定义是:"只天下为一,诸侯朝觐,讼狱皆归,便是正统。"按照这个定义,他认为周、秦、晋、隋、唐为正统,其他又分出"列国""篡贼""建国""僭国""无统""不成君""远方小国"七类。朱熹的说法随着朱熹的地位的增高而影响巨大,但并不脱离欧阳修之大旨,只是更为详备而已。

但王夫之却猛烈攻击正统论,本着"道不离器"的观念,王夫之并不认为"正统"是可以脱离具体的历史而延续或中断的,所以他觉得社会是一个不断进步的过程,在"理势合一""理因乎势"的观念统领之下,他认为只要顺乎历史发展之势出现的政权便是"正统",而不必考虑这个政权的来历。不过,王夫之的正统论思想并不一贯,在严格的华夷思想影响下,他有时候还是会把一些政权看作是"窃取道统":"天下所极重而不可窃者二,天子之位也,是谓治统;圣人之教也,是谓道统。治统之乱,小人窃之,盗贼窃之,夷狄窃之,不可以永世而全身。……道统之窃,沐猴而冠……受罚于天,不旋踵而亡。"[②]

从朱熹和王夫之的论述中,我们可以看到"正统论"所指涉的是统治的合法性问题。从儒家的立场来看,只有符合道统的统治才是"正统"的政权,这个问题是从有德而有位的儒家义理中发展出来的。

先秦诸子均以追求道的实现为目标,儒家虽不对"道"做类似于道家式的形而上的分析,但他们依然相信存在着一个曾经在圣王时期实现过的"王道",这个"道"是对完美秩序的向往,所以它同样也是儒家批评现实政治的依据。

---

① 欧阳修著,李逸安点校《欧阳修全集》卷一六《正统论下》,北京:中华书局,2001 年版,第269 页。

② 王夫之著,舒士彦整理《读通鉴论》卷一三《东晋元帝》,北京:中华书局,2002 年版,第352 页。

儒家认为他们对道的信念并不会因为现实中的困难而放弃,按孔子的理想,君子应该珍视自己的理想,要"天下有道则见,无道则隐"。① 孟子说:"故士穷不失义,达不离道。穷不失义,故士得己焉;达不离道,故民不失望焉。古之人得志,泽加于民;不得志,修身见于世。穷则独善其身,达则兼善天下。"②不过,要到韩愈的《原道》之后,"道统"之说才得以明确。宋代的朱熹在《中庸章句序》中直接使用"道统"一词,这样儒家的道统论开始有名有实。

道统论和正统论虽不是同一层次的问题,但是它们所关心的问题都是围绕如何确立政治合法性的问题。就此,王夫之的道势合一与道统、治统合一之间的矛盾便可以找到内在的根据。明乎此,我们还可以了解朱熹和陈亮争论王霸问题的时候,为什么会说汉唐的帝王是在"牵陋补挂"度日。

不过,我们需要注意的是正统论和道统论所存在的问题域的转换。正统论表面看是依附于正闰论等,其实质在于史官的历史意识,这种意识深受儒家的政治理想所影响,在孟子那里,突显了政治观念的一个转变,也就是作为道的现实体现的载体由帝王统绪向儒家统绪的转变,即从尧舜周公这样的帝王转向孔子这样的"素王"。这中间,周公是个拐点。

在后世确立的道统传承谱系中,周公是一个具有转折意义的人物,不仅是因为他制礼作乐,而且还因他的身份。他并没有实际取得最高权力的地位,但是他却通过辅佐和摄政获得了道统,其象征意义在于,当实际执政地位的人并没有能力治理天下的时候,那可以由一个有能力的人去代替,这就意味着道统和政治秩序之间可以分离,这样便将政治原则和政治秩序之间的紧张明确地体现出来了。

对于政治合法性的转移,在现代社会已经转变为民主选举这样的更为普遍被接受的程序。在中国传统社会却多是通过暴力推翻前朝统治而获得政权,并建立起家天下的格局。这样,君主的权力的至尊性始终被突出。也就是说,在传统的政治架构中,君主的独尊地位导致并没有真正有效的制度设计可以制约君主的行为,而儒家提出的制约性的办法就是道统。明末的吕坤对道统的意义述之甚详:"公卿争议于朝,曰'天子有命',则屏然不敢曲直矣。师儒相辩于学,曰'孔子有言',则寂然不敢异同矣。故天地间,惟理与势为最尊。虽然,理又尊之尊也。庙堂之上言理,则天子不得以势相

---

① 程树德撰,程俊英、蒋见元点校《论语集释》卷一六《泰伯下》,北京:中华书局,1990 年版,第 540 页。
② 焦循撰,沈文倬点校《孟子正义》卷二六《尽心章句上》,北京:中华书局,1987 年版,第890—891 页。

夺,即相夺焉,而理则常伸于天下万世。故势者,帝王之权也;理者,圣人之权也。帝王无圣人之理,则其权有时而屈。然则理也者,又势之所恃以为存亡者也。以莫大之权,无僭窃之禁,此儒者之所不辞而敢于任斯道之南面也。"①

儒家的王道理想如果在现实政治中得到落实,就表明道统和政统之间的统一。但是何以能使道统落实到政统,道德理想主义的做法的关键点在于君主的自我修养。

因为君主在国家的政治生活中占据绝对核心的地位,所以君主个人的行为便可以直接导致治与乱的不同后果。所以,经典的儒家政治观念把政治看作是一个确立榜样和引导人们模仿的过程。孔子说:"政者,正也。子帅以正,孰敢不正?""君子之德风,小人之德草,草上之风必偃。"②

既然政治的核心问题在于榜样的力量,那么修身的问题便必然成为重点,这样,儒家的政治一直与伦理道德实践密不可分。"其身正,不令而行;其身不正,虽令不从。""苟正其身矣,于从政乎何有? 不能正其身,如正人何?"③孟子也持同样的态度:"君仁莫不仁,君义莫不义,君正莫不正;一正君而国定矣。"④荀子也说"闻修身,未尝闻为国也。君者,仪也,仪正而景正"。⑤

这样的观念在儒生那里几乎是一以贯之的,宋儒朱熹就说:"天下之事,千变万化,其端无穷,而无一不本于人主之心者,此自然之理也。故人主之心正,则天下之事,无一不出于正。人主之心不正,则天下之事,无一得由于正。"⑥

道德的提倡,固然可以作为一种正面的制约,但它却无法回答君主"不修身"时该如何的问题,因为等级制度本身已经将处于等级顶端的人脱离了任何的实质性的制约,这样,如果面对一个无道的君王,儒家所能采取的办法就很有限。这样,道统的力量下降为一个道德批评的力量,而不具备现实的纠正功能。费孝通说:"封建的传统使他想不到政统可以脱离血统;静态的理想使他厌恶改变社会结构的革命,这是这过渡人物的上半身。因之他

---

① 吕坤著,韦坚译《呻吟语》卷一《谈道》,西宁:青海人民出版社,2002 年版,第 77 页。

② 程树德撰,程俊英、蒋见元点校《论语集释》卷二五《颜渊下》,北京:中华书局,1990 年版,第 864、866 页。

③ 同上,卷二六《子路上》,第 901、911 页。

④ 焦循撰,沈文倬点校《孟子正义》卷一五《离娄章句上》,北京:中华书局,1987 年版,第526 页。

⑤ 王先谦撰,沈啸寰、王星贤点校《荀子集解》卷八《君道》,北京:中华书局,1988 年版,第234 页。

⑥ 朱熹《戊申封事》,曾枣庄、刘琳主编《全宋文》卷五四二九,上海:上海辞书出版社、合肥:安徽教育出版社,2006 年版,第 25 页。

对于政统是看成既成和不变的因素。可是同时他又以道统自负,死守那个王天下的理,也是不能变的。"①

在传统的道统话语体系中,还有一个与之一体而两面的"学统"的提法。学统首先是对儒家自身传承谱系的一个描述。熊锡履在《学统》序例中指出:学统的建立是道统得以尊显的根据,他所列的学统传统谱系是:

1. 孔子上接尧、舜、禹、汤、文、武、周公之统,集列圣之大成,而为万世宗师者也,故序统断自孔子。

2. 孔子道全德备,为斯道正统之主。若颜、曾、思、孟、周、程、朱八子,皆躬行心得,实接真传,乃孔门之大宗子也。故并列正统焉。

3. 正统之外,先贤先儒,有能羽翼经传,表彰绝学者,则吾道之大功臣也,名曰翼统。于圣门,得闵子而下六人;秦汉而后,得董子而下十七人。

4. 圣门群贤,历代诸儒,见于传记,言行可考者,君子论其世,想见其为人,皆得与于斯文者也。名曰附统,于圣门得冉伯牛而下十七人,卜、曾、孟三子之门得公羊高而下六人,秦汉以后得丁宽而下一百五十有五人。其仅存姓氏,无可考者弗录。②

学统的概念虽没有被广泛地讨论,而对于儒家正统性的延展的确认,主要归结于历代对于孔庙从祀人员的确立,但是学统的提出,可以看作是对于道统内部的一个清整。

二、现代新儒家的道统观念

1912 年中华民国建立之后,中国的政治和观念体系发生了根本性的变化,这样儒家的道统观念似乎远离了现实的政治实践。然后民国政治的腐败使人们反思在移植西方政治模式和引入民主、法制观念的时候,应如何对待中国传统的政治观念的问题。在梁漱溟等人试图从"乡土重建"的方式来挽救乡村社会的秩序的时候,后起的新儒家则开始从理论上思考道统观与现代的民主政治之间的关系。

在儒学的独尊性被解构之后,新儒家要面对新的思考背景,首先是来自西方的,它要解决在西方的政治模式和现代化的观念深入人心的时候,儒家还可以从什么角度发挥其作用。其次是来自中国本身的,中国是一个多民族的国家,文化多元,单独提倡儒家势必会引发信仰上的冲突,这也是康有

---

① 费孝通等《皇权与绅权》,上海:观察社,1948 年版,第 30 页。
② 饶宗颐《国史上之正统论》,《饶宗颐二十世纪学术文集》第 6 卷,台北:新文丰出版有限公司,2003 年版,第 505—506 页。

为的孔教会在近代难以在制度框架内运行的一个重要原因。所以钱穆等人的道统观念便有了新的含义。

钱穆先生 1945 年发表于《东方杂志》的《学统与治统》一文在收入 1945 年初版《政学私言》时改名为《道统与治统》,其核心的内容就是强调中国古代的学术独立对于政治权力的制衡作用。他在该文中说,中国古代的学统先由史官所掌握,因为史官所具有的宗教身份而对君主的权威进行制约。而在王官之学流散于民间之后,一方面后世的史官虽然地位几近于"倡优",但秉笔直书的传统依然保留,另一方面与官学相对应的私学一直很发达,这样依然有一个独立的统系。① 钱穆先生在《中国传统政治与儒家思想》一文中,则有稍有变异却更为直截的表达,他说:"古者称天而治,掌天道者在巫史,为君者即凭巫史以为治。儒家之学兴,明天道者归于大儒,为君者乃亦凭儒以为治。孔子曰:'文王既没,道不在兹乎。天之将丧斯文也,后死者不得预于斯文也。天之未丧斯文也。舍我其谁哉!'君权源于天,天道存乎臣。此臣者,即孟子所谓师,亦荀子之所谓大儒。"②

在钱穆先生的意图中,道统和学统在很多时候是重合的,1977 年,他在"中央研究院"做"治统与道统"的演讲时提出,周公之前,中国以礼治国,所以治统与道统合一。而后,治统和道统分途。"'君'代表治统,'师'代表道统,君位治统可以有历代之更易,而师传道统则不随以俱变。"③

钱穆先生应该是反对宋明以后道统说的,他认为儒家从禅宗这里吸收了传承的观念,但禅宗从曹溪以下不再将衣钵传人,反而促成了禅宗的兴旺,而儒家一味强调"单传"会排斥很多思想因素在里面。所以他提倡一种文化大传统,即道统的宽泛的道观。"关于宋、明两代所争持之道统,我们此刻则只可称之为是一种主观的道统,或说是一种一线单传的道统。此种道统是截断众流,甚为孤立的。又是甚为脆弱,极易中断的。我们又可说它是一种易断的道统。此种主观的、单传孤立的、易断的道统观,其实纰缪甚多。若真道统则须从历史文化大传统言,当知此一整个文化大传统即是道统。"④

但是,熊十力一系的新儒家则依然强调道统和儒家观念之间的对应性。熊十力是接受宋明时期的道统观念的:"北宋诸师,崛起而上追孔、孟。精思力践,特立独行。绍心性之传,察理欲之几,严义利之辨,使人皆有以识人道

① 钱穆《政学私言》,台北:台湾商务印书馆,1996 年版,第 123 页。
② 同上。
③ 钱穆《钱宾四先生全集》第 23 卷,台北:联经出版事业公司,1994 年版,第 57—58 页。
④ 钱穆《中国儒学与文化传统》,《钱宾四先生全集》第 25 卷,台北:联经出版事业公司,1998 年版,第 97 页。

之尊崇,与人生职分之所当尽。而更深切了解吾民族自尧、舜以迄孔、孟,数千年文化之美,与道统之重。"①他还接着解释道统其实是一个民族文化的中心思想,是可以不断演进的。

对于熊系的道统观念,余英时先生有一概括:"自熊十力起,新儒家都有一种强烈的道统意识,但是他们重建道统的方式则已与宋明以来的一般取径有所不同。他们不重传道世系,也不讲'传心',而是以对'心性'的理解和体证来判断历史上的儒者是否见得'道体'。在这一点上,他们确与陆、王的风格比较接近。由于新儒家第一代和第二代诸人对于'心'、'性'、'道体'的确切涵义以及三者之间的关系都没有获得一致的结论,他们的道统谱系因此也有或严或宽的不同。但无论严宽,大致都认定孟子以后,道统中断,至北宋始有人重拾坠绪;明末以来,道统又中断了三百年,至新儒家出而再度确立。"②

虽然余英时这么说是为了突出钱穆和熊十力师徒的道统观的差别,但这样的概括也并非完全出于门户之间。因为,唐君毅和牟宗三等人在1958年的《宣言》中,特别强调中国文化的"一本性"。"此一本性乃谓中国文化,在原本上,是一个体系。此一本并不否认其多根。此乃比喻在古代中国,亦有不同之文化地区。但此并不妨碍,中国古代文化之有一脉相承之统绪。殷革夏命而承夏之文化,周革殷命而承殷之文化,即成三代文化之一统相承。此后秦继周,汉继秦,以至唐、宋、元、明、清,中国在政治上,有分有合,但总以大一统为常道。且政治的分合,从未影响到文化学术思想的大归趋,此即所谓道统之相传。"③

不过,现代新儒家的道统观并非是程朱道统说的简单重复,特别是长于思辨的牟宗三先生,的确是试图建立一个不同于宋明时期道统论的新"道统"。牟宗三说:"然自尧舜三代以至孔子乃至孔子后之孟子,此一系相承之道统,就道之自觉内容而言,至孔子实起一创辟之突进,此即其立仁教以辟精神领域是。……此一创辟之突进,与尧舜三代之政规业绩合而观之,则此相承之道即后来所谓'内圣外王之道'(语出《庄子·天下篇》)。此'内圣外王之道'之成立即是孔子对于尧舜三代王者相承之'道之本统'之再建立。内圣一面之彰显自孔子立仁教始。曾子、子思、孟子、《中庸》、《易传》之传承即是本孔子仁教而开展者。……自孔子立仁教后,此一系之发展是其最

---

① 熊十力《读经示要》,《熊十力全集》第三卷,武汉:湖北教育出版社,2001年版,第827—828页。

② 余英时《犹记风吹水上鳞》,台北:三民书局,1971年版,第70页。

③ 唐君毅等《中国文化与世界(为中国文化敬告世界人士宣言)》,汤一介、杜维明主编《百年中国哲学经典·五十年代后卷》,深圳:海天出版社,1998年版,第234—235页。

顺适而又最本质之发展,亦是其最有成而亦最有永久价值之发展,此可曰孔子之传统。"①

但如果说这是牟宗三成熟时期的道统说,或未可知,因为牟宗三也对政治态度的道统说发表过看法,这个看法是针对陆九渊的一段话来的,按陆九渊的意思,儒家的学脉到秦的时候并不算崩塌,真正的中断是在汉代。针对这样的说法,牟宗三说:"儒家继承孔子之称尧舜,当然不会看得起秦汉以下。但何以说学脉至汉而大坏?归根结蒂还是君主专制、家天下之大私一问题。秦不过一时之硬来,其恶显。至汉反不上去,遂落下来而成定局。"②

以牟宗三为代表的新儒家提出道、学、政的问题,其核心还是要解决儒家的精神传统与现代的民主政治的问题。牟宗三说中国几千年的历史中一直以仁教作为道德政治的教化系统,在这个系统之下,道统、政统和学统是统一的。

按牟宗三的看法,中国文化中,学之为学的学统始终没有凸显,"'智'始终停在'直觉形态'中,而未转出'知性形态'",因此,数学、逻辑这些科学的基础并没有建立。而在政治上,人们只注意治理策略,而没有发展出民主政治的形态,所以"民主政治中诸主要概念,如自由、权利、义务等,是何意义?凡此俱必须透彻了解,而后可以信之笃,行之坚,成为政治家式的思想家,或思想家式的政治家"。③ 因此牟宗三的结论是,道统必须继续,学统必须开出,而政统必须认识。

总之现代新儒家的道统观有两个方向,一是试图突破儒家道统的局限,而将文化精神的源头扩大到整个古代文化。二是依然强调儒家传统的核心地位,以内圣开出新外王的转折,来化解儒家与现代民主政治之间的沟壑。这两者之间的一个共同点则是要强调传统的价值在现代社会中的作用,而不是简单地舍弃之。

第五节　三纲、五常、六纪:从信念到生活

对于儒家所影响中国社会的制度形态究竟为何?有许多不同的说法,

---

① 牟宗三《心体与性体》(一),台北:正中书局,1968 年版,第 192—193 页。
② 牟宗三《政道与治道》,《牟宗三先生全集》第 10 卷,台北:联经出版事业公司,2003 年版,第 285 页。
③ 牟宗三《道德理想主义》,《牟宗三先生全集》第 9 卷,台北:联经出版事业公司,2003 年版,第 336、337 页。

陈寅恪认为："吾中国文化之定义，具于《白虎通》三纲六纪之说，其意义为抽象理想最高之境……其所依托以表现者，实为有形之社会制度，而经济制度尤其最要者。"①这就是说有形的社会制度，甚至经济制度都建立在三纲六纪之中，甚至可以这么说，三纲六纪给中国人的社会生活订立了一个基本的规则。

"三纲"之源头很多人都追溯到韩非子的"三顺"，《韩非子·忠孝》说道："臣事君，子事父，妻事夫，三者顺则天下治，三者逆则天下乱，此天下之常道也，明王贤臣而弗易也。"这个说法基本上为后面的儒家所接受，或者可以这么说，在汉代的儒家中，不但综合了黄老和阴阳家的思想，法家作为一种冷静的社会观察家的许多看法，当然也是不容忽视的。

董仲舒在《春秋繁露·基义》中首先提出"三纲"的说法，并将之作为王道的一个表征，"王道之三纲，可求于天"。跟他的其他立论方式一样，他总是用天人和阴阳的观点来说明这个秩序的正当性。"阳兼于阴，阴兼于阳；夫兼于妻，妻兼于夫；父兼于子，子兼于父；君兼于臣，臣兼于君。君臣、夫子、夫妇之义，皆取诸阴阳之道。"所谓兼大约是相得的意思，不过这里有一个顺序的问题，即君、父、夫为阳，臣、子、妻为阴，而阳尊阴卑的原则是上天所赋予的。给一个人之常情赋予天道的高度，是儒学进入汉代之后的一个重要的转变。

六纪则是另外六种人伦关系，即我们通常所说的六亲。当时有一本纬书《礼纬·含文嘉》已经把这三纲六纪的秩序先行表述。"君为臣纲、父为子纲、夫为妻纲"，"敬诸父兄，六纪道行，诸舅有义，族人有序，昆弟有亲，师长有尊，朋友有旧"。

将这样的观念进一步上升至宪法的地位，则是《白虎通》。东汉建初四年（公元 79 年），在白虎观举行了一次折衷当时的各家对于经典理解的歧义的会议，会议的成果便是《白虎通》，但因由皇帝亲自裁断，所以便具有一种至高无上的权威性。从记录的角度来看，讨论的重点主要在制度典章，并不太涉及具体的文字，因此，他具有清正秩序的含义，并由此成为具体法律和规章之依据，因此我们可以说它是汉代的一部宪法。那么三纲六纪之所以能在如此多的讨论中突显，完全是因为许多的关于爵位和礼制的讨论与人们的日常生活无涉，而纲纪则有"整齐人道"之功。

《白虎通》是如此来解释三纲六纪的："三纲法天地人，六纪法六合。君臣法天，取象日月屈信，归功天也。父子法地，取象五行转相生也。夫妇法

① 干春松等编《王国维学术经典集》下，南昌：江西人民出版社，1997 年版，第 497 页。

人,取象人合阴阳,有施化端也。六纪者,为三纲之纪者也。师长,君臣之纪也,以其皆成已也。诸父、兄弟,父子之纪也,以其有亲恩连也。诸舅、朋友,夫妇之纪也,以其皆有同志为己助也。"①这段话意思很明显,就是说三纲是统领,而六纪则是从三纲中演化出来的。

显见之,三纲六纪是对自先秦以来的人伦关系的一次总体性的清理,其根本性的标志有二:其一是将人伦关系神圣化,其二是将原先儒家所强调的关系中的相互性转变为上下等级之下的垂直服从性。

与三纲六纪联系密切的一种说法是三纲五常,五常可能与"五行"有一定的关系,郭店竹简《五行》篇所说的五行是仁、义、礼、智、圣,与同时阴阳家所言之金木水火土之五行有所不同,但是综合起来,五行应该包含有指称人的五种德行的意义。

因此,我们可以理解为什么谶纬家比较愿意用五常来解释六纪的正当性。《白虎通·三纲六纪》说:"人皆怀五常之性,有亲爱之心,是以纲纪为化,若罗网之有纪纲而万目张也。"由此可见,三纲六纪是一种社会规范,而五常则是产生和维护这样的秩序的道德依据。

而纬书中我们也可以看到五常与五气之间的关系:"孔子曰:八卦之序成立,则五气变形,故人生而应八卦之体。得五气,以为五常,仁义礼智信是也。……故道兴于仁,立于礼,理于义,定于信,成于智,五者道德之分,天人之际也。圣人所以通天意,理人伦,而明至道也。"②

与五常相关,人伦的关系有时候也表达为五伦,这种说法在《孟子》书中已经有十分明确的表述,《滕文公上》说:"圣人有忧之,使契为司徒,教以人伦:父子有亲,君臣有义,夫妇有别,长幼有序,朋友有信。"

五伦中,比较值得注意的是朋友和君臣关系的处理,"在五伦中,属于亲族关系的居其三,其余两项虽不是家庭关系,却是以家庭为参照构架而展衍出来的。君臣关系按父(君父)、子(子民)关系构成,而朋友关系则按兄(吾兄)、弟(吾弟)关系构成。……许多非家庭的社会关系以结构和价值方面来看也同样是以家庭系统为范本而构成的,例如师徒关系仿效父子关系而运作,从而形成一种准亲属性的纽带。因此,中国的家庭系统本身就又被视为'中国的社会系统'了"。③

---

① 陈立撰,吴则虞点校《白虎通疏证》卷八《三纲六纪》,北京:中华书局,1994年版,第375页。

② [日]安居香山等编《纬书集成》卷一上,东京:明德出版社,昭和五十六年(1981年)版,第23页。

③ 金耀基《中国社会与文化》,牛津:牛津大学出版社,1993年版,第2—3页。

许多的研究者已经指出,三纲五常六纪已被贯穿到中国的法律体系和民间习俗之中。与前面的讨论相关,三纲五常依然是以家族为核心出发的,但与现代社会的规范相比,它的最关键问题是如何处理非血缘关系的独立的人与人之间的关系。"理想上,吾道一以贯之,五伦应能放诸四海皆准;但实际上,一般人只能在自己有限的生命、生活能力所能及的范围:家族、宗族、邻里、乡党、行郊、同侪、朋友、同窗……等建立起亲属般的自然关系(这种讲究面对面的全人格互动的关系,社会学上称为初级关系),而彼此寻求认同。因此,其认同的我群,大抵以宗族、乡党、行郊为主,这些团体以外的人便是陌生的路人,属于被排斥的他群。客观意义的普遍主义无法一波波推展开来,社会中人深深束缚在乡土社会的宗族、乡党与行郊里,对内道德与对外道德的二元论无法加以超越。这不仅是一个理想与现实、理念(意识)与结构之间的差距问题,它毋宁是蕴含在儒家伦理本身一与多、普遍与特殊的紧张与冲突的问题;即使哲学上来看,一多相融、理一分殊是精巧的文化设计;但在社会学上来看,这种设计正点出其大而化之、过分圆融而未正视一多冲突的局限性。儒家伦理所具有的独特的普遍主义,容易陷在其内蕴的、共存的特殊主义根源里。"①

因此,近代以来,三纲五常被视为是儒家思想中最为束缚人的观念,特别是谭嗣同和吴虞均对儒家的纲常伦理提出了尖锐的批判,认为这是中国愚昧落后和专制政治的源头。而倾向于保守的人士则逐渐开始从新的角度理解三纲五常,比如柳诒徵和贺麟,而尤其以贺麟的《五伦观念的新检讨》值得关注。

贺麟说不能站在非历史主义和功利主义的立场简单地把五伦看成是吃人的礼教,而应重新看待五伦的真正意义。他认为第一,五伦说的是五种人与人之间的关系。它比较侧重于道德价值,而不甚重视科学、艺术和宗教的价值。第二,五伦意味着五种人生正常永久的关系。以五伦为中心的礼教,认为这些关系是无所逃于天地之间,脱离家庭、社会、国家的生活。第三,从实践的方面看,五伦说强调差等,认为这些差等是普遍的心理事实。贺麟先生认为,差等强调的是外推。但必须有两种观念来补充,即不要只关注血缘,也要关注精神层面的爱。同时,要强调普遍的爱。第四,五伦说的基础是三纲。因为人与人之间的差异,所以五伦处于一种不确定的状态,必然会发展出三纲作为一个稳定的秩序,并转化为绝对的义务。

---

① 林端《儒家伦理与法律文化:社会学观点的探索》,北京:中国政法大学出版社,2002年版,第98—99页。

　　贺麟说三纲的确因为僵化和权威性束缚个性,妨碍进步,我们要破除僵化的躯壳而加以新的解释和发挥。他说:"最奇怪的是,而且使我自己都感到惊异的,就是我在这中国特有的最陈腐、最为世所诟病的旧礼教核心三纲说中,发现了与西洋正宗的高深的伦理思想和与西洋向前进展向外扩充的近代精神相符合的地方。"①这个相同的地方就是"道德本身就是目的不是手段"。

　　对这些伦理原则的解释一直在进行着,刘述先先生曾代表东亚参与《世界伦理宣言》的起草等工作,虽然这个宣言最后未获通过,但是它体现了人类追求多元共存的愿望,宣言对于己所不欲勿施于人的原则有四个解释性的说明,即对于非暴力的文化与尊敬生命的承诺;对于团结的文化与公正经济秩序的承诺;对于宽容的文化与真实的生活的承诺;对于平等权利与男女之间的伙伴关系的承诺。刘述先认为儒家"五常"的基本精神与此原则有很多相符合的地方,比如,对于"仁",儒家一直强调其对于生命的尊重,提倡仁民爱物。而对于合理经济秩序的追求,是义利之辨的现代含义。缺乏诚信的世界需要"信",而"礼"就是要确立新的平等原则和男女平等的精神,"智"则可以理解为对于这些原则的"体知"和"体认"。②

---

① 张学智编《贺麟选集》,长春:吉林人民出版社,2005 年版,第 148 页。
② 刘述先《从当代新儒家观点看世界伦理》,《儒家思想意涵之现代阐释论集》,台北:"中央研究院"中国文哲研究所筹备处,2000 年版。

第七章　儒家的宗教性

儒家是否是宗教和重建儒教的话题在很长一段时间内引发了人们的兴趣。讨论儒家的宗教性,传统的关注点在于儒家的信仰体系和儒家学派的"教派"特征。而现在有许多新的角度值得注意,比如近代以来到现在一直有人主张将儒教(孔教)立为国教的主张和现代新儒家对宗教性的新的发挥。这其中有两个层次的问题。一是学理上的,因为对于宗教的定义和组织架构的不同界定所引发的海内外学者对于这个问题的争论。二是社会功能上的,自从康有为尝试建立孔教会之后,儒学在现代社会的存在方式和可能发挥作用的领域等问题一直是儒学发展的一个大问题。并由此引发出新的思路,是建立一个类似于佛道那样的现在体制内的宗教,还是吸收公民宗教的理路来设计儒家的未来,这引发了人们更多的思考。

第一节　儒教与中国宗教的特色

我们现在讨论宗教,首先面临的就是"定义"。我们所讨论的宗教是对应于 religion 的那个概念。这个概念其拉丁文 religare 的原意是指对神的敬畏和景仰,礼敬神的礼仪、神圣性、圣地、圣物。尽管有这样的字源学的意义,但是西方的宗教学家和思想家对于宗教的理解也多种多样。

有的定义以信仰的对象作为宗教的特征,比如有一个绝对的超越的对象存在,这种超越作为一切意义的根源;或比如有一个救世者的存在,帮助摆脱人间的苦痛,等等。也有一些定义从人本身出发,或是认为宗教是人的一种与神沟通的体验,或是一种追求无限的"终极关怀"。如果从社会组织和功能的角度,会强调宗教的组织和仪式,以及宗教对于道德和价值的作用。总之吕大吉先生的一个概括似乎是综合了各种意见,认为宗教由内在因素和外在因素两方面组成。"宗教的内在因素有两部分：1. 宗教的观念或思想；2. 宗教的感情或体验。宗教的外在因素也有两部分：1. 宗教行为或活动；2. 宗教的组织和制度。"①

但这样的总结和前面所说的单一方面的定义应该是无法互相替代的，因为，事实上一个宗教被称为宗教，并不一定需要满足所有的条件。而且宗教本身的含义也必然会随着时代的发展而变化。

一、儒家是否宗教的是是非非

儒家是否是一个宗教是一个国际性的话题。虽然许多百科全书将儒家列入世界主要宗教之一，但这并不意味着大家对于这样的说法没有异议。鲁尼·泰勒在他的《儒家的宗教向度》一书的开头就描述了他在参加美国宗教协会的会议时被问及"在儒家的文献中是否有一个可以直接被翻译成宗教的词"，并说"儒家是否是宗教成了一个新的问题"。②

但在中国关于儒家是否是一个宗教的讨论，或许还会受一些意识形态的影响，在长期将宗教视为"鸦片"的观念之下，判定一个学说是否是宗教，有时候还会涉及一些褒贬的功能。这个问题我们暂且放下。

在 1949 年之后，中国学术界首先倡导儒家是一种宗教的学者是任继愈先生，早在 1980 年，他便撰文指出："从汉武帝独尊儒术起，儒家已具有宗教雏形。但是，宗教的某些特征，尚有待于完善。经历了隋唐佛教、道教的不断交融，互相影响，又加上封建帝王有意识地推动，三教合一的条件已经成熟，以儒家封建伦理为中心，吸取了佛教、道教一些宗教修行方法。宋明理学的建立，标志着中国儒教的完成，它信奉的是'天地君亲师'，把封建宗法制度与出世的宗教世界观有机地结合起来。其中君亲是中国封建宗法的核心，天是君权神授的神学依据，地作为天的陪衬，师是天地君亲立言的神职人员，拥有最高的解释权。"③当时任继愈先生的观点是把宋明理学看作是儒家宗教化的完成，并认为这个过程是属于"落后宗教内容"。他说："宋明理学体系的建立，也就是中国的儒学造神运动的完成，它中间经过了漫长的过程。儒教的教主是孔子，其教义和崇奉的对象为'天地君亲师'，其经典为儒家六经，教派及传法世系即儒家的道统论，有所谓十六字真传。儒教虽然缺少一般宗教的外在特征，却具有宗教的一切本质属性。僧侣主义、禁欲主

---

① 吕大吉《宗教学通论新编》，北京：中国社会科学出版社，1998 年版，第 76 页。

② Rodney L. Taylor. *The Religious Dimensions of Confucianism*, New York：State University of New York Press, 1990.

③ 任继愈《儒家与儒教》，《中国哲学》第三辑，北京：生活·读书·新知三联书店，1980 年版。

义、'原罪'观念、蒙昧主义、偶像崇拜,注重心内反省的宗教修养方法,敌视科学、轻视生产,这些中世纪经院哲学所具备的落后宗教内容,儒教应有尽有。"①这样的思想形态当然最好是早日消亡。"宋明以后的儒教,提倡忠君孝亲、尊孔读经、复古守旧,都是文化遗产中的糟粕,是民族的精神赘疣。……总之,历史事实已经告诉人们,儒教带给我们的是灾难、是桎梏、是毒瘤,而不是什么优良传统。它是封建宗法主义的精神支柱,它是使中国人民长期愚昧落后、思想僵化的总根源。有了儒教的地位,就没有现代化的地位。为了中华民族的生存,就要让儒教早日消亡。"②

尽管有冯友兰先生等许多学者的质疑甚至反对,但几十年来任继愈先生并没有改变儒家是宗教的看法。只是对于儒教的功能的看法有了根本性变化。比如 2005 年在给他的学生和儒教论的追随者李申的《中国儒教论》所写的序中,他说儒教的核心信仰是敬天法祖,这个信仰转化为忠和孝两个支柱,对社会起到稳定平衡的作用,形成了团结人民、融合民族的纽带。③

李申先生对任继愈先生的基本观点做了继承和扬弃。他连续出版了《中国儒教史》和《中国儒教论》等著作,从历史和理论各个角度来阐述他的立场。他认为儒教拥有世界别的宗教一样的神统和完备的组织体系。他说儒教存在着自己的神谱,从秦汉的五帝、太一神到后来确定的昊天上帝,虽然名称有异,但实质是拥有自己的至上神,并有山川和英雄人物等地上和人间的神灵系统与之配合。祭祀活动则是儒教的重要仪式。

儒教还有自己的"此岸组织",这包括在官吏系统里的祭祀官员,从皇帝到各级地方行政机构的政府官员因为每年也要负担相应的祭祀活动,也被称为儒教的神职人员。儒生则被列入教士系统,圣人是沟通人和神的中介。④

李申的《中国儒教史》出版之后,引发了一个不小规模的关于儒家宗教性的讨论,且双方观点极为对立。赞成者认为此书堪称中国宗教研究的里程碑式的作品,而反对者则从文献考证和研究方法等方面指责这书在学术上的纰漏,甚至认为此书所持的唯科学主义的立场,会导致丁传统义化价值的否定。⑤

另外一种比较有影响的看法是将儒教看成是中国的国教。何光沪认为,国教是由统治阶级或执政当局定为国家的全民性信仰的宗教,它是一定

---

① 任继愈《论儒教的形成》,《中国社会科学》1980 年第 1 期,第 66—70 页。
② 同上,第 74 页。
③ 李申《中国儒教论》,郑州:河南人民出版社,2005 年版。
④ 李申《中国儒教论》第一章、第二章,郑州:河南人民出版社,2005 年版。
⑤ 参看韩星《儒教问题——争鸣与反思》,西安:陕西人民出版社,2004 年版,第 96—113 页。

社会中占统治地位的官方意识形态,是维护统治秩序的最重要的精神支柱。在这样的前提下,他认为中国文明早期的祭天祭祖活动,都担负着国教的职能。而儒家因为是这些思想的继承者,"再加上一套作为自身特征的仁义孝悌伦理说教,所以特别适合于上借神权,下靠父权,骨子里集权专制,外表上仁义道德的统治者的需要。它在汉武帝以后演变为专制国家的实质上的国教,实在是顺理成章的事情"。①

另有谢谦也主张国教说。他说:"郊庙制度是国家祭祀,不仅是一种宗教现象,同时也是一种政治制度。例如,只有天子才有祭天的特权,臣民只能祭祀自家的祖宗。中国传统的'上帝'似乎只是帝王家的保护神,这也许就是中西方'上帝'的最大区别。人间帝王才是独一无二的'天子',并非人人都是上帝的'选民',所以在一般百姓的心目中,这个上帝是非常遥远的。中国人上帝观念的淡薄,而忠君观念的浓厚,也许可以从这里得到解释。事实上,在古代中国人的心目中,帝王绝非凡人,而是'天子',而是人神,尤其是那些打天下的开国皇帝,更是神圣。古代帝王感生的神话,就是这种宗教观念的产物。"②

张荣明在 2001 年出版了《中国的国教:从上古到东汉》,借用罗伯特·贝拉的公民宗教的理论,对国教说做了进一步的理论清理。他把宗教分为两类:国家宗教和民间宗教,原初国家宗教和民间宗教是合一的,这样信仰和道德、政治和宗教活动、宗教领袖和世俗领导是合一的,这是典型意义上的一体化宗教,这接近于一般意义上的"国教"(state religion);而随着社会的发展,国家宗教和民间宗教分途,民间宗教有自己的教团组织和信仰体系,而国家宗教则演化为对"仅仅具有政治属性、为政治服务的宗教的规定和命名",③而国教组织就是国家的行政组织。所以张荣明所说的国教更接近于"公民宗教"(civil religion)。

但是我们可以看到,张荣明等人在讨论"国教"问题的时候,或许模糊了"儒教"和"国教",也就是说我们并不能从他们的书中得出他们所谓的"国教"就是儒教,但是他们却又支持李申的"儒教"说,这里便会出现这样的问题:儒教和中国原始的宗教传统的关系问题。李零认为存在着一些学者把许多本来不属于儒家的内容往儒家"归拢"的倾向。他在分析秦汉宗教的时候说:"秦皇汉武的整齐宗教,其特点是衔接古今,协同上下,调和东西,折衷

---

① 何光沪《论中国历史上的政教合一》,任继愈主编《儒教问题争论集》,北京:宗教文化出版社,2000 年版,第 187 页。
② 谢谦《儒教:中国历代王朝的国家宗教》,《传统文化与现代化》1996 年第 5 期,第 7—8 页。
③ 张荣明《中国的国教:从上古到东汉》,北京:中国社会科学出版社,2001 年版,第 9 页。

南北。如他们对各地原有的宗教(如西方的雍四畤和东方的八神)和民间的宗教(如各地的巫祠)都是采取兼收并蓄,分级设等,由太祝设祠官领之;郊祀与封禅也是东西并行,甚至对北方匈奴地区和南方两粤地区的宗教也加以利用。他们强调的是政治上的一元化和宗教上的多元化,这种格局的奠定对后世影响很大。现在研究中国古代文化,有人老是喜欢把各种东西全都塞进'儒家'的概念里,甚至把中国人以政治控制宗教也完全归功于儒家理性主义的价值取向,这并不正确。它不但没有考虑秦汉之际的制度创设其实多是出自秦皇汉武这类政治家的蛮干胡来(他们都很迷信),而且就连对儒家的印象很多也是相当晚起和笼统。"①

所以,更为严谨的一些学者试图对儒家与传统宗教进行必要的区分。比如牟钟鉴等学者认为中国传统的宗教是一种"宗法性的宗教"。这种宗教以天神崇拜和祖先崇拜为核心,以社稷、日月、山川等自然崇拜为羽翼,以其他多种鬼神崇拜为补充,形成相对稳固的郊社制度、宗庙制度以及其他祭祀制度,成为中国宗法等级社会礼俗的重要组成部分,是维系社会秩序和家族体系的精神力量,是慰藉中国人心灵的精神源泉。他概括了这种宗教的主要特征,与国教派对儒教内容的描述基本接近。

"第一,传统宗教的神灵杂多而又有主动脉体系,大致可以归结为天神、地祇、人鬼、物灵四大类。天神以昊天上帝为最高神,其次有五帝五神,再次有日月星辰、风雨雷电、司命司中司民司禄等,共同组成天界。地祇有后土、社稷、山川、岳镇、海渎、江河、城隍等,共同组成地界。人鬼有圣王、先祖、先师、历代帝王贤士等。物灵有旗纛、司炉、司灶、四灵等。这四大类又以祭天、祭祖、祭灶为轴心,形成一套由高到低的完备的郊天、宗庙、社稷的典制。……第二,传统的宗教神权与君权、族权、父权紧密结合在一起,成为社会政治生活、家族生活和精神生活的有机组成部分。……第三,传统宗教与传统礼俗融为一体。由于古人多从礼教的角度处理宗教祭祀,因此特重祭坛建制、仪规仪注,比较忽视宗教信仰与宗教理论的建设和深化,满足于关于天命鬼神的一般性观念。这样,宗教性常被世俗礼教的形式所淹没。……第四,宗法性传统宗教同儒家的礼学关系密切,或者说儒家的天命鬼神思想和关于吉礼凶礼的论述正是传统宗教的神学理论,因此两者有所交叉。但是儒学毕竟是理论形态的学术文化,而传统宗教是以祭祀活动为中心的实体化和实践化了的社会事物;儒学以理性为基础,追求成圣成贤、安世济民,传统宗教以信仰为基础,期望神鬼的护佑,两者不可混为一谈。儒学中有宗

---

① 李零《秦汉礼仪中的宗教》,《中国方术续考》,北京:东方出版社,2000年版,第185页。

教的成分,有些儒者热衷于宗教祭祀,但敬鬼神而远之者居多,并且只是看重宗教的德性教化功能,并不真信鬼神,宗教祭祀并非儒学题中应有之义。儒家主流派的兴趣仍在现实人生与社会伦理上面。由于得不到儒家学者强有力的支持又受到中国传统文化重现实轻彼岸的影响,宗法性传统宗教的理论便发达不起来,未能形成博大严整的神学体系。第五,宗法性传统宗教过分地依赖于国家政权的各阶层的族权,自身在组织上没有任何的独立性,也没有教徒与非教徒的界限。……第六,宗法性传统宗教的作用具有两重性。"①

二、神道设教:儒家的宗教性

古代的儒家并不愿意接受我们现代意义上为大家所熟知的宗教来定义他们。他们接受了"教"的称呼,但他们认为这个"教"主要是"教化"。古代的儒家认为,存在着两种教化的原则,儒家是继承和改造古代圣王的社会教化原理,鼓励人们向善和诚实,尊敬他们的祖先和孝顺父母。而另一种,则是用信仰和奇迹、神奇的力量等来教化民众。

儒家之成立就是对于周代礼仪制度的继承与改造,在中国早期的历史中,宗教活动乃为政治的一大组成部分,正如《左传》所谓"国之大事,在祀与戎",但是儒家不断地用道德取代神灵来作为政治合法性和社会秩序的神圣性依据。这样,即使从原始宗教那里遗存下来的宗教性因素也被主要转化为"教化"的可以利用的手段。无论是祭祖、敬天、法地,其核心在于教化。"夫祭之为物大矣,其兴物备矣。顺以备者也,其教之本与?是故,君子之教也,外则教之以尊其君长,内则教之以孝于其亲。是故,明君在上,则诸臣服从;崇祀宗庙社稷,则子孙顺孝。尽其道,端其义,而教生也。……是故君子之教也,必由其本。顺之至也,祭其是与?故曰:'祭者,教之本也已。'"②荀子更为明确的说,祭祀对于君子来说,就是一些教化的仪式活动,而对于普通的百姓来说,则可能会被理解成与鬼神的沟通。"祭者,志意思慕之情也,忠信爱敬之至矣,礼节文貌之盛矣,苟非圣人,莫之能知也。圣人明知之,士君子安行之,官人以为守,百姓以成俗。其在君子,以为人道也;其在百姓,以为鬼事也。"③

---

① 牟钟鉴《中国宗法性传统宗教试探》,《世界宗教研究》1990 年第 1 期。
② 孙希旦撰,沈啸寰、王星贤点校《礼记集解》卷四七《祭统》,北京:中华书局,1989 年版,第 1243 页。
③ 王先谦撰,沈啸寰、王星贤点校《荀子集解》卷一三《礼论》,北京:中华书局,1988 年版,第 376 页。

孔子不谈论怪力乱神,主张用内心的敬意来主导各种仪式活动,这样的观念也成为儒家的基本立场,"夏道尊命,事鬼敬神而远之,近人而忠焉……其民之敝,蠢而愚、乔而野、朴而不文。殷人尊神,率民以事神,先鬼而后礼,先罚而后赏,尊而不亲。其民之敝,荡而不静,胜而无耻。周人尊礼尚施,事鬼敬神而远之,近人而忠焉。其赏罚用爵列,亲而不尊。其民之敝,利而巧,文而不惭,贼而蔽"。① 儒家认为周代事鬼敬神而远之的方式是最有利于社会教化的。

这样,儒家并没有独立出一个专门的群体来进行宗教性的活动,而是将这些活动和政治活动进行有效的融合。因此,尽管后世祭祀仪式代有变更,但政治机构代行宗教之职能一直未变,比如在祭祀系统中,唯天子可以祭天、祭地,并举行(帝)祭。这样就使天子担当天人之间的唯一的沟通者的角色。而各级的政治机构则有专属的祭祀内容,这些祭祀活动既是宗教活动,同时也可以看成是政治活动。

在儒家所主张和参与的祭祀活动中,主要是祭祀天地和祖先这两项。《说文解字》对于宗教含义的解释正好是对应祖先崇拜这个主题。"宗,尊祖庙也。""教,上所施,下所效也。"在很多情况下,祭祀祖先和祭祀天地是同时进行的。《孝经》说:"孝莫大于严父,严父莫大于配天,周公其人也。昔者周公郊祀后稷以配天;宗祀文王于明堂,以配上帝。是以四海之内,各以其职来祭。"

但是中国的祭天和祭祖仪式,其所着眼的始终是现实的秩序,而不是像西方宗教那样设定一个超越现实世界的"绝对"。因此,"天"的世界是与人的世界存在着交感关系的,人类的活动可以影响到自然的和上天的意志,而帝王充当着这种意志的传达者和体现者,马克斯·韦伯说:"非人格的天威,并不向人类'说话'。它是透过地上的统治方式、自然与习俗的稳固秩序——也是宇宙秩序的一部分——以及所有发生于人身上的事故(世界各地皆然),来启示人类的。臣民的幸福正显示出上天的满意与秩序的正常运转。相反地,一切坏的事情都是天意的天地和谐受到神秘力量之干扰的征兆。这种乐天的宇宙和谐观对中国人而言是根本的,也是从原始的鬼神信仰逐渐蜕变而来的。"② 同样,对于每一个家庭而言,祖先的神灵也充当着将子孙的愿望传达到天帝的中介者的角色,中国人甚至相信祭品对于天地崇

① 孙希旦撰,沈啸寰、王星贤点校《礼记集解》卷五一《表记》,北京:中华书局,1989 年版,第1309—1310 页。

② [德]马克斯·韦伯著,洪天富译《儒教与道教》,南京:江苏人民出版社,1993 年版,第35—36 页。

拜和祖先崇拜是非常必要的,因为这祭品的丰富与否会影响到祖先或其他神灵的好恶和心情。这样的观念的现实指向是十分明显的,因为祖先崇拜使家族有了确定无疑的核心,同样对于国家来说,皇帝便是天地之间的核心。而国家认同和家族认同便是在这样的基础上被建立起来的。

中国宗教的政治伦理特性决定了它的现世性,"中国的宗教,不管它是巫术性的或祭典性的,就其意义而言是面向今世的。中国宗教的这一特点较诸其他宗教都要更为强烈和更具原则性。除了本来的崇拜伟神巨灵的国家祭典之外,各种的祭礼尤其受到推崇。在这些祭祀里,祈求长寿扮演了主要的角色。很可能中国所有原来的'神的'观念,其最初的意义源于这样的信仰:十全十美的人能够逃脱死亡并且永生于一个幸福的王国。无论如何,一般而言,正统的儒教中国人(而不是佛教徒),是为了他在此岸的命运——为了长寿、子嗣与财富,以及在很小的程度上为了祖先的幸福——而祭祀,全然不是为了他在'彼岸'的命运"。①

这样,儒家虽然发展出一套内省和自制的行为规范,但这不是忏悔。儒家有不朽的追求,但立足于"立功、立德、立言"这样的世俗的事业上的成功,而不会把目标放在等待上帝的拯救上。儒家确信人的本性是倾向于从善和热心公益的,只有那些对于社会和谐的破坏者才会被看作是"罪过"。而个人和建立在个人基础上的灵魂则被看轻。

中国官方的国家祭典,就像其他地方一样,只服务于公共利益;而祭祖则是为了氏族的利益。二者都与个人的利益无关。自然的巨灵日益被非人格化,对它们的祭祀被简化为官方仪式,而此种仪式逐渐被排空了所有感情要素,最后变成了纯粹的社会习俗。这是有教养的知识分子阶层所完成的工作,他们完全漠视大众的典型的宗教需求。高傲地弃绝来世、弃绝此世中个人的宗教性救济保证,只有在高贵的知识分子阶层内部才能做到。知识分子的这种态度,即使能通过古典的教义——此乃惟一的课程——强加给非官员,但是它不可能填补仪式缺乏情感要素这一空白。②

在英语世界影响巨大的中国宗教研究者是杨庆堃,他也主张儒家是一种有宗教性的思想体系,而宗教观念不但作为实现儒家原则与价值的工具,它们也许还能调和现实世界与理想儒家世界之间的矛盾之处。③

----

① [德]马克斯·韦伯著,洪天富译《儒教与道教》,南京:江苏人民出版社,1993年版,第169—170页。
② 同上,第199—200页。
③ [美]杨庆堃《儒家思想与中国宗教之间的功能关系》,杨联陞等《中国思想与制度论集》,台北:联经出版事业公司,1976年版,第334—335页。

杨庆堃的《中国社会中的宗教》一直被视为是研究中国宗教的里程碑式的作品。特别是他引用沃奇(Joachim Wach)的《宗教社会学》中对两种类型的宗教组织,即"自然团体"(natural groups)和"特殊的宗教"(specifically religious)的区分,并据此来解析中国宗教的做法,受到很大的关注。他说,宗教大致可以界分为两种形态:一种是制度性的宗教(institutional religion),另外一种则是分散性的宗教(diffused religion)(这个概念的翻译有很多,比方说李亦园翻译成"普化宗教",王铭铭将之翻译成"弥散性宗教"等)。

所谓"制度性宗教"意为有独立的关于世界和人类事务的神学观或宇宙解释系统的神学或宇宙解释系统;有独立的象征和崇拜祭祀系统,并由一些人组成独立组织,使神学观点通俗简明并重视祭祀活动的进行。从结构角度而言,制度性宗教的一个最大特点是其自身可独立于世俗的社会体系之外,从而在某种程度上与之相分离。"分散性宗教"则被理解为拥有神学理论、崇拜对象及信仰者,但是紧密地渗透进一种或多种的世俗制度中,从而成为世俗制度的观念、仪式和结构的一部分。简明地说,"制度性宗教"独立于世俗制度系统而独立发挥作用,"分散性宗教"则只能作为世俗社会制度的一部分发挥其功能。与之相关的是,制度性宗教在基层社会组织中的渗透力及示范意义比较有限;而分散性宗教则缺乏相对的独立性,但是它也许作为一种世俗制度和总体社会秩序的支撑力量起着很重要的作用。

杨庆堃概括出儒家宗教性的两个面向:

(1)儒家思想的神学面向:儒学的理性化一直被人强调,特别是"子不语怪力乱神"等语句的反复引证和儒学的现世性的特性等,这样儒学本身的"神学"特性被忽视。杨庆堃认为"通过在其学说背景中保留超自然因素,孔子思想的现世化倾向为宗教神学思想的发展留出了充足的空间"。[①] 杨庆堃先生在书中举证的儒家的神学系统包括:信仰天命、易经和阴阳五行、祭祀和祖先崇拜等。"对超自然之天和命运的信仰对于儒家学说发展成为一种普世的道德准则具有特殊意义,帮助信徒提升其道德境界……从积极方面看,天命信仰唤醒了道德的力量,而从消极方面看,在这一信念的支撑下,世世代代的人们都对儒家学说的正确性坚信不移。"这样"儒学才得以巩固其作为国家正统的地位,在传统社会中推行其社会、道德价值"。[②]

(2)宗教生活的去中心化模式:如何看待中国宗教的特征有一个是否

---

① [美]杨庆堃著,范丽珠等译《中国社会中的宗教》,上海:上海人民出版社,2007年版,第228页。

② 同上,第235—236页。

以西方宗教的范型来看待别的宗教的问题。这个问题从某种意味上说，具有文化中心主义和文化多元主义的冲突。所以，当韦伯认为中国缺乏一种超越性和世俗性的紧张因此不能发展出资本主义精神的时候，现代新儒家的反应是很强烈的，牟宗三和唐君毅等在发表新儒家的宣言书的时候，一是要说明中国的宗教是与道德伦理和政治生活密不可分，另一方面着力证明的便是儒家具有的"内在超越"性。

宣言发表于1958年，杨庆堃先生此书出版于1961年，我们无法知道他写作的时候是否受到那篇宣言的影响。但从杨的著作中我们可以看到，他认为中国的宗教始终在中国社会生活中处于边缘化，佛道只是作为道德生活和政治生活的一个补充，并无法对政治和道德起决定性意义。而儒家更是直接切入政治和伦理生活，这就形成了"宗教生活的去中心化模式"。在这种模式中，"宗教通过弥散性形式服务于世俗社会制度，来强化其组织。宗教普遍地渗透于世俗社会制度中，从传统社会的制度结构得到支持，而其特有的神学、神明、信仰、仪式无一不对民众的生活产生了系统性的影响。所以，宗教在现实生活中的活动基本上是围绕着世俗制度来进行的。作为社会风俗的一部分，宗教通过展示功能形成了四处渗透弥漫的影响力，好像也不需要拥有强大而独立的结构"。①

第二节　儒家与佛教、道教和基督教

儒家思想本身具有很强的包容性，而且我们也不能简单将儒家和佛教、基督教、道教之间的关系理解成不同宗教之间的关系。在儒家独尊的环境之下，佛教和道教均在凸显自己的特性的前提下，不断调整其教义与儒家观念之间的关系。而儒家也不断吸收佛教和道教中关于身心的理论而发展、前进，因此一般认为儒释道之间的冲突和融合是中国文化的一大特征。

一、儒释道三教的冲突与融合

一般我们经常会使用儒释道"三教"这样的称呼，当然，我们了解，这样的称呼并不意味着古人是在"宗教"的意味下提出的。这里的"教"主要应该是从社会教化的功能上看的。或许可以这么说，在"religion"这个词被翻

---

① ［美］杨庆堃著，范丽珠等译《中国社会中的宗教》，上海：上海人民出版社，2007年版，第307页。

译成"宗教"之前,我们并不一定存在这样的"定向"(dimension)去思考这个问题。

我们可以这样说,即使我们以现代意义上的"宗教"的态度来对待它们之间的关系,儒家的自我定位与佛道也是有着确定的差异,即"内"和"外":世俗和方外。"儒家与他的两个主要的竞争教派之间的差别在于它从来没有形成一个职业化的教士集团。比如佛教的僧尼和道教的道士。儒家的祭祀活动主要由学者和士大夫担任,他们之这样做是因为他们的社会身份,而不是因为宗教和职业的原因。"①Shryock, John K 因为必须经过良好的教育才能跻身于儒家集团,所以当佛教和道教在利用神神鬼鬼的因素推行他们的教化的时候,儒家依然是理性的,甚至是非常克制的。

马克斯·韦伯通过对道教的研究,发现儒家与别的宗教之间并不存在真正的平等,这或许是有道理的,因为在中国社会大多数的时候,社会精英阶层的首要选择是儒家。在儒家占据了主要的符号价值之后,宗教被认为是必要的补充。"尽管容许道教存在,但就我们从历史文献中所知,从没有出现过强而有力的道士阶层。尤其是各种独立自主的宗教力量并没有发展出自己的拯救学说、自己的伦理与教育。因此。官僚阶层的过分强调智慧的理性主义……得以自由地充分发展。而理性主义,无论是在中国还是在其他国家,从内心深处就蔑视宗教。在中国,这种理性主义不需要宗教作为驯服民众的工具,但是为了那些驯服的目的,它也允许职业的宗教人士保持一定的官方作用,换言之,为了使民众驯服,宗教的作用是绝对必要的,即使是对于受传统束缚而势力强大的地方氏族,宗教的作用也是根除不了的。"②

说到底,儒家在汉代确立起独尊的地位之后,它的地位并没有受到真正的威胁。在儒释道三教之中,佛教的情况比较特殊。它虽拥有最完备的信仰体系和组织体系,但是,作为一种外来的宗教,它有一些先天的"不足"。

首先,其基本教义与儒家有很大的冲突。《牟子理惑论》最早揭示了儒家与佛教之间的冲突,其最主要是违背孝道,出家人不行嫁娶,所以便没有后嗣;剃度则有违"身体发肤,受之父母,不敢毁伤"之古训。还有出家人不行跪拜,也违背了中国的礼仪,这些问题由慧远做了理论上的回答,其核心一方面要强调佛教教义和习俗的独特性,另一方面则要弥合两者之间的冲突。

后来儒家攻击佛教的人很多,著名的如韩愈等,但佛教的修养论、思辨

① Shryock, John K. *The Origin and Development of the State Cult of Confucius*, New York: Paragon Book Reprint Corp, 1966, p224.

② [德] 马克斯·韦伯著,洪天富译《儒教与道教》,南京:江苏人民出版社,1993 年版,第168 页。

方式等开始逐渐为儒家所吸收,所以儒家虽一直强调儒佛之间的差异,但客观上,融合的成分要更大一些。

其次,佛教的表达方式比较艰深,因此初期的传教活动很多人并不能了解,所以佛教只好采用"格义"的方式来解释佛理。所谓"格义"就是用中国固有的概念来解释佛教义理,而魏晋时期,正值玄风大畅之际,因此,所借用的主要是道家的词汇,如"无"等。因此,佛教与道家之关系复杂。

而与佛教传入差不多时形成的道教,其自身的理论形态一直不甚明晰,或许我们可以这样看,道教建立其自身的"神学体系"的能力相对缺乏。道教是综合了本土的民间宗教、传统方术和道家的一些理论因素杂糅而成,初期以宣扬成仙为最高目标。道教一方面大量吸收佛教的理论,但为了争夺信徒和统治阶层的信徒,道教在理论上攻击佛教的手段便是"文化民族主义",借用夷夏之辨等方式来攻击佛教,在魏晋隋唐时期,这是道教排斥佛教的主要武器。唐太宗也有儒道是主、佛教是客的说法。

佛教在中国的发展道路坎坷,最悲惨的事件是遭遇了两次大的"法难",即佛教的庙宇受到破坏,僧尼被要求还俗。但凭借其信仰的力量和不断的中国化的过程,佛教逐渐变成中国信仰的重要组成部分。而道教在伦理信条上依傍儒家,在心性理论上吸收佛教的特性也一直延续。这样儒释道之间的主流由冲突转变为和平相处并且互相融合。

唐宋之后,逐步发展的"三教论"便开始流行。所谓"三教论",其意义就是儒释道三教并行不悖,各自有其不可替代的社会功能。

一般认为三教的观念起于唐宋帝王的提倡。唐代因其李姓君主,所以崇道,但其中的许多皇帝又崇佛,所以虽有孔、老、佛谁居主位的争议,但都认为三教同归于善,不可或缺。

宋代皇帝也多延续此意,更有南宋孝宗著《原道论》来阐述佛道与儒家之共同之处。"释氏专穷性命,弃外形骸,不著名相,而于世事自不相关,又何与礼乐仁义哉? 然尚立戒,曰:不杀、不淫、不盗、不饮酒、不妄语。夫不杀仁也,不淫礼也,不盗义也,不饮酒智也,不妄语信也。如此,与仲尼夫何远乎?"他接着说:"扬雄谓老氏捐仁义、灭礼乐,今迹老子之书,其所宝者三,曰慈、曰俭、曰不敢为天下先。孔门曰温良恭俭让,又曰唯仁为大。老子之所谓慈,岂非仁之大者邪? 曰不敢为天下先,岂非逊之大者邪? 至其会道,则互相偏举,所贵者清静宁一,而于孔圣果相背弛乎?"①并提出"以佛治

① 释晓莹撰,夏广兴整理《云卧纪谈》卷下,《全宋笔记》第 44 册,郑州:大象出版社,2019 年版,第 350、351 页。

心、以老治身、以儒治世"而相得益彰的看法。元明的帝王也承续这样的看法，朱元璋也专门写《三教论》阐发儒家虽是万世常纲，但需要佛道二教来"暗助"。

宋明儒者虽然出入佛老，吸收它们在性与天道方面的思维成果，但朱熹等人还是要与佛教划清界限。比如在朱陆之争的时候，道学群体对陆九渊最猛烈的攻击就是"近禅"。对此，王阳明和王门后学可能是比较特别的。比如王阳明"四句教"中首句即为"无善无恶心之体"，并多次说到心体无滞的思想并非佛道之专利，特别是在回答别人所问，佛道思想也有利于身心修养，是否要"兼取"的问题时，王阳明回答说："说兼取便不是，圣人尽性至命，何物不具？何待兼取？二氏之用皆我之用，即吾尽性至命中完养此身谓之仙，即吾尽性至命中不染世累谓之佛。但后世儒者不见圣学之全，故与二氏成二见耳。譬之厅堂，三间共一厅，儒者不知皆吾之用，见佛氏则割左边一间与之，见老氏则割右边一间与之，而己则自处中间，皆举一而废百也。"①

在晚明蔚为风尚的阳明后学，在思想方法和功夫论上也多吸收佛道之精华，尤其是王畿等人，强调三教之共融，而在体认心之本体之时，更强调超越语言的体悟。王畿说："入悟有三，有从言而入者，有从静坐而入者，有从人情事变练习而入者。得于言者，谓之解悟，触发印证，未离言诠，譬之门外之宝，非己家珍；得于静坐者，谓之证悟，收摄保聚，犹有待于境，譬之浊水初澄，浊根尚在，才遇风波，易于淆动；得于练习者，谓之彻悟，磨砻锻炼，左右逢源，譬之湛体冷然，本来晶莹，愈震荡愈凝寂，不可得而澄淆也。"虽是将儒家之人情练达作为悟之上境，且也并不排拒别的体证方式。

在佛教方面，持三教合流者甚多，儒家长期的独占地位，致使佛教需要从与儒家并不矛盾的角度去证明自身存在的价值，前揭慧远便是典型的例证，后来的佛者也多有阐发。如唐末宋初的智圆和尚的说法也具有代表性，"儒者饰身之教，故谓之外典也。释者修心之教，故谓之内典也。惟身与心，则内外别矣。蚩蚩生民，岂越乎身心哉！非吾二教，何以化之乎？嘻！儒乎，释乎？其共为表里乎？……世有限于域内者，故厚诬于吾教，谓弃之可也。世有滞于释氏者……往往以儒为戏。岂知夫非仲尼之教，则国无以治，家无以宁，身无以安。释氏之道何由而行哉？"②他还别出心裁地把儒释道比作三种药，认为有什么样的毛病就需要用什么样的药，岂能随便将药废

---

① 王守仁《王阳明全集》下卷，上海：上海古籍出版社，1992年版，第1289页。
② 释智圆《中庸子传上》，曾枣庄、刘琳主编《全宋文》卷三一五，上海：上海辞书出版社、合肥：安徽教育出版社，1991年版，第305页。

弃？因此"行五常，正三纲，得人伦之大体，儒有焉；绝圣弃智，守雌保弱，道有焉；自因克果，反妄归真，俾千变万态，复乎心性，释有焉"。[①] 这样的说法为后来的许多高僧大德所接受发挥。有些僧人还以注释儒家经典著称。宋代的契嵩甚至以中庸子自号，著《孝论》《原教》等著作，甚至注释《中庸》，他特别强调孝对于社会安定的重要性。

三教合流的说法，也被道教所喜欢，北宋道士张伯端发道教"三教合一"之先声，后来逐渐变成实践，这体现了道教在理论建构上始终存在的不确定性，这种不确定性在全真教的创立中转变为对道教一贯立场的改变。道教本来以修身实践为长，但全真教则放弃了肉身成仙的核心主体，转而进入佛教所长，并成为宋明新儒学之特征的心性，主张"真性"解脱和"阳神"升天，并为其庞大的追随群体所发挥、传扬。南宋的静明道因为儒家强调正心诚意、扶助纲常，对忠孝等反而有所忽略，所以，便要成立"净明忠孝道"来推而广之。简直可以称之为儒家的分支了。

据称由明初的全真道士张三丰所倡导的三教合一论也颇具特色，他说："孔之仁民，老之济世，牟尼之救苦，皆利人也。修己利人，其趋一也。"(《天口篇·正教篇》)所以，学道之人不应分彼此，而应分邪正，即符合修己利人者为正，反之为邪。或许只能通过修炼内丹这样的特色才能确定道教的特殊性了。

中国思想具有一种特有的宽容精神，这样的精神促使中国思想呈现出儒释道三教虽互有冲突而终走向融合的过程。在这里儒释道三教的"教"明显是带有"宗教"和"教化"双重含义，从上面的引文中，我们或许可以看出"教化"的意味更重一些。

这样的特点也影响到中国的民间宗教，中国的许多民间宗教均带有明显的三教合流的倾向，而且儒家的伦常思想经常与佛教的报应和道家的养生观念互相发明，最具典型性的是明末的林兆恩创立了三一教，现在仍广有信徒，其庙宇所供奉的恰是孔子、老子和释迦牟尼三圣合一的神像，也可作为三教合流之表征。

而在民间生活中，三教并行不悖则是一个至今依然延续的传统，许多中国人并不具有明显的宗教排斥性，而是比较实用主义地兼采各种宗教，甚至认为，只要能获得保佑，并不在乎所信者为何方神圣，这在西方人看来，类似于宗教的游离分子。韦伯说："虽然有许多中国人成长于儒教伦理——唯一享有官方之认可的伦理——的熏陶下，在修筑房屋之前仍得向道士请教(风

[①] 释智圆《病夫传》，曾枣庄、刘琳主编《全宋文》卷三一五，上海：上海辞书出版社、合肥：安徽教育出版社，1991年版，第309页。

水);虽然依据儒教的礼仪规定(丧服)来追悼过世的亲人。他们也不会忘掉安排和尚来念经超度。除了那些持续地参加某一神祇之祭典的人(可能只有一小群人会永久性地关注于此)外,我们在此一阶段所见的大多是随波逐流的俗众,或者可称之为——套个现代政治词汇——'游离票'。"①

二、儒家与基督教

近代以来,儒家之宗教性问题的提出与基督宗教有很大的关系,这些问题在本书的许多章节均有涉及,无论是康有为的孔教会还是现在正在进行的宗教对话,可以相信,儒家与基督宗教的问题将长期成为儒家发展的一个对话问题。本节将侧重介绍的是明末清初的耶稣会士在试图向中国传教时所面临的挑战和回应,特别是他们是如何看待儒家的"祭天"和"祖宗崇拜"这一涉及儒家宗教性的关键问题,这将有助于我们深化对儒家和宗教问题的原理性思考。

基督教传入中国的确切时间并不可知,但据《大秦景教流行中国碑颂》,我们可知它在唐代这个自由开放的气氛中有一段时间流行甚广,但受唐武宗"会昌法难"(公元845年)的影响,被作为外来的宗教被禁止而销声匿迹。而与中国思想发生实质性的联系的可能要算明末耶稣会士在中国的传教活动。这个活动的主角之一利玛窦已经为我们所熟悉。

耶稣会在中国传教的活动及随后所发生的礼仪之争是与他们的传教原则有很大的联系。耶稣会在创立的时候确定了走上层路线,即吸引社会主流阶层和本土化的方针,使利玛窦决定了从生活方式、术语、伦理道德和具有意识形态性的礼仪和习俗这四方面来实施他的计划。② 比如利玛窦在生活方式上是模仿士人;在术语上用中国古籍中的"天"和"上帝"来指代God,并用"仁""德""道"来阐释基督教的伦理,许多天主教的戒律被他忽略,他甚至采用了"叩头"这样带有偶像崇拜的礼节。

基督教最为反对偶像崇拜,中国士人对于孔子的崇拜和普通民众祭祀祖先行为似乎与基督教教义有很大的冲突,所以利玛窦需要做一些解释,对于孔子他是如此说的:"中国最大的哲学家是孔子,生于公元前551年,活了七十余岁,一生以言以行以文字,诲人不倦,大家都把他看为世界上最大的圣人尊敬。实际上,他所说的和他的生活态度,绝不逊于我们古代的哲学

---

① [德]马克斯·韦伯《宗教社会学》,台北:远流出版事业有限公司,1993年版,第83页。
② 张国刚《从中西初识到礼仪之争》,北京:人民出版社,2003年版,第363页。本节的其他描述也受惠于该书。

家;许多西方哲学家无法与他相提并论。故此,他所说的或所写的,没有一个中国人不奉为金科玉律;直到现在,所有的帝王都尊敬孔子,并感激他留下的遗产。他的后代子孙一直受人尊重;他的后嗣族长享有帝王赐的官衔厚禄及各种特权。除此之外,在每一城市和学宫,都有一座极为壮观的孔庙,庙中置孔子像及封号;每月初及月圆,及一年的四个节日,文人学子都向他献一种祭祀,向他献香,献太牢,但他们并不认为孔子是神,也不向他求什么恩惠,所以不能说是正式的祭祀。"①

同样祭祀祖先也只是孝心的体现而非偶像崇拜。"有些人曾对我们说,订立这些礼法,主要是为活着的人,而非死人;即是说,那是为了教导子孙和无知的人孝敬仍然在世的父母。看到有地位的人,侍奉过世的仍像在世的,自然是一种教训。无论如何,他们并不想逝去的人是神,不向他们祈求什么,祝愿什么,与偶像崇拜无关,或许也能说那不是迷信,虽然最好在成为基督徒后,把这份孝心,改为对穷人施舍,以助亡者之灵。"②

由此可见,利玛窦的策略是建立在中国古代的伦理观念和基督教义的相似性基础上,他对上帝和天主进行了不完全的类比,因此,他的结论便明确了:儒家完全可以既不放弃他们自己的生活习惯,同时又成为基督徒,因为儒家不是一种宗教。"每月之月初及月圆,当地官员与秀才们都到孔庙行礼,叩叩头,燃蜡烛在祭坛前面的大香炉中焚香。在孔子诞辰,及一年的某些季节,则以极隆重的礼节,向他献死动物及其他食物,为感谢他在书中传下来的崇高学说……使这些人能得到功名和官职;他们并不念什么祈祷文,也不向孔子求什么,就像祭祖一样……关于来生的事,他们不命令也不禁止人相信什么,许多人除了儒教外,同时,也相信另外两种宗教。所以我们可以说,儒教不是一个正式的宗教,只是一种学派。"③

当然除了调适儒耶之外,耶稣会士还有一个重要的法宝就是介绍当时西方的科学知识和地理学的知识。总之,利玛窦等人的努力并没有白费,一些重量级的人物入教而起到了引领风潮的作用,比如徐光启、李之藻和杨廷筠,他们都受洗。而另一位传教士艾儒略甚至被称为"西来孔子"。

虽然从更多的分析中我们可以看到,徐光启等人之接受天主教,其根本的动机还在于以容纳、吸收西学来补充儒学之不足,徐光启认为儒家在解决人心问题上的缺陷使得天主教的引入具有必要性,徐光启说:"臣尝论古来

① ［意］利玛窦著,刘俊余等译《中国传教史》,台北:台湾光启社,1986 年版,第 23—24 页。
② 同上,第 85 页。
③ 同上,第 85—87 页。

帝王之赏罚,圣贤之是非,皆范人于善,禁人于恶,至详极备。然赏罚是非,能及人之外行,不能及人之中情。又如司马迁所云:颜回之夭,盗跖之寿,使人疑于善恶之无报,是以防范愈严,欺诈愈甚。一法立,百弊生,空有愿治之心,根无必治之术。……其(天主教)说以昭事上帝为宗本,以保救身灵为切要,以忠孝慈爱为工夫,以迁善改过为入门,以忏悔涤除为进修,以升天真福为作善之荣赏,以地狱永殃为作恶之苦报,一切戒训规条,悉皆天理人情之至。其法能令人为善必真,去恶必尽,盖所言上主生育拯救之恩,赏善罚恶之理,明白真切,足以耸动人心,使其爱信畏惧,发于繇衷故也。"①

虽然徐光启等人着眼于以会通求超胜的目的,不过宗教的传播自有其独特的路径,至少传教士以他们为示范作用带动别的信徒的目的局部实现了,因为的确出现了一批纯粹以基督信仰为目的的奉教人士。但耶稣会士的努力很快也受到了挑战,一方面是来自儒学的,另一方面则是来自教会内部。

儒家的反对声音在明代被结集成《圣朝破邪集》(公元 1639 年)和《辟邪集》(公元 1643 年),而清朝最激烈的攻击来自杨光先反对汤若望等制定的西历的言论。其核心的观念是:基督教的伦理是对儒家纲常的冲击,基督教鄙薄人生的态度是对建立在现实的人伦秩序之上的儒家伦理的一种破坏,并从古代"天"的多义性来学术性地论证唯一主宰的"神"并非是中国人所谓的"天";西方所传入的科学,虽然"巧"但"无益于身心"。当然还有一条是"用夷变夏"。

对于传教活动最大的打击来自教会内部,对于利玛窦对于中国的祭孔和祭祖行为的宽容,在他死后,立即出现了争论。利玛窦去世于 1610 年。次年,他的继任管理中国教务人龙华民,便发起了反对利所用"天"和"上帝"两称呼的运动。其中,经过多次的反复讨论,意见不尽一致,甚至在罗马教廷的神学家那里也难以定案。所以,"1628 年在嘉定召开会议,讨论一种解决的办法。来嘉定开会的耶稣会士共有九人或十人;会中讨论的问题,共三十项,大半关于中国敬孔敬祖以及译名问题。讨论的结果,对于敬孔敬祖等问题,沿用利玛窦的方案,不以这种敬礼为宗教上的迷信;对于译名,则采用龙华民一派人的意见。视察员为谨慎起见,自己把嘉定方案携往北京,向在钦天监任职的会士询问意见,汤若望遂写……另一会士邓玉函……于次年写一小册……。于是视察员 Palmeiro 在 1629 年出命:以后耶稣会士不许用'天'和'上帝'"。②

---

① 徐光启撰,王重民辑校《徐光启集》卷九《辨学章疏》,北京:中华书局,2014 年版,第 432 页。

② 罗光《教廷与中国使节史》,台北:台湾光启社,1967 年版,第 88—89 页。

但是,问题并没有就此解决,来华传教的方济各会和道明会对耶稣会的做法不满。这样一来,"礼仪之争"便由耶稣会内部的争论而发展成为入华教士各修会之间的争论。道明会士黎玉范把自己关于祭孔敬祖的看法写成17条,并于1643年到罗马给教皇乌尔班八世,但因乌尔班八世去世,关于禁止中国教徒参加祭祖祭孔仪式的禁令是由英诺森十世在1645年9月12日发布的。

该文件明令禁止基督教内的中国文人和官员参加祭孔行为,这引起来华耶稣会士的不安,于是耶稣会又派卫匡国和卜弥格一起前往罗马教廷请求收回1645年的命令。

据卫匡国的报告,教皇亚历山大七世(Alexander VII)在1656年3月23日又批准了中国教徒可以参加祭祖祭孔礼仪,文件明确提出祭祖祭孔仪式只是一种民俗性的崇敬。"所有中榜的儒生都要到孔庙去,大学士、翰林和考官们在那里等着他们。在孔子的牌位前,所有人一起按中国习俗对孔子鞠躬行大礼。对孔子并无任何供品。在孔庙中举行的这套仪式和他们对现在自己的老师的仪式完全一样。这样当他们对作为自己先师的孔子致谢以后,他们便可得到各种学位。除此之外,孔庙还是一个文科学校,严格地讲它并不能称庙宇,实际上除了儒生们外,任何人也不允许进入。"①

尽管有人对这两条前后不一的命令感到疑惑,并使传教士处于两难之中,但它们之并行不悖的情况的确存在了一段时间。到1693年由教廷直接委派的福建主教阎当,要求他的教区内全面禁止中国礼仪,各地教堂所挂的仿制康熙皇帝赐给汤若望的"敬天"匾也被摘下。并向罗马写信强调他的立场。

在经过多次的讨论之后,1704年11月20日教皇克莱孟十一世发表命令,禁止中国教徒参加祭祖祭孔仪式,认为卫匡国的辩护与事实不符,并派多罗主教作为特使前来中国执行决议,康熙皇帝两次接见并明确地说:"中国两千年来,奉行孔学之道,西洋人来中国者,自利玛窦以后,常受皇帝保护,彼等也奉公守法,将来若是有人,主张反对敬孔敬祖,西洋人恐怕很难留在中国。"②

这样礼仪之争逐渐发展成为教廷和朝廷的争论。特别是当康熙看见教皇于1715年颁布的严禁中国教徒参加祭祖祭孔仪式的命令之后,虽然十一

---

① Ray R. Noll(ed). *100 Roman Documents Relating to the Chinese Rites Controversy(1654 – 1941)* , San Francisco, 1992, p3.

② 李天纲《中国礼仪之争:历史、文献和意义》,上海:上海古籍出版社,1998年版,第47页。

次接见新派来的特使,但最终还是下达了禁止的谕令。到雍正年间,已开始禁教,大多数教士被驱逐,直到 1939 年 12 月 8 日教皇庇护十二世颁布了收回以往关于"祭祖祭孔"的禁令,争论才算结束。

1840 年之后,尤其是 1843 年《望厦条约》签订后,传教的活动合法化,但这个新的开始,宗教活动便与政治和军事活动不可分开,凭借着条约的保护,传教士一直享有特殊的权力,而他们最初吸收的往往是无业之刁民,更由于洪秀全起义所采用的"拜上帝教"的意识形态,使当时的中国官绅、民间对基督教普遍采取仇视的态度。当时所出现的各种教案和对于基督教的谣言和其他攻击,可以理解成带有情绪性的盲目的痛恨,最终演变为义和团和庚子赔款这样的惨烈的事件。

我们应该承认近代的传教士对于现代中国的教育建立和传播科学方面所作的贡献,不过,对于儒耶两教关系而言,儒家则是日渐退出信仰的领域,在西学的冲击下,失去了其维持人心风俗的价值正当性。

第三节　近代以来孔教会的努力

康有为及其弟子所进行的孔教会的主张与实践,近年来又被人所重视。特别是一些学者主张建立儒教,甚至提出要把儒家立为国教,这些我们都能看出康有为和孔教会在当下的影响。

康有为的孔教会及其相关活动的意义,早就由梁启超看破,他早就预见到康有为的宗教家的意义比他所推行的变法运动更为长久。他说:"先生所以效力于国民者,以宗教事业为最伟;其所以得谤于天下者,亦以宗教事业为最多。盖中国思想之自由,闭塞者已数千年,稍有异论,不曰非圣无法,则曰大逆不道。即万国前事,莫不皆然,此梭格拉底所以瘐死狱中,而马丁路得所以对簿法廷也。以先生之多识淹博,非不能曲学阿世,以博欢迎于一时,但以为不抉开此自由思想之藩篱,则中国终不可得救,所以毅然与二千年之学者,四万万之时流,挑战决斗也。呜呼,此先生所以为先生欤。"[①]

一、康有为的孔教构想

从现有的资料我们可以推断在万木草堂时期,康有为就已经萌发出以

① 梁启超《康南海先生传》,夏晓虹编《追忆康有为》,北京:中国广播电视出版社,1997 年版,第 15—16 页。

西方教会体制的方式来重构儒家的想法。① 而康有为将孔子塑造成教主，一方面是强调本土的价值立场，但这种本土的形象恰好是要利用西方宗教的模式来重新"构造"的，因此在一方面是用儒家的价值来抵御基督教的教义对中国的人影响，而这种抵御的方式却是要借助于基督教的形式。

显然，这种反讽式的选择是基于他的宗教进路。康有为早年受佛教影响巨大，同时又读过基督教的一些书籍。梁启超说："先生于佛教，尤为受用者也。先生由阳明学以入佛学，故最得力于禅宗，而以华严宗为归宿焉。其为学也，即心是佛，无得无证，以故不歆净土，不畏地狱。非惟不畏也，又常住地狱，非惟常住也，又常乐地狱，所谓历无量劫行菩萨行是也。是故日以救国救民为事，以为舍此外更无佛法。然其所以立于五浊扰扰之界而不为所动者，有一术焉，曰常惺惺，曰不昧因果。故每遇横逆困苦之境，辄自提醒曰，吾发愿固当如是，吾本弃乐而就苦，本舍净土而住地狱，本为众生迷惑烦恼故入此世以拯之，吾但当愍众生之未觉，吾但当求法之精进，吾何为瞑眩？吾何为退转？以此自课，神明俱泰，勇猛益加，先生之修养，实在于是，先生之受用，实在于是。

先生于耶教，亦独有所见，以为耶教言灵魂界之事，其圆满不如佛，言人间世之事，其精备不如孔子。然其所长者，在直捷，在专纯，单标一义，深切著明。曰人类同胞也，曰人类平等也，皆上愿于真理，而下切于实用，于救众生最有效焉，佛氏所谓不二法门也。虽然，先生之布教于中国也，专以孔教，不以佛、耶，非有所吐弃，实民俗历史之关系，不得不然也。"②很显然，佛教和基督教独立于政治体系的制度化存在方式给了康有为创教活动以极大的启发。

据陆宝千的说法，康有为最初将孔子视为"教主"应在光绪十五年（公元 1889 年），"光绪十四年，长素至京师，上书请变法，格不达。次年会里，始言孔子创教"。③ 1891 年，康有为在给朱一新的信中说：中西之关系已经发生了根本的变化，在国力赢弱的情况下，儒家的价值有被《新约》之教义取代的危险。所以，"仆之急急以强国为事者，亦以卫教也。沮格而归，屏绝杂书，日夜穷孔子之学，乃得非常异义，而后知孔子为创教之圣。立人伦、创井

① 黄进兴说："康氏虽然反对耶教，另方面却以耶教为孔教更革的蓝图，其运思模式并不脱'思夷之长技以制夷'的窠臼。"黄进兴《圣贤与圣徒》，台北：允晨文化实业有限公司，2001年版，第 51—52 页。

② 梁启超《南海康先生传》，夏晓虹编《追忆康有为》，北京：中国广播电视出版社，2009 年版，第 15 页。

③ 陆宝千《民国初年康有为之孔教运动》（《"中央研究院"近代史研究所集刊》第 8 辑），台北："中央研究所"近代史研究所，1983 年版。

田,发三统、明文质、道尧舜,演阴阳,精微深博,无所不包"。① 康有为所提出的"卫教",不能简单理解为"宗教",而是"教化秩序",不过,康有为创立孔教的努力,其目的就在于维护儒家价值的延续性,但在构思如何为儒学寻求新的制度依托时,基督教独立于政府的、专业化的教会体系给康有为留下了深刻的印象,因此,他在给光绪的奏章中,提出的关于孔教会的设想主要的模本就是基督教。

　　1895 年,康有为在"公车上书"中就建言立"道学"一科,用一种新的制度化的方式来保证儒家思想的传播和影响力,以挽救"人心之坏",抵御"异教"的诱惑。具体的举措包括增设孔庙,奖励去海外传播儒家"教义"的人士。

　　戊戌变法前夕,康有为的设想越来越具体。在(光绪二十四年五月,1898 年)《请商定教案法律,厘正科举文体,听天下乡邑增设文庙,并呈〈孔子改制考〉,以尊圣师保大教绝祸萌折》中康有为的思路有两条:

　　第一,康有为是想通过建立孔教会来处理与教案有关的令朝廷感到相当棘手的问题,并把衍圣公改造成类似于基督教系统中的主教。"查泰西传教,皆有教会,创自嘉庆元年,今遂遍于大地。今其来者,皆其会中人派遣而来,并非其国所派,但其国家任其保护耳。其教会中,有总理,有委员,有入议院者,略如吾礼部,(上)领学政教官,下统举人诸生,但听教民所推举,与我稍异耳。今若定律,必先去其国力,乃可免其要挟,莫若直与其教会交,吾亦设一教会以当之,与为交涉,与定和约,与定教律。故臣谓保教办案,亦在于变法也。

　　吾举国皆在孔子教中,何待设教会? 然圣像之毁,可为寒心,非合众聚讲,不能得力。窃谓我列圣以来,尊崇先圣孔子,过绝前代,世袭上公,礼待优隆。若皇上通变酌时,令衍圣公开孔教会,自王公士庶,有志负荷者,皆听入会,而以衍圣公为总理,听会中士庶公举学行最高者为督办,稍次者多人为会办,各省府县,皆听其推举学行之士为分办,籍其名于衍圣公。衍圣公上之朝,人士既众,集款自厚。听衍圣公与会中办事人,选举学术精深、通达中外之士为委员,令彼教总监督委选人员,同立两教和约,同定两教法律。若杀其教民,毁其礼堂拜,酌其轻重,或偿命、偿款,皆有一定之法。彼若犯我教刑律,同之。有事会审,如上海租界会审之例。其天主教自护最严,尤不可归法国主持,彼自有教皇作主。一切监督,皆命自教皇。教皇无兵无

————————————

① 康有为《答朱蓉生书》,《康有为全集》第一集,北京: 中国人民大学出版社,2007 年版,第 325 页。

舰,易与交涉,宜由衍圣公派人驻扎彼国,直与其教皇定约、定律,尤宜措词。
教律既定,从此教案皆有定式,小之无轻重失宜之患,大之无借端割地之害,
其于存亡大计,实非小补。教会之名,略如外国教部之例,其于礼部则如军
机处之与内阁,总署之与理藩院,虽稍听民举,仍总于衍圣公,则亦如官书局
之领,以大臣亦何嫌何疑焉?虽然,外侮之来,亦有所自。"①这就是所要成
立类似教会的孔教团体。

第二,康有为认定国家衰败的原因是科举,"而弱国之故,民愚俗坏,亦
由圣教坠于选举,四书亡于八股为之。故国亡于无教,教亡于八股,故八股
之文,实为亡国、亡教之大者也"。② 孔教会是废除科举之后重要的替代性
推行儒家教化的途径,这与张之洞等人建立新式学堂来接替科举的措施殊
途而同归。而在康有为看来,要恢复儒家的传统,关键是要回到儒家的原
典,别的典籍都是孔子加工的,《论语》是学生整理的,只有《春秋》可作为代
表孔子为万世作法、成为教主的真正文本。

在习惯性地走"上行路线"即希望借助于权力和体制的力量推行孔教的
同时,康梁师徒也试图通过社会的力量来推行孔教。光绪二十二年秋(公元
1896 年)受传教士所办的《万国公报》影响而创办的《时务报》在上海创刊,
并开始向社会推行孔教。1897 年,康有为在当时作为广西省会的桂林设立
"圣学会",并在广仁善堂供奉孔子,发行《广仁报》。③ 但这些活动似乎更多
是学术活动或政治活动,而并不能称之为宗教活动。

到 1898 年,康有为在北京建立保国会,他强调将"保国"和"保教"相联
系的主张,并进一步明确了他的孔教主张。梁启超以"孔教之马丁路德"来
描述康有为,"吾中国非宗教之国,故数千年来,无一宗教家。先生幼受孔
学,及屏居西樵,潜心佛藏,大澈大悟。出游后,又读耶氏之书,故宗教思想
特盛,常毅然以绍述诸圣、普度众生为己任。先生之言宗教也,主信仰自由,
不专崇一家,排斥外道,常持三圣一体、诸教平等之论。然以为生于中国,当
先救中国,欲救中国,不可不因中国人之历史习惯而利导之。又以为中国人
公德缺乏,团体散涣,将不可以立于大地,欲从而统一之,非择一举国人多同

---

① 孔祥吉编《康有为变法奏章辑考》,北京:北京图书馆出版社,2008 年版,第 257—258 页。
② 同上,第 259 页。
③ 廖中翼《康有为第二次来桂讲学概况》,夏晓虹编《追忆康有为》,北京:中国广播电视出版
社,1997 年版,第 267—269 页。当时的活动主要是模仿基督教。"光绪二十三年(公元
1897 年)学会林立,桂林的圣学会,每逢庚子拜经,'每七日行一礼拜',长沙的南学会,讲
堂设孔子位,'开讲之日,官绅一体行礼'。徐勤主持的日本横滨大通学校,以'尊教'为办
学宗旨之一,'立孔子像,复七日来复之仪,作尊圣之歌,行拜谒之礼,使朝夕讽诵,咸与教
泽'。"王树槐《外人与戊戌变法》,上海:上海书店出版社,1998 年版,第 112 页。

戴而诚服者,则不足以结合其感情,而光大其本性,于是乎以孔教复原为第一着手"。

这种描述未必不是带有梁启超色彩的,比方说开篇就说中国是没有宗教传统的国家,而康有为强调儒家是宗教,只是人们"习焉而不察"。但梁启超揭示康有为之改造孔教的目的是十分正确的,就是为了"救中国"而复原孔教。

康有为在欧洲游历期间,对宗教的认识有了深化,一方面,他重新认识宗教,将宗教分为人道教与神道教,儒家属于人道教,是宗教发展的新阶段。另一方面,他坚持国教化的倾向,认为将孔教立为国教并不跟信仰自由发生矛盾。民国成立之后,他认为应该通过立法的途径立孔教为国教。

1913年在国会讨论制订宪法的时候,陈焕章、梁启超、严复等人便向参议院和众议院提交了《孔教会请愿书》,指出:"周、秦之际,儒学大行,至汉武罢黜百家,孔教遂成一统。自时厥后,庙祀遍于全国,教职定为专司,经传立于学官,敬礼隆于群校。凡国家有大事则昭告于孔子,有大疑则折衷于孔子。一切典章制度、政治法律,皆以孔子之经义为根据。一切义理学术、礼俗习惯,皆以孔子之教化为依归。此孔子为国教教主之由来也。"①他们以现代民主政治的"民意"方式来为孔教的法律地位做证明:"今日国体共和,以民为主,更不容违反民意,而为专制帝王之所不敢为。且共和国以道德为精神,而中国之道德,源本孔子,尤不容有拔本塞源之事。故中国当仍奉孔教为国教,有必然者。或疑明定国教,与约法所谓信教自由,似有抵触,而不知非也。吾国自古奉孔教为国教,亦自古许人信教自由,二者皆不成文之宪法,行之数千年,何尝互相抵触乎?今日著于宪法,不过以久成之事实,见诸条文耳。信教自由者,消极政策也,特立国教者,积极政策也。二者并行不悖,相资为用。……适当新定宪法之时,则不得不明著条文,定孔教为国教,然后世道人心方有所维系,政治法律方有可施行。"于是要求"于宪法上明定孔教为国教"。② 孔教会的请愿文发出之后,获得了全国范围的回响。黎元洪和浙、鲁、鄂、豫等十余省的都督或民政长官都先后通电表示支持,声势浩大。当时的教育总长汤化龙对此的设计显然更为详细。他说:"比年以来,我国教育界所最滋物议者,靡不曰道德堕落,少年徒逞意气,无以为之准绳。忧时之士,思而不得其故,爰倡二说以图补救:(一)中小学校课读全经。

---

① 中国社会科学院近代史研究所编《孔教会资料》,北京:中华书局,1974年版,第33页。前文所述,梁启超和严复反对将建立孔教作为保教的措施,但是梁启超立场多变,严复的立场则与康有为日趋接近,因此,他们参与了请愿的行为。

② 同上,第33—34页。

俾圣贤之微言大义浸渍渐深,少成若性。此厚根柢之说也。(二)以孔子为国教,一切均以宗教仪式行之,俾国民居于教徒之列,守孔子之言行如守教诫,此崇信仰之说也。"①这段话可以被看作是对蔡元培所做出的将孔子思想完全排斥出国民教育体系中的一种批评。②

在社会上积极响应孔教会的请愿书的同时,反对的声音也很多,不仅有政界和知识界的,也有宗教界的,其中马相伯对孔教会的"交会费"和试图通过主持结婚仪式收取费用的办法称之为将孔夫子当成"财神爷"。而议员何雯等认为孔教不应定为国教,理由是"(一)中国非宗教国;(二)孔子非宗教家;(三)信教自由宪法之通例,如定孔教为国教,与宪法抵触;(四)五族共和,孔教之外仍有喇嘛教、回教等种种,如定孔教为国教,易启蒙藏二心"。③

这种争议很快就呈现在具体的宪法操作之中。民国二年(公元 1913年)9 月 23 日,赵炳麟议院提议立孔教为国教,表决之后列入议题。27 日继续讨论,陈铭鉴、汪荣宝等人表示赞成,而何雯和伍朝枢等人表示反对。就在双方争执不下的时候,有人提出了"以孔子之道为风化之大本"的提案。

1913 年 10 月 13 日,议案付诸表决,出席者有四十人,首先表决"宪法中应规定孔教为国教",赞成者八人。其次表决"中华民国以孔教为人伦风化之大本",赞成者十五人。第三次表决"中华民国以孔教为人伦风化之大本,但其他宗教不害公安,人民得自由信仰",赞成者十一人。因议案需三分之二以上的人赞成才能成立,因此这三个议案全部被取消。

10 月 28 日,宪法草案即《天坛宪草》二读已过,汪荣宝又提出在十九条后加上"国民教育以孔子之道为伦理之大本",引起争议,后改为"国民教育以孔子之道为修身之大本",三十一人表示赞成,获得通过。④ 这个结果与康有为、陈焕章的期待还是有很大的距离的。

由于袁世凯的复辟而导致的政治混乱,新的共和国的议会被解散,宪法的制定也暂停。袁世凯死后,旧的国会又恢复了,1916 年宪法的修订继续进行,这时陈焕章再度提交了一份请愿书——《孔教会上参众两院请定国教

---

① 汤化龙《教育汤济武总长崇经尊孔上大总统呈及批》,柯璜编《孔教十年大事记》,革册,1924 年版,第 76 页。

② 1911 年蔡元培任教育总长时发表的《对于教育方针之意见》就明显是针对 1906 年的教育宗旨而发的。他说:"忠君与共和政体不合,尊孔与信教自由相违。"1912 年 7 月召开的临时教育会议通过的新的教育宗旨是:"注重道德教育,以实利教育、军国民教育辅之,更以美感教育完成其道德。"

③ 《宪法规定国教问题之舌战》,《申报》1913 年 10 月 3 日。

④ 参见黄克武《民国初年孔教问题之争论》,《台湾师范大学历史学报》1984 年第 12 期。

书》，理由基本上与前一请愿书一致，不过这一请愿书认为反对立孔教为国教的议员们还不如"袁(世凯)氏之真能代表民意于万一"，并将那些建议取消祭天祭孔的议员称为"败类之议员"。"夫以中国最可宝贵之孔教，为全球所仰望，而吾国所恃以自豪世界者，而竟不甚爱惜，不定为国教，则其所爱者，果安在哉？想亦不外其个人之生命财产耳，其有丝毫国家之观念存乎？若是者诚可谓无教之禽兽矣。"①陈焕章特别强调孔教的存亡与国家存亡的关系，将孔教视为保存"国性"的重要指针。"焕章等敢大声以告国人曰：中国若果不亡，则孔教必为国教；孔教若不为国教，则中国必亡。……故吾民之请定国教也，非独尽忠于孔教也，其尽忠于中国尤挚。盖孔教虽不立为国教，孔教未必遂亡，虽立为国教，孔教亦非独占。若专就孔教言之，固无大加损也。然而其影响之及于吾民吾国者，则大莫与京矣。是故苟不定孔教为国教，则吾民不得复为华民，吾国不得复为中国，只合为隶属国而已。"②

他们在给议会的请愿书中，要解决的主要是信仰自由和国教之间的矛盾。在列举了世界有国教的国家并不排斥国民信仰其他宗教的事例之后，他们的重点依然在保持国家的特性上。他们说："中国今日若仅言信教自由，并不规定国教，则人将疑立法者有破坏国教之意，而假信教自由之号以行之，其祸必至于国粹沦亡，国基颠覆，国性消灭，国俗乖敱，而国且不保矣。在立法者，或别有牵掣不能不周旋信奉别教之少数人，然其实于信奉别教者，有损无益，盖其所得之自由，无以复加于昔日。"③

但是，反对的声音也很强，在一份反对立孔教为国教的请愿书中，艾知命指出，孔教国教化可能有如下恶果，即(甲)激起宗教之纷争。(乙)破坏五族之共和。(丙)违背民国之约法。(丁)阻碍政治之统一。总之，中国本不以宗教为重轻，则国教可不必立，而一言五族共和，则国教尤不可立。况孔子为教育家、政治家，非宗教家。东西学者，言之凿凿，吾国博学通儒，亦咸奉孔子为教育、政治大家，而为开国古今之冠，亦安用强名为教。以乱其实哉！夫请立孔教为国教，非惟昧乎今之人局。抑不知孔之所以为孔，且并不知教之所以为教。④

对康有为和陈焕章而言，这次修宪结果似乎离他们的目标更远了。不

① 中国社会科学院近代史研究所编《孔教会资料》，北京：中华书局，1974年版，第38页。
② 同上。
③ 陈焕章等《孔教会请愿书》，沈云龙编《民国经世文编(交通·宗教·道德)》，台北：文海出版社，1970年版，第5126页。
④ 艾知命《上国务院暨参众两院信教自由不立国教请愿书》，沈云龙编《民国经世文编(交通·宗教·道德)》，台北：文海出版社，1970年版，第5144页。

用说立孔教为国教,就是《天坛宪草》中关于"国民教育以孔子之道为修身大本"这一妥协性条款的存废问题也引发争议。

张鲁泉、何雯等人建议从宪法中删除这一条,理由是孔子的思想主要是作为君主专制的思想资源,与民国的国体不符合;与信教自由的宗旨不符合;国民教育问题属于行政范围,不应由宪法来规定;修身属于道德领域,与宪法的性质不合,而且国民教育是强迫教育,如果将孔子之道列入宪法,那么别的宗教信徒的信仰就会被视为非法。国家如要尊重孔子可通过别的途径,不必争此一条文。而汤松年等人主张维持原草案中的规定,他们认为不能将孔子之道视为宗教,因而与信教自由无关。全国人民依然信仰孔子,而孔子之道是培养社会道德的基础。原先的宪法中已经有这一条,随意删去恐给人以别的联想,而且在别的宪法中也有类似的做法。他们还以外国教堂中读四书五经等来证明孔教并不会导致与别的宗教之间的争端。

这里,我们可以看到也有人试图回避儒教是否可以等同于现代宗教的"难题",而将之重新回到混合信仰与知识的"教化"中,来保持儒家在教育体系中的位置。

对于是否定孔教为国教的问题也继续展开争论,双方的理由与第一次辩论基本一致,经过投票双方的提案均没有达到三分之二,最后双方做出让步,达成如下妥协:删除草案中"国民教育以孔子之道为修身大本"的规定,但将原十一条"宗教信仰自由"条款改为"中华民国人民有尊崇孔子及信仰宗教之自由,非依法律不受限制"。[①]

1913 年和 1916 年两次关于是否在宪法中规定以孔教为国教的争论,并非空穴来风,这里面所包含的问题很多,首先是儒家伦理是否依然成为国家认同的基础。金观涛等人的研究认为在近代国家观念传入之后,中国人认识到"国家为一道德共同体观念是可以和儒家伦理分离的"。[②] 因此,将孔教与国家特性联系起来的做法,既不符合共和政体,也不符合当时新式知识阶层的观念形态。而黄进兴先生将孔教活动的失败归结为两股主要的势力,一是越发盛行的科学主义,二是诸如复辟等偶发的政治事件。[③] 与民国前反对孔教运动的对手和理论相比,民国之后,康有为所要面对的是被科学

---

① 有关民国初年修订宪法期间关于"定孔教为国教"的争论的具体描述可参见殷啸虎《近代中国宪政史》中《孔教与宪法》一节,上海:上海人民出版社,1997 年版,第 188—194 页。
② 金观涛等《观念史研究:中国现代重要政治术语的形成》,北京:法律出版社,2009 年版,第 243 页。
③ 黄进兴《圣贤与圣徒》,台北:允晨文化实业有限公司,2001 年版,第 54 页。

主义影响的一代——新式学堂培养出来的知识群体。① 他们对儒家的敬意已经消退，将宗教视为科学的对立面。同时一系列并非偶发的政治事件，特别是袁世凯和张勋的复辟，在陈独秀和李大钊这样的启蒙运动者眼里，将孔子与专制、等级制度，甚至所有的不符合现代政治原则的现象联系起来，从而得出了不打倒孔家店，新的制度和价值就无法建立起来的非此即彼的结论。这样，孔教会的失败似乎是一个不可避免的结局。

二、陈焕章与孔教的理论建构和实践

在康有为的弟子中，1880 年出生于广东高要的陈焕章可能是比较特别的。他的声名可能远不及梁启超、徐勤这些弟子，他却是康有为孔教活动最为得力的助手。堪称康有为孔教观最为忠实的践行者。早在 1907 年，刚刚进入哥伦比亚大学学习不久的陈焕章就认为政界革命必须和宗教革命同时进行，他在给梁启超的一封信中，提到了他在纽约组织"昌教会"以回应别人对于中国无宗教的讥评并希望借此拯救国民道德。他希望在梁启超主持的《新民丛报》中予以宣传。他在信中说："弟子本年（公元 1907 年）二月初九日入纽约之哥伦比亚大学，暑假时，复入其夏学，幸能考试及格，来年拟习公法、宪法、计学、哲学四科，将于八月十五日开学矣。前日先生在纽约时屡与弟商及，或专言政，抑专言教，弟谓不若兼言之。先生又谓不能兼，顷在英伦犹有书来，言不能定此公案，然弟则确欲兼之，因中国政界固当革命，而教界亦当革命也。现弟在此间实有不能不言教之势。一则愤于吾国人之无耻而自贱，二则愤于外人之肆口讥评，三则遇外人之细心考问，不能不答之，四则寻常论辩之中，已亦不自安缄默，故不揣冒昧，发起一昌教会，以为基础，将来拟辑一《孔教约编》，以英文译之，不知能成否也。乞足下有以教之。兹谨将序文附上，伏乞鉴登于《新民丛报》中，以广其传，以引起同胞言教之兴味，即以为将伯之呼也。"②

"昌教会"可以看作后来孔教会活动的预备，因为陈焕章回国之后，特别热心于以西方的教会体制来使孔教获得新的制度依托。如果说梁启超的孔教立场是前后反复的话，陈焕章则是一以贯之的。

1907 年 9 月 29 日康有为致信徐君勉、麦孺博，其中谈及立宪和立教的

---

① 据统计，到 1909 年，中国新式学堂的学生数量已经超过了传统绅士的数量，1919 年受过新式教育的人达 1 000 万，所以在观念结构上发生了根本性的转变。见金观涛等《观念史研究：中国现代重要政治术语的形成》，北京：法律出版社，2009 年版，第 349 页。

② 陈焕章《致饮冰学长书》，《梁启超年谱长编》，上海：上海人民出版社，1983 年版，第 388—389 页。

事宜。提到要让陈焕章主持孔教事宜的设想。

> 乃者陈重远大发教愿，请吾重主教事，二者皆大事，不可得兼，必有一取舍于是，正拟大聚吾党一议决之，然天下之责望，会众之辛勤，皇上之付托，如是其重且大也，岂能洁身掉臂以去乎。既不忍决去，则必经营之，此如来书所谓览时度势，吾党终不能出政党外也。况乘时势之空虚，据名望之所归，内外易集，政党易成，而今尚无与我争者。①

1912 年 7 月 20 日，康有为致陈焕章的信可以看作是康有为向陈焕章发出的建立孔教会的指令，并提出了具体的操作方案。1912 年 10 月 7 日，在陈焕章的努力之下，孔教会在上海召开成立会。陈焕章、沈曾植、梁鼎芬、陈三立等成为该会的发起人。陈焕章在成立活动上阐述了自己立志倡扬孔教历史的同时，对教育部停止读经和丁祭等决定表示愤怒，指出他从事孔教活动就是要为社会提供坚实的价值基础，其立论基本与康有为保持一致。

孔教会成立后，立即组建事务所，作为全国孔教总会机关。陈焕章等人就租赁了上海海宁路西 1798 号作为事务所活动地点。事务所随即在旧历十月望日（1912 年 11 月 23 日）成立，并决定先办《孔教会杂志》以为机关刊物，并印行陈焕章的《孔教论》。随后公布《孔教会开办简章》，《简章》初步确定了孔教会的宗旨、组织等事宜。随后，孔教会发起人王人文、姚丙然、沈守廉、姚文栋、张振勋、陈作霖、沈恩桂、麦孟华、陈焕章、陈三立等于 12 月 12 日发出《孔教会公呈》，分寄大总统、教育部、内务部，争取立案，取得组织的合法地位，以便开展更大的教务活动。在此之前，陈焕章已经向教育部的人员寄去了自己的《孔教论》一书，以谋求教育部诸办事人员的支持。教育部、内务部相继在 1912 年 12 月 23 日和 1913 年 1 月 7 日批准孔教会立案。批文说："当兹国体初更，异说纷起，该会阐明孔教，力挽狂澜，以忧时之念，为卫道之谋，苦心孤诣，殊堪嘉许。"1913 年 1 月 7 日，内务部的批文说："该发起人等，鉴于世衰道微，虑法律之有穷，礼义之崩坏，欲树尼山教义以作民族精神，发起该会以昌明孔教，救济社会为宗旨……准予立案。"②1913 年 2 月，孔教会的机关刊物、陈焕章任主编的《孔教会杂志》在上海出版，孔教会

---

① 参见丁文江、赵丰田编，欧阳哲生整理《梁任公先生年谱长编》，北京：中华书局，2010 年版，第 218 页。不过在《康有为全集》和《康有为往来书信集》中均未查到这封信。

② 中国社会科学院近代史研究所编《中国近代尊孔逆流史事纪年》，北京：中华书局，1974 年版，第 29 页。

的影响随杂志的发行也日益扩大。3月22日,由康有为主编的《不忍》杂志也在上海出版发行。①

孔教会的活动在民国初年得到很多的响应,与此同时,也有很多尊孔组织诞生,如总部设在山东曲阜的孔道会、孔道维持会、寰球尊孔总教会等。这些组织明确提出要"昌明孔教、救济社会"(孔教会)、"以尊崇孔道、正人心、息邪说、导引入孝出弟为宗旨"(孔道维持会)。其中孔教会最具严密的理论背景并产生了巨大的社会影响。为了扩大孔教会在全国的影响,进一步推动在宪法层面立孔教为国教的活动,陈焕章在1913年7月初前往北京,并决定在太仆寺街衍圣公府内设立孔教会事务所。因为康有为反对袁世凯所造成的政治局面,1914年孔教会总会又从北京迁往曲阜,并在北京、上海各设一个总事务所。并准备在国内各县设立支会,在重要地点设立联络部,内部机构则分为讲习部和推行部。讲习部又分为经学、理学、政学、文学。推行部包括敷教(讲道化民)、养正(拜圣读经)、执礼(考礼正俗)、济众(仁民爱物)。会员每年还要交纳会费一元,超过一百元者为终身会员。

前文已述,康有为的孔教设计中,有明显的基督教痕迹,这一点在陈焕章的架构中也有明显的表达。但陈焕章亦有许多独特的创发。在陈焕章制定的孔教会教规中有如下五条:

> 一曰:祀天、祀圣、祀祖,以崇三本。
> 二曰:念圣、念经,以敛五福。
> 三曰:致中、致和,以立一贯。
> 四曰:出货(理财)、出力,以行大同。
> 五曰:养名、养魂,以至极寿。②

具体地说,"祀天、祀圣、祀祖",就是原先中国人信仰中的敬天法祖加上孔子。在孔子作为教主的意识下,圣人就成为第三个"本"。在仪式层面,陈焕章说:"凡孔教之教堂,及孔教中人所管理之宫室,皆当供奉昊天上帝、至圣先师孔子两神位。若在家中,则添奉祖先之神位。"③而念圣和念经则显然是借鉴了佛道二教的修行方式和基督教的礼拜仪式。教规说明道:"为笃信孔教者立一最简易之法曰:常念'大成至圣先师'六字以为念圣。……至

---

① 此陈述根据张颂之《孔教会始末汇考》,《文史哲》2008年第1期,第58页。
② 中国社会科学院近代史研究所编《孔教会资料》,北京:中华书局,1974年版,第18页。
③ 同上,第19页。

于念经之事,则无论何经,均可随意念之,或全部,或全篇,或断章取义,皆可陶养性灵,增益智能。若定为常课,持以恒心,则必能正心修身,集福免祸,此无可疑者也。"①陈焕章不惜使用"百姓以为神"的类似"证道"的方式来说明念经的作用。他举例说:"《南史》尝言,顾欢教人置《孝经》于病人枕边,以驱邪治病,是则虽未念之,但开卷有'仲尼居'、'曾子侍'等字样,已成效如彼矣。盖善禳恶,正胜邪,信如顾欢之所言也,况念之耶?"②这直接就借助了民间宗教的方式。陈焕章认为《中庸》中的"天命之谓性,率性之谓道,修道之谓教"是孔教的基本理念。而"慎独"则是孔门的心法。

陈焕章的教规中比较有创意且也是遭到最严厉批评的则是"出货出力以行大同",作为哥伦比亚大学经济学博士的陈焕章坚信理财亦是昌明孔教的重要途径,所以其出货出力主要是讨论财富的积累和运转,一反儒家"忘利见义"的一贯宗旨,③他强调儒家并不简单反对利益,所反对的是追求一己之私利;儒家亦不反对财富,他认为儒家追求的是公共利益。陈焕章主张孔教徒要对孔教会"奉献",奉献是信仰的标志。他说:"若自称信奉孔教,而不肯出货出力以赞助孔教者,是煮粥而无米之类也。不特欺人,亦自欺矣。孔子曰:'吾今于人也,听其言而观其行。'故吾今不问吾人之对于孔教,其热心如何,但观其出货几何,出力几何耳。"④

至于养名和养魂,也是孔教教义中比较有新意处。儒家向来主张"未知生焉知死",并不执着于生死问题,但是脱离生死的宗教很难吸引平常人。而康有为的孔教会要吸引的则是平常百姓,所以就只能"神道设教",也要关注人死之后的灵魂安顿问题。"他教仅一天堂而止,而孔教则于天堂之外,复有名教焉。吾之名一日不灭,则吾之魂一日不散,而常与生人之称扬吾名纪念吾名者气类相通感,故能死而犹灵也。"⑤陈焕章借助传统儒家立功立德立言三不朽来解决灵魂之永生问题。

在民国成立之后,康有为则是从孔教和保持民族认同和文化认同的角

① 中国社会科学院近代史研究所编《孔教会资料》,北京:中华书局,1974年版,第19页。
② 同上。
③ 陈焕章在《孔门理财学之旨意趣》一文中详细阐述了他的立场。"问者曰'子罕言利',载于《论语》,《孟子》首篇'何必曰利',今子乃以《孔门理财学》名其书,且多至三十六卷。非出于附会,从何得如许材料乎? 对之曰:是书材料多出于经史,前既言之矣。至谓出于附会,其实不然。欲明孔孟不言利之真精神,当先明私利、公利之别。私利者一己之私;公利者一群之公。若不明公私之别,而徒执'不言利'三字抹煞之,此宋儒之所以误中国也。若夫一群之公利,孔子何尝不言哉? 先富后教,治庶之经,井田学校,双方并进,总括孔教全体。理财殆占一大部分也。"陈焕章《孔教论》,上海:商务印书馆,1912年版,第67页。
④ 中国社会科学院近代史研究所编《孔教会资料》,北京:中华书局,1974年版,第23页。
⑤ 同上,第25页。

度,推动孔教的国教化运动,但是国教论所面对的最大问题是科学主义和信仰自由的双重夹击。陈焕章除了操持孔教会的具体会务之外,还着重对儒家的宗教性进行论证,并以坚定的卫教态度,反击民国初年基于科学主义、信仰自由对于儒家教会化的批评。

在《论孔教是一宗教》一文中,陈焕章借用康有为对"人道教"和"神道教"的区分,发挥说"人道之教"主要着眼于人伦,而"神道之教"则主要着眼于对于神灵的信仰。"孔教兼明人道与神道,故《乐记》曰:'明则有礼乐,幽则有鬼神。'是孔教之为宗教,毫无疑义。特孔教平易近人,而切实可行,乃偏重人道耳。"[1]陈焕章认为英文的 religion,虽然可以有多种多样的解释,但基本上偏重于"神道",因此与中文中的"礼"的意思接近。[2] 礼起源于原始人的祭祀活动,也就是西方人所说的宗教,而中国人则有自己的名词叫"礼教",因此既然中国人早就有"教"这种称呼,因此将儒家说成"孔教"也就是天经地义的。所以他反对那些只将"迷信"的思想称之为教,或者认为将儒家看作"教"是对儒家和孔子的诋毁的说法,指出:"'教'也者,乃中国一至美至善神圣不可侵犯之名词。敬教劝学,自古有明训矣。乃近人不识'教'字之义,竟以为惟尚迷信者始得为教,不尚迷信者即不得为教。于是视教字如蛇蝎,以教字为不美不洁之名词,遂谬曰中国乃无宗教之国,孔子非宗教家。以宗教家尊孔子实是亵渎孔子。又曰孔教不是教,此等谬论,直是狂吠。呜呼,其亦不思之甚矣。"[3]

陈焕章进一步从教义、经典、庙堂等具体的方面证明儒家是一种宗教。

首先,他说儒教本来是一个教派的名字,所以中国历史上也是"儒释道"三教并称,然而"自汉武以儒为国教,举国皆儒,后人乃缩小其字义而狭用之。只称士大夫为儒,其实,凡奉孔子教者,皆当名之曰儒也"。[4]

就像和尚和神父一样有特别的宗教服装,孔教徒有自己的装束——儒服,他说"孔子衣逢掖之衣,冠章甫之冠,此所谓儒服也"。孔教也有自己的经典系统,也就是六经。而且他援引纬书的解释,将六经看作天意的呈现。

---

① 陈焕章《论孔教是一宗教》,《孔教论》,上海:商务印书馆,1912 年版,第 2 页。
② 陈焕章引用的是《说文解字》中对"礼"的解释:"礼,履也,所以事神致福也。"
③ 陈焕章《论孔教是一宗教》,《孔教论》,上海:商务印书馆,1912 年版,第 3 页。对于宗教和教化之间的关系,是当时中国人在翻译宗教概念时所遇到的重大理论问题。比如 1893 年,中国驻美公使彭光誉在参加于芝加哥举行的世界宗教大会时,极力想说明儒教的"教"与作为 religion 的汉译的"宗教"的差别。他说:"中国'教'即'政','政'即'教'。'政''教'皆从天子出。帝教、师教皆礼教也。礼教之外,别无立一教会号召天下者。"彭光誉认为,应该用"巫"而不是"宗教"来翻译 religion。彭光誉《说教》卷一,文光斋刊本,光绪二十二年(公元 1896 年)版,第 3 页。
④ 同上,第 16 页。

与别的宗教一样,孔教也有自己的戒律,他称之为"孔教之信条"。"既服儒之服而诵儒之言矣,则行儒之行尚焉。《儒行》者,孔教之信条也。"①同样孔教也有一套独特的仪式,最详备的记述在《礼经》中。而且儒家也有自己的神谱,虽然许多人都引用"子不语怪力乱神"来说明孔子是"敬鬼神而远之"的,但陈焕章的解释认为这并非表明孔教之不信鬼神,孔教认为人鬼一源,所以只要知道如何处理人的事务,自然也就了解了事鬼的原则。他还认为上帝和创世纪并非是基督教所专有,孔教也尊奉上帝,他说儒家经典中的"元"字就是上帝的代名词,"天"则不是指上帝,而是指有形之天。"惟上帝故能统天御天而造起天,此孔教中之创世纪也。"②但孔教与别的宗教的最大区别是"上帝与祖宗并重"。

除了与基督教寻找相似之处之外,陈焕章还着力发掘孔教和佛教之间的共同点,毕竟佛教的教义为大多数的中国人所熟悉。所以他提出"孔教之魂学"和"孔教之报应"。他认为孔教有许多词来指称灵魂,如"明德""天命之性"等,而且同样主张灵魂不灭。灵魂不灭是报应的重要基础。就此他将儒家的孝道观念和报应思想结合起来。③

陈焕章还将儒家的博士制度看作选择传教者的重要途径,儒家的宗教系统的统系分为大同小康两大派,分别由不同的弟子传播。他还将孔庙视为"孔教之庙堂",曲阜视为"孔教之圣地"。这种说法其实都是按照教会化的宗教的模型来比附的。他说:"凡宗教必有教堂。孔教之教堂则学校是矣。或曰文庙,或曰圣庙,或曰学宫。要而言之,则孔教之教堂而已。不能谓惟佛寺、道院、清真寺、福音堂等始可谓之教堂,而夫子之庙堂独不可谓之教堂也。""耶教之耶路撒冷、回教之麦加、孔教之孔林,皆教主之圣地。"④

针对一些人认为儒家或可说已然宗教化,但是孔子并非是宗教家的说法,陈焕章延续康有为的说法,强调孔子是一个教主。他进一步发挥说:首先,孔子活着的时候,就一直以教主自待。"孔子以前,中国政教合一,凡为开创之君主,即为教主。包牺、神农、黄帝、尧、舜、禹、汤、文王是也。自孔子以匹夫创教,继衰周而为素王,政教分离,实自此始。盖至是而宗教始能独

---

① 陈焕章《论孔教是一宗教》,《孔教论》,上海:商务印书馆,1912 年版,第 19 页。
② 同上,第 20—21 页。
③ 将孝道和报应相结合可能是不大符合儒家的基本理念的,因为儒家并不强调通过外在的制约而是侧重于从内心的体验来证明孝的必要性。这也是仁学的基本原则。陈焕章为证明孔教之宗教性,所采取的方法基本上是比附式的,即以基督教和佛教的基本形式来规范儒家,所以其中不合原意之处甚多。
④ 同上,第 27 页。

立,为教主者不必兼为君主,教统乃立于政统之外矣。"①孔子并不像别的宗教教主一样有神异的表现,对此,陈焕章认为这恰好是孔教优于其他宗教的地方,表明中国社会的进化更早地由迷信进入理性,所以孔子可以被称为"文明教主",而孔教则是"文明之宗教"。不能因为孔子身兼教育家、哲学家、政治家而剥夺其作为宗教家的资格。

其次,孔子之所以成为孔教教主还在于他的弟子和后学、同时代的人和后世的人都视孔子为教主。除此而外,陈焕章还举出一个对当时而言或许是十分重要的证据,就是"外国人以孔子为教主"。"凡西人所著之书,一言及中国之教主,必首举孔子;一言及中国之宗教,必首举孔教。一比较世界各教及其教主,必举孔教及孔子。盖孔子之为教主,久成事实。"②

显而易见,陈焕章是从对于西方意义上的"宗教"一词的含义入手来讨论儒家是一个宗教的,但也注意到了孔教和别的宗教的区别。不过,矛盾也在于此。在论证孔教的特殊性的时候,他的基本立场不自觉地回到了以别的宗教的样式来套儒家的倾向,所以其基本的证明方式都是在力图证明孔教和别的宗教之间的相似性,进而展开对否认孔教之宗教性的论点的反击。

对于陈焕章而言,证明孔教是一种宗教,只是其理论建构的第一步。他还有一个很关键的问题要处理,即还击科学主义者对于宗教的攻击。在启蒙运动之后,宗教在西方社会的地位也日趋衰落,而在科学主义和进化论的理论模式中,宗教代表着迷信和落后,在这种背景之下提倡孔教,要将原先具有理性化倾向的儒家"塑造"成儒教,有点不合时宜。因此陈焕章接下来的另一篇重要文章《论中国今日当昌明孔教》,就是要回答这些问题。

1840 年之后,特别是甲午战争失败之后,中国人开始反省失败的原因,一部分人逐渐开始怀疑作为中国传统之象征的儒家思想。民国之后,随着儒家合法地位的消失,对于儒家的怀疑和质疑之声也越来越高。在这样的社会氛围中,要确立孔教的地位,陈焕章首先要批驳的便是将中国的积弱归结于孔教的做法。在陈焕章看来,中国的落后是因为不断背离孔教的精神。他甚至认为反西方诸国的兴起是由于其内在的精神不自觉地符合孔教的精神。"欧美之强,亦最近之事耳。其所以强之故,皆暗合于孔教者也。我中国所以弱之由,实显悖乎孔教者也。欧美所以强之故,在养民、保民、教民、通民气、同民乐。"③而这些是《论语》《春秋》《孟子》等儒家经典的基本内

①　陈焕章《论孔教是一宗教》,《孔教论》,上海:商务印书馆,1912 年版,第 5 页。
②　同上,第 14—15 页。
③　同上,第 29 页。

涵。而且孔教对于中国的进步也产生了巨大的作用,如"废封建而免割据之分争;废世卿而免贵族之压制;不立巨子以绝教徒之专横;裁抑君主以重民权之尊贵;学校遍立、选举普通,则人人可徒步而至卿相;分田制禄,口分世业,则人人可得地以养身家;天地之性人为贵,故人权独尊,而奴隶之制废矣;天下无生而贵者,故平等相尚,而阶级之制破矣;轻徭薄赋,尚德缓刑,虽无成文之宪法,而有孔教经义以代之。举凡人身自由、信教自由、言论自由、出版自由、集会自由之属,他国于近世以流血而得之者,吾中国早于二千年前,以孔子经义安坐而得之"。[①] 正是因为孔教的存在,才使得中国的古老文明能经历数千年而不坠。

孔教在历史上的作用如此之大,并不能证明孔教适用于当时的中国,陈焕章继续从个人、家庭、国家、社会等方面进行论证,将孔子思想和当时流行的自由、平等思想和国家主义、民族主义的观念进行了比较,得出的结论是孔教完全适合于今日的中国。

对于个人,陈焕章认为将孔教描述成只注重家庭不注重个人是不正确的,他说孔教是有"自由"精神的。他从《大学》之修齐治平的条目来证明个人是儒家的出发点,由此为自由的确立创造了可能性,但自由不等于"自任",所以儒家特别强调修身,儒家的自由是建立在责任的基础上。

对于家庭,陈焕章认为孔教肯定男女平等,"男女有别"不足以否定男女平等,在这里他援引康有为的"大同""小康"不同世不同法的观点化解问题。他指出男女有别只是据乱世的说法,到了升平世、太平世就男女无别了。对于家庭妨碍国家主义观念的看法,陈焕章也认为不尽然。"盖国之下,不能无家,犹之中央政府之下不能无地方政府也。"[②]即使家族主义发达伤害到国家意识的确立,也不能采取"家庭革命"这样的激进方法来矫正。

陈焕章还对皇权政治下的"君臣关系"进行了重新解释。"孔子之教有君臣一伦。盖凡同事者,皆可名曰君臣也。主其事者谓之君,辅而行之者谓之臣。"[③]所以君臣关系被解释成上下级的关系。即使是实行民主的政治体制,也并不妨碍使用君臣之伦这一伦。"今中国改大皇帝为大总统,诚可谓政治之进化矣。然大皇帝为国家之元首,大总统亦为国家之元首。虽其名号殊,其实权殊,而其为元首则一也。美为民主,而其阁员也用英国尚书之

---

① 陈焕章《论孔教是一宗教》,《孔教论》,上海:商务印书馆,1912年版,第30页。
② 同上,第38页。
③ 同上。

名。法为民主,而其阁员也袭昔日大臣之号。盖君臣之伦,只有进化,而并无绝灭。……且夫君臣之道并无损于平等自由之理者也。"①陈焕章还用儒家的民本思想来证明孔教的"重民主义",他指出专制本身是政治发展的必经阶段,孔教与专制之间并非是一种因果关系。且中国的祸害不在专制,而在于长期受专制的束缚,现在进化为共和,不过是圣法中"随时救民"思想的一种体现。

包括梁启超、孙中山等人都说过,中国古代只有天下概念,并无现代政治意义上的民族—国家概念,不能产生建立在国家认同基础上的爱国主义,所以孔教是世界主义的而不是爱国主义的。这在民族主义盛行的近代中国显然是一个很大的缺点。② 陈焕章认为孔子思想中有深厚的爱国的情感。"孔子虽重礼让,然一语及救国,则以争为主。盖国之存亡,关系极大,此而不争,诚不可谓忠也。世人每谓孔子多言忠君而罕言忠国,然此条之所谓忠,非忠国而何? 尽忠于国,争以救国为事,而不许他人之亡我国家,此孔子忠国之义也。"③

按陈焕章的说法,孔教对于社会的作用主要体现在:(1)朋友之道,(2)博爱之道,(3)以财聚人的社会政策,(4)慈善事业。

对于孔教的将来,陈焕章的主张显然是基于康有为大同理念而综合了当时流行的社会主义、进化论和平等博爱观念。他所列举的有:

　　一曰混合全球也。破除国界,《春秋》所谓"大一统";《礼运》所谓"天下为公"也。

　　二曰变化种色也。改良人种,以同一世界之人类。《论语》所谓"有教无类"也。至于颜色皆变,乃真可谓同化矣。

　　三曰大振女权也,女子与男子各各独立,《礼运》所谓"女有归"也。

　　四曰同为天民也。破除家界,直隶于天。《礼运》所谓"不独亲其亲,不独子其子"也。

---

① 陈焕章《论孔教是一宗教》,《孔教论》,上海:商务印书馆,1912年版,第39页。
② 葛兆光曾经分析过近代中国的普遍主义和民族主义之间的紧张。"有两种观念已经不言而喻地成了人们思考的基础,一个是普遍的世界主义观念,在弱肉强食的现实支持下,在成王败寇的心理刺激下,人们相信世界必然向一个类似于西方列强的方向发展,中国也不例外;一个是个别的民族主义观念,人们相信只有民族与国家的强大,才能够与列国一同存在于世界的现代秩序内,中国当然也不例外。"葛兆光《中国思想史》第二卷,上海:复旦大学出版社,2000年版,第680—681页。陈焕章整个的孔教理论建构都体现着这种紧张,因此不如世界主义者彻底,不如民族主义者能打动人心。
③ 陈焕章《论中国今日当昌明孔教》,《孔教论》,上海:商务印书馆,1912年版,第45页。

　　五日公营生业也。此近世所谓社会主义,即《礼运》所谓"货恶其弃于地,不必藏诸己,力恶其不出于身,不必为己"。又《春秋》何注所谓"天地所生,非一家之有,有无当相通"是也。

　　六日博爱众生也。戒杀放生,《玉藻》所谓"君子远庖厨,凡有血气之类,弗身践"也。又《繁露》曰:"至于昆虫草木莫不爱,不爱何足谓仁。"故孔教之仁与佛同道也。

　　七日同止至善也。改良人性⋯⋯①

　　在阐述了孔教的现在和未来之后,陈焕章强调昌明孔教的迫切性,这也是建立孔教会的根本原因。首先,大多数中国人虽然已是孔教徒,但缺乏自觉,所以要让他们"知本"。其次,孔教虽然已经很完备,但是随着时代的变化,必须改良。特别是共和革命之后,教义中不适合时代的需要"变更"。变更并不意味着背弃。比如他说,国外的大学无不读经,而中国学校废除读经会使人"不知孔教为何物",相当于"焚书坑儒之祸复现于今日"。再则,宗教是文明人必有的信仰,所以不承认孔教是宗教就好像是驱"中国人为无教之禽兽"。不仅如此,近世哲学盛行而神权日渐衰落,孔教以其理性主义之特质而特别适合于当今世界。对于中国人而言,当务之急是废除那些真正的迷信活动,而使之恢复到以报本尊亲为要务的孔教中来,恢复自宋明以来不断薄弱的宗教情怀。这样就能为这纷乱的社会提供价值支持,并使一盘散沙的中国人有一共同的信念,以"保教"而达到"保国""保种"的目标。

　　陈焕章具体地反驳了几种流行的反对孔教观点,强调昌明孔教完全没有弊端。比如,针对有人认为倡导孔教将导致教案的说法,陈焕章认为近代教案出现的主因是晚清政治的腐败,而且也不能因为别人一指"仇教"就放弃自己的信仰,这是典型的崇洋媚外的做法。而关于昌孔教和近代政教分离的关系,陈焕章认为中国历史上并没有出现过孔教与国家政权之间的冲突,而中国社会是建立在孔教之上的,"孔教之全体,言政治者至少居其一半",所以要将孔教划出政治之外,除非完全抛弃中国文明。② 他相信建立孔教可以挽救现实政治的弊端。陈焕章还强调孔教并不会成为发展科学的障碍,就像西方的宗教并没有阻碍西方科学的发展一样。

　　对于孔教阻碍思想自由、信仰自由的说法,他指出现在的情况是许多人

---

①　陈焕章《论中国今日当昌明孔教》,《孔教论》,上海:商务印书馆,1912年版,第49—50页。

②　在关于政教关系这一点,陈的立场在本处与前面《孔教是一宗教》中略有出入,在《孔教是一宗教》中强调的是孔子创教本身就是因为政教分离。

以信仰自由为名剥夺了人们信仰孔教的权利。所谓信仰自由对欧洲人而言是个新词,对于中国而言只是旧章。信仰自由和明定孔教为国教是"车之两轮,鸟之两翼",没有国教是过于放任,而不许信教自由是干涉太过,所以两者并行才是最为合理的方案。[①]

陈焕章还提出了在当时的条件下如何发扬孔教的具体办法。其中包括:

1. "遍立孔教会"。

2. "特立教会籍"。中国自古以来是一个大一统的国家,所以并无国籍,而孔教也没有教籍。而"凡入会者,皆为入教。当注名于教会之籍,注籍之费,务取其轻,以普及为主,拟无论男女在十六岁以下者,收银五分,十六岁以上者,收银一角"。

3. "特设教旗",为黑白赤三色,象征三统三世之意,并在白色中画一木铎。

4. "以孔子纪年"。

5. "遍祀上帝而以孔子配"。

6. "学校皆祀孔子"。

7. "学校讲经"。

8. "来复日集众讲教"。凡孔教会设有专门的讲员,以清代讲"圣谕广训"的办法讲解孔教经典。

9. 庆祝孔子诞辰。

10. "以教会主吉凶之礼"。"今拟凡孔教会中人,皆以本会之知礼者主持一切典礼。庶将来可以养成一种礼学专家,而于化民成俗之得道焉矣。"

11. 发愤传教。[②]

陈焕章所设计的孔教仪式的原型主要来自基督教,从实际的效果而言,虽然孔教立为国教的请愿活动引起了巨大的社会反响,但这种仪式化的孔教并没有真正落实在民众的具体信仰活动之中。毕竟传统儒家是偏向理性而与一般意义上的宗教有很大的距离,因而诵经等活动可能会产生效果,但以孔教的仪式来取代佛道和基督教的仪式性活动,则难以为一般民众所接受。

在 1916 年的孔教国教化的活动失败之后,孔教会继续在舆论和教育方面做新的尝试。到 1917 年因为康有为卷入张勋复辟事件,孔教会面临巨大

---

①　陈焕章《明定原有之国教为国教并不碍于信教自由之新名词》,沈云龙主编《民国经世文编(交通·宗教·道德)》,台北:文海出版社,1970 年版,第 18 页。

②　陈焕章《昌孔教之办法》,《孔教论》,上海:商务印书馆,1912 年版,第 59—62 页。

的危机,总会长康有为辞职,总理孔祥霖也在孔子诞辰前的 9 月 27 日去世。因此,在该年的曲阜孔教大会上大家公推陈焕章接替会长一职,但被陈拒绝。因为新的会长难产,孔教会由北京总会事务所主任陈焕章及曲阜总会事务所主任孔繁朴两人低调主持。孔教会在国教运动失败及一系列的风雨之后如何继续发展,是陈焕章等人所面临的最大问题。在 1917 年的孔教大会上,"大会议决之事:第一,国教务须继续争持;第二,国教未经新宪法规定以前,全国文庙,皆当极力保全,有侵犯者,务必全国一致,抵死力争;第三,除遵照现行学校章程外,并实行本会在内务、教育两部立案章程,于小学拜圣读经,万不能受地方官非法之干涉,有妄加干涉者,当与全国共弃之;第四,定祀孔配天之礼,立昊天上帝神位、大成至圣先师孔子神位而并祀之,凡祠庙公所原奉别神者,皆可加立两神位而崇奉之,其在家庭,亦可与祖先同祀;第五,定大成至圣先师六字为念圣辞,借以存心养身、集福免祸,念时拱其手,男尚左,女尚右;第六,每年大成节,各支分会当量力捐助祭费,不立定额;第七,除曲阜大会时期外,平日各省会务,皆报告北京总会,以利推行;第八,集股办报,各支分会应尽力募股及销报"。① 随着陈焕章掌控能力的增强,孔教总会的重心由曲阜渐渐移回了北京。孔教会的诸项行进计划也因大会议决而次第展开。如 1917 年孔教会在北京创办《经世报》,陈焕章任总经理兼总编辑。1923 年,北京孔教大学正式开学,陈任校长,这所学校的宗旨是"昌明孔教,培养通儒",张琴、林纾等被聘为这所学校的讲师。

创办孔教大学是陈焕章与孔教会相联系的一个重要活动,其最初的动因是官方教育中排除了读经教育。西学背景深厚的陈焕章却认为,中小学废除读经让他痛心疾首。尤其是提倡百家争鸣、自由民主的新文化运动的基地北京大学的学风更是一种离经叛道、弃伦灭理的做法。正是由于读经的取缔和新文化运动将儒家观念鬼神化、妖魔化,导致了青年人不读经、不信教,儒学丧失了群众基础,从民众的价值体系中剥离出来。"况乎当今之时,北京学风之坏,为全国冠,一切离经畔道弃伦蔑理之说,均由此出。吾人不欲拨乱世反诸正则已,苟诚欲之,万无不在北京设立孔教大学以作为中流之砥柱,而乃退立于偏隅僻地之理也。"②

陈焕章更是将北京大学视为破坏孔教的大本营。"乃今中华民国,虽以北京大学,亦竟废去经科,且并经学名目亦无之,甚至以北京大学为破坏孔教之大本营。盖全国之中,自大学至小学,实皆废经,高等小学前虽有'读

---

① 陈焕章《丁巳大成节第五届曲阜大会报告书》,《北京时报》1917 年 12 月 3 日,第 5 版。
② 陈焕章《孔教总会堂之重要》,《昌明孔教经世报》第 1 卷第 1 号,1922 年 1 月。

经'二字,然三年毕业仅读《上》(《尚》)、《论》数篇,等于无有也。今则并高
等小学亦不读经矣。此为中国有史以来之奇变。"①

有鉴于此,他认为孔教会应该把宗教活动和教育活动结合起来。这大
约也是受到当时十分流行的教会大学的刺激。陈焕章说:"孔教者合宗教与
教育为一,而以教师为教士,学校为教堂者也。盖孔子者不特中国宗教之
祖,亦中国教育之祖。孔子以前宗教与教育之权,皆专属于政府,自孔子以
匹夫创教,以匹夫讲学,遂创平民宗教、平民教育之局。"②因而孔教大学,是
陈氏孔教实践的重要基石,乃至儒家在近代体系中寻找自身位置的重要尝
试。他企图通过孔教大学,建立"儒家理论(重新知识化)—孔教大学(现代
教育体系)—孔教(信仰)"的体系,即将儒学重新知识化,通过大学教育达
到信仰传播,试图一揽子解决儒家面对现代性的挑战所带来的困境。

陈焕章建立孔教大学,通过将儒学重新进行"知识化"和"专业化"的转
换,也以一种大学的姿态出现,"争夺青年",③培养出制度化解体之后的新
的儒者,所谓"通儒",然后用他们来传递信仰或者影响政治或者树立榜样,
以至于重新把儒家理念纳入民众的价值体系之中。

因此,"拜圣读经"成为孔教大学治学理念的核心要求。"是故学校拜
圣读经之事,实为孔教之生死问题。……孔教中人虽亦或主持学校,然竟受
人压制,不能拜圣,不能读经,此乃孔教徒懦弱之奇耻大辱也。"④

他希望通过一种礼教次序来传递一种尊重的信念。是故"拜圣"不仅是
崇拜、膜拜的意思,更重要的是一种谦逊态度,一种对于儒学传统的敬意;
"拜"也是以一种秩序表示长幼尊卑的关系,是一种"礼"的体现。陈氏虽然
在学科体系中加入了很多西学成分,甚至使用西学体系重新对于儒学资源进
行知识化重组,但在态度上,他并不是以激烈批判的态度而是一种尊敬的开发
者的姿态;另外,通过将"拜"作为一种学校的礼仪仪式构建信仰的认同感,
在学校通过构建一种仪式程序,似乎像西方宗教那样,作为信仰仪式存在。

但是陈焕章的孔教大学也没有延续很久,"1931 年时,还有学生 35 名,
旋即名存实亡"。⑤ 1931 年,他回到家乡,潜心从事《宣统高要县志》的修
订,直到 1933 年去世。

---

① 陈焕章《孔教会之要重(重要)》,《昌明孔教经世报》第 1 卷第 1 号,1922 年 1 月。
② 同上。
③ 李新、孙思白主编《中华民国史资料丛稿·民国人物传》,北京:中华书局,1980 年版,第
   296 页。
④ 陈焕章《行教方针》,《昌明孔教经世报》第 1 卷第 1 号,1922 年 1 月。
⑤ 李铁虎编著《民国北京大中学校沿革》,北京:北京燕山出版社,2007 年版,第 87 页。

第四节　现代新儒家对儒家宗教性的讨论

在康有为的孔教会的努力失败之后,儒学进入了现代的学术体制,这样,儒学的问题更多地转变为一个学术问题,而非制度体系的重构问题。

在科学主义和信仰自由的大背景下,儒学的论域不断转入道德心性领域,或者是忙于证明儒学与现代民主科学精神的一致性,儒学的宗教性问题,则是在这样的背景下,进入现代新儒家的话语体系中的。

如果更仔细的分辨,新儒学对于儒家宗教性的问题的讨论可以分为两个部分,一是牟宗三之前的现代新儒学从宗教对于道德和文化的意义来定位儒家的宗教性问题。从某种程度上看,儒家的宗教性问题是一个对于"现代性"的反应。一方面儒家试图从由现代化所带来的社会问题中,发现自己的"矫治"功能;另一方面,现代性作为西方化的一个面向,儒家所能发挥的作用从社会政治领域退回到精神信仰领域,那么宗教问题便成为核心。二是杜维明和刘述先等从全球化时代的宗教对话的角度来阐明儒家的意义。

而面对全球化和"文明冲突"的挑战,宗教和文化对话成为寻求人类和解的重要途径,尽管纵观人类历史上的重要冲突,宗教的冲突始终是主角,但是,面对武器和高度发达的物质文明,宗教却反而成为寻求和平的突破口。就此,儒家在历史上很少有宗教冲突历史的清白之身,显然可以有很大的言说空间。

一、新儒家对儒家宗教性的思路

作为新儒家的开端的梁漱溟,他对于儒家与宗教的关系的认识是"似宗教非宗教"和"以道德代宗教"。他说:"我们看他怎样作法可以使社会上人都得一个仁的生活呢? 在这个地方孔子差不多有他的一副宗教。我们不要把宗教看成古怪东西,他只是一种情志生活。……不过一般宗教所有的一二条件,在孔子又不具有,本不宜唤作宗教;因为我们见他与其他大宗教对于人生有同样伟大作用,所以姑且这样说。我们可以把他分作两条:一是孝弟的提倡,一是礼乐的实施;二者合起来就是他的宗教。"①

但在梁漱溟看来,儒家终究与宗教有别,很多的时候是以道德代替宗

---

① 梁漱溟《东西文化及其哲学》,《梁漱溟全集》第一卷,济南:山东人民出版社,1989 年版,第466—467 页。

教,也就是说儒家的道德教化在很多时候替代了宗教在社会中的功能。

道德代宗教的话头虽然没有被后面的新儒家所接受,但是着力从道德境界层面去论述儒家的宗教性,却是一个共同的潮流。"此'内圣之学'亦曰'成德之教'。'成德'之最高目标是圣、是仁者、是大人,而其真实意义则在于个人有限之生命中取得一无限而圆满之意义。此则即道德即宗教,而为人类建立一'道德的宗教'也。此则既与佛教之以舍离为中心的灭度宗教不同,亦与基督教之以神为中心的救赎宗教不同。在儒家,道德不是停在有限的范围内,不是如西方者然以道德与宗教为对立之两阶段。道德即通无限。道德行为有限,而道德行为所依据之实体以成其为道德行为者则无限。人而随时随处体现此实体以成其道德行为之'纯亦不已',则其个人生命虽有限,其道德行为亦有限,然而有限即无限,此即其宗教境界。"①

而更富有理论思辨能力和吸收了更多西方思想资源的牟宗三则是从儒家"即宗教即道德"来理解儒家的宗教性的。

牟宗三有一种倒因为果的证明方式,他认为一个文化不能没有它的基本内在心灵,这是创造文化的动力,也是文化独特性的标志,而这均体现在宗教之中,而中国的内在心灵和文化独特性的标志在儒学,所以,儒家完全是一种宗教传统。

牟宗三认为儒家与西方的基督教有很大的不同,关键在于儒家对于天人之际的问题有自己独特的理解,即"性与天道",他说:"天道高高在上,有超越的意义。天道贯注于人身之时,又内在于人而为人的性,这时天道又是内在的(Immanent)。因此,我们可以康德喜用的字眼,说天道一方面是超越的(Transcendent),另一方面又是内在的(Immanent 与 Transcendent 是相反字)。天道既超越又内在,此时可谓兼具宗教与道德的意味。宗教重超越义,而道德重内在义。"②

"内在超越"的说法受到了很多的争议,但就体现儒家思想兼具宗教与道德的复杂意味而言,还是一个很合适的词汇。

唐君毅对于宗教的论述也很多,他一方面同意儒家与一般而言的宗教的不同之处,但更多从"宗教性"来立说:"儒家精神,亦有与一切人类高级宗教共同之点,此共同点即其宗教性。故过去曾有儒释道三教之称,而今后之儒家思想,亦将不只以哲学理论姿态出现,而仍可成为儒者之教。此儒者之教与一切宗教之共同点,即他是重视人生存在自己之求得一确定的安身

① 牟宗三《心体与性体》(一),台北:正中书局,1968 年版,第 6 页。
② 牟宗三《中国哲学的特质》,台北:台湾学生书局,1963 年版,第 20 页。

立命之地的。"①

牟宗三和唐君毅的共同之处是通过对于人生境界的阐扬来彰显儒家的超越性,如 1958 年发表的《为中国文化敬告世界人士宣言》中说:"中国之儒家思想,则自来要人兼正视生,亦正视死的。所谓杀身成仁,舍生取义,志士不忘在沟壑,勇士不忘丧其元,都是要人把死之问题放在面前,而把仁义之价值之超过个人生命之价值,凸显出来。而历代之气节之士,都是能舍生取义,杀身成仁的。西方人对于殉道者,无不承认其对于道有一宗教性之超越信仰。则中国儒者之此类之教,及气节之士之心志与行为,又岂无一宗教性之信仰之存在?"②唐君毅和牟宗三等当时的新儒家,对于儒家宗教性的讨论存有一种内在的紧张,这就是他们要通过宗教性来确定儒家的独特性,但在确定其宗教性的时候,又多以西方的宗教为其论证之逻辑。

二、宗教与文明对话中儒家的角色

20 世纪末,随着全球化的加深,文明之间的关系问题被空前关注。这是因为全球化在增进不同族群的人们之间互相了解的同时,也造成了对文化多样性和本土意识的强调。因此,文明对话成为一个十分重要的议题。

杜维明和刘述先作为后牟宗三时代重要的新儒家代表人物,他们以创造性的儒家立场的代言人的角色积极参与文明对话和宗教之间的对话活动。

在杜维明看来,文明对话是要解构毫无个性的普遍主义和民族沙文主义。他认为,在历史上,每一个伟大的民族和宗教传统都会遇到截然不同的信仰体系和信仰共同体,每一次相遇也会产生紧张和冲突,但是也会对不同文明产生巨大的动力,从而推动文明的进步。文明对话的前提是承认不同文明之间的差异和不平等,但不同的宗教和文明都会贡献自己的智慧,从而为解决人类所面临的困境提供出路。

具体到儒家的宗教性问题,他依然继承了牟宗三关于内在超越的理路:"儒家一直希望能够在现实既有的社会政治结构中发挥转化的功能。从这个角度看,它可能比较现实,它超越的理想性、终极关切,和其他宗教相比可能比较薄弱。更确切地说,它不是超越而外在,而是超越而内在。它不是打破既有制度完全从不同的角度再建立一套新的制度,就像基督教那样,天国所代表的价值和世俗的价值截然不同,或是像佛教那样,把最原始的、人与

---

① 唐君毅《中国人文精神之发展》,《唐君毅全集》卷六,台北:台湾学生书局,1988 年版,第 365 页。

② 唐君毅著,黄克剑等编《唐君毅集》,北京:群言出版社,1993 年版,第 489—490 页。

人相遇而组成的社会结构打破,再以庙宇为中心,重新构造一个理想世界。儒家正如我们前面所讲的,它最高的道德理想是在人的基本情感和生物本能上建立起来的。因此,它对于社会原初的联系,比如家庭联系,采取了积极承认的态度,不仅不把它当作妨碍个人人格完成的禁锢,而且认为它是促使人格完成的真正现实基础,这是一个很值得我们理解、研究的课题。"①

儒家正是因为建立在人之常情的基础之上,所以,它在精致和平常之间建立起一种有效的连接。"你越能深入自己的内在的泉源,你就越能超越,这就是孟子所谓的'掘井及泉'。超越要扣紧其内在,其伦理必须拓展到形而上的超越层面才能最后完成。伦理的最高完成是'天人合一',但它最高的'天',一定要落实到具体的人伦世界。既要超越出来,又要深入进去。有这样一个张力,中间的联系是不断的,因此可以出现理学家所谓的'太极'、'天'、'理'等观念。这些观念一方面可以说即使是圣人也不可知,另一方面它又很平实,没有西方的那种神秘主义。"②

刘述先则参与了汉斯·昆主持的《走向全球伦理宣言》的起草,他通过对"理一分殊"这一格言的重新解释,认为人类存在着一个共同的价值,在不同的宗教和文明中以不同的方式呈现出来。而中国儒家和西方的宗教就表现为"内在超越"和"外在超越"这样不同的超越观念。"就西方神学的脉络来说,一般以'一神论'思想属外在超越说,而'泛神论'思想属于内在超越说。先略加疏解如下。任何宗教信仰不能不涉及'神'、'人'、'世界'这三个重要成分,其中神属于超越层,人与世界属于内在层。要了解究竟这两个层次如何互相关连,乃产生了外在超越与内在超越两种形态之差异。举例说,犹太教、基督教与伊斯兰信奉一神教,是属于外在超越的形态。依据这一条思路,上帝创造世界万物——当然也包括人在内——但不是世界的一部分。也就是说,创造者(Creator)超越于被创造的世界万物之外,乃是'纯粹的创造'(Pure Transcendence)。那么上帝如何与被创造的万物发生关连呢?盖人得其秀而最灵,上帝又在人中间挑选出先知,通过启示(Revelation),让上帝的旨意下达于人间,以贯彻它的意志。但西方也有泛神论的思想与这一路的思想大异其趣。举例说,新柏拉图派的普罗泰纳斯(Plotinus)之'流出'(Emanations)。精神的太阳以发射的方式流出世界灵魂、个体灵魂以及物质,后者是阳光之缺乏。这是一种一神而泛神的思想,世界万物到处都闪耀着神圣的光辉,超越(神)即内在于世界之中,乃为一种内在超越的思

---

① 杜维明《儒学第三期发展的前景问题》,台北:联经出版事业公司,1988年版,第180页。

② 同上,第188页。

想。中世纪的神秘主义、近代斯宾诺莎均属于这一形态的思想。东方的印度教、道家、禅乃至儒家天人合一的体证也接近这样的思想。"①

杜维明和刘述先均认为，因为中国传统的宗教就是多元宗教并存的状态，因此，无论是儒家还是佛教、道教都有丰富的多元主义观念，应该能从中发掘出促进宗教对话的资源。

21世纪以来，建立一种体制化的儒教的看法又开始成为学者们关注的问题，有人还提出要让儒教成为国教。但是儒家思想即宗教即道德的特性和国教和信仰自由的宪法原则之间的冲突必将成为儒家教会化的重要障碍。在这样的背景下，关于公民宗教的设想逐渐引起了一些人的注意。

公民宗教的内涵是对基于某种神圣性话语的观念、价值和仪式在公共领域尤其是对政治制度及其运作、评价发挥承担着某种基础性、形式性或目标性功能与作用的概括和称呼。它的现代阐释者是美国学者罗伯特·贝拉，而这一思想的渊源则可以追溯到卢梭、马基雅维利、霍布斯、托克维尔、涂尔干等。陈勇认为，贝拉提出公民宗教论是要为美国的立国精神和其神性根源之间的关系进行论证，并概括出公民宗教的几个基本原则。

"公民宗教的第一个原则就是，它要体现一个国家的立国精神和核心价值，并在这些精神和价值之上建立一套超越的、神性的评判标准，为政治或政道提供终极合法性。""公民宗教的第二个原则就是，它既要建立在传统的建制宗教的基础之上，又要与任何具体的建制宗教有所区别。……贝拉更明确指出，公民宗教至多是形式上的、边缘化的存在，它不需要强有力的体制支持，而主要是存在于人们的道德意识、风俗习惯和行为规范中。"②

如果说基督教、佛教诸"个人宗教""自然宗教"主要是提供灵魂或精神的慰藉和救助，那么，作为其"衍生物"的公民宗教，主要的功用是确立政治制度与运作的价值标准，从而确立其合法性、提供共同体的认同基础、提升其凝聚力。如果从这样的前提出发，儒教作为公民宗教有两大现实的功用，一是它可以担负起凝聚精神的力量，同时又可以超越于宗教之间的直接冲突。二是与传统儒家在中国社会中的作用得到有效的衔接。

提倡从公民宗教角度来讨论儒家宗教性问题的陈明说："从公民宗教角度讨论儒教问题，在方法上是把儒教置于其与社会政治的关系中，考察儒教诸元素在实践中的实际状况和功用。从学术思想上讲，它可以将儒教本身

---

① 刘述先《论宗教的超越与内在》，《儒家思想开拓的尝试》，北京：中国社会科学出版社，2001年版，第54—55页。

② 陈勇《公民宗教论综述》，陈明等主编《原道》第13辑，北京：首都师范大学出版社，2007年版，第87—88页。

的形态结构(如神祇、经典、教士等)这个'亚细亚式问题'姑且悬搁起来,排除先入之见的干扰(基督教视角和圣教本位)进入对儒教的历史把握和分析;从儒学本身讲,它可以通过对曾经鲜活的儒教诸元素(表现为某种情感和价值原则)的激活,反过来刺激促成作为有机整体的儒教在其他方面的复兴,如信仰、祭祀以及组织活动等。从文化发展战略讲,它可以避开所谓政教合一、儒教国教论等高调理论,使儒学儒教在今天的发展变得比较平稳顺当。换言之,公民宗教不仅是儒学实现复兴的重要标志,也是其实现复兴的重要途径。"①

陈明认为公民宗教主要是要通过以公民宗教的形式激活作为元素的儒教在公共领域里的活性与功能,巩固拓展其社会基础和心理基础,在世道人心对它的认知和体会中实现其作为结构的发育。

当然对于公民宗教的说法,主要是针对现有的儒教设想提出来的,陈明的想法分为两个层次:他说:"我的儒教思考分为两个层次:在私人领域或ethnic group 意义上的汉族层面讨论作为一个宗教(a religion)的儒教问题;在公共领域或 nation 意义上的中华民族层面讨论作为公民宗教的儒教问题。同样是着眼于儒教传统的'治世'功能,公民宗教说不是从自己的信仰逻辑出发规范社会,而是从自己相关论述与社会意志、利益的关联契合出发寻建自己与社会的连接点。换言之,是在公民社会的基础上讨论政治共同体的文化结构,在这个文化架构里讨论公民宗教,再然后从公民宗教出发讨论儒教与社会的连接积极对国家建构与国族建构的意义。在这里,儒教是以竞争者的身份争取历史和时代的拣选,力争在尊重政教分离、宗教平等的现代原则下将作为汉族文化的儒教思想因子向公共领域推广扩展。"②

---

① 陈明《对话或独白:儒教之公民宗教说随札》,陈明等主编《原道》第14辑,北京:首都师范大学出版社,2007年版,第51页。
② 陈明《国家建构与国族建构:儒家视角的观照与反思》,《社会科学》2013年第1期,第148页。

第八章　礼法社会——儒家与中国的法律

儒家的理想是建立一个礼乐社会,然在现实的政治中,也意识到只有道德并不能完全安定社会,也需辅之以法律的手段。这样的意图按《礼记·乐记》的说法,就是礼乐刑政四种手段被合理地利用,"王道备矣"。"是故先王之制礼乐,人为之节,衰麻哭泣,所以节丧纪也;钟鼓干戚,所以和安乐也;昏姻冠笄,所以别男女也;射乡食飨,所以正交接也。礼节民心,乐和民声,政以行之,刑以防之,礼乐刑政,四达而不悖,则王道备矣。"

然而,对于这四种手段的权重的认识是不同的,儒家始终肯定道德教化在社会治理中的优先地位,而刑律只是"必要的补充"。

第一节　礼乐相对于刑政的优先性

在《论语·为政》中,孔子说:"道之以政,齐之以刑,民免而无耻;道之以德,齐之以礼,有耻且格。"意思是说依赖刑律来治理这个国家的话,会导致百姓绕开法律而缺乏对社会规范的敬畏,只有以礼乐来教化人,百姓才会从内心接受这个秩序。所以当有人问孔子诉讼方面的问题的时候,孔子的回答是:"听讼,吾犹人也,必也使无讼乎。"(《论语·颜渊》)也即他处理诉讼的目的是让以后不会发生类似的案件。

然而,在孔子所处的时代,中国的法律也在发生巨大的变化,按照《唐律疏议》的概括,这个时期也是中国早期法律的逐渐成文化的时期。"昔者,三王始用肉刑。……《尚书大传》曰:'夏刑三千条。'《周礼》'司刑掌五刑',其属二千五百。穆王度时制法,五刑之属三千。周衰刑重,战国异制,魏文侯师于李悝,集诸国刑典,造《法经》六篇:一、《盗法》;二、《贼法》;

三、《囚法》;四、《捕法》;五、《杂法》;六、《具法》。商鞅传授,改法为律。"
这段话中对于早期法条的繁复性的描述存在着夸张的成分。不过,对于李
悝和商鞅之间的传授关系,我们可知已经有专门的刑律人士。而《法经》的
出现则表明成文法典的形成。

在春秋战国礼崩乐坏的大环境下,社会的流动性增加,所以一些人希望
通过公布法令的方式来提升大家的守法意识。公元前536年和513年,发
生了中国法律史上具有重大意义的两个事件:郑子产铸刑书,晋铸刑鼎,也
就是颁布成文刑律。深受欧洲大陆成文法传统影响的今人,肯定觉得颁布
成文法律是历史的一大进步。然而,当时一些明智的人士却对此提出了严
厉批评。晋国的叔向对郑子产铸刑书提出批评:

> 昔先王议事以制,不为刑辟,惧民之有争心也。犹不可禁御,是故
> 闲之以义,纠之以政,行之以礼,守之以信,奉之以仁。制为禄位,以劝
> 其从,严断刑罚,以威其淫。惧其未也,故诲之以忠,耸之以行,使之以
> 和,临之以敬,莅之以强,断之以刚,犹求圣哲之上、明察之官、忠信之
> 长、慈惠之师,民于是乎可任使也,而不生祸乱。民知有辟,则不忌于
> 上。并有争心,以征于书,而徼幸以成之,弗可为矣。……民知争端矣,
> 将弃礼而征于书,锥刀之末,将尽争之。乱狱滋丰,贿赂并行,终子之
> 世,郑其败乎?(《左传·昭公六年》)

叔向的批评认为以前的议事规则倾向于从教化的角度去防范人们产生
违背社会惯习的行为,而一旦将这些惯习以文字的方式公布出来,那么上下
尊卑的秩序就会被破坏,并增加侥幸心理。然后就在叔向批评完子产的二
十多年后,晋国也开始铸刑鼎,这一行为直接引发孔子的批评。

> 晋其亡乎,失其度矣!夫晋国将守唐叔之所受法度,以经纬其民,
> 卿大夫以序守之,民是以能尊其贵,贵是以能守其业。贵贱不愆,所谓
> 度也。文公是以作执秩之官,为被庐之法,以为盟主。今弃是度也,而
> 为刑鼎,民在鼎矣,何以尊贵?贵何业之守?贵贱无序,何以为国?且
> 夫宣子之刑,夷之蒐也,晋国之乱制也,若之何以为法?(《左传·昭公
> 二十九年》)

孔子认为晋国的做法已经"失其度",儒家所提倡的教化为本的政治,其
"榜样"在人,即要通过一批人的示范性行为为社会树立标杆,而一旦将规则

铸于鼎,那么"人"的尊贵性体现在什么地方呢?

　　孔子反对铸刑鼎,是在探讨法律和人类行为之间的关系,这一点霍布斯的观点值得注意,他说:"法律是一种命令,而命令则是通过语言、文字或其他同样充分的论据发布命令的人之意志的宣布或表达。根据这一点,我们就可以认识到,国家的命令,仅仅对于能了解的人说来才是法律。……除开自然法而外,所有其他法律都有一个必不可缺的要点,那便是以大家知道是来自主权当局者的语言、文字或其行为向有义务服从的每一个人公布。因为别人的意志除开根据他自己的语言或行动来了解,或是根据他的目标与范围加以推测来了解以外,便无从得知。……法律单是以明文规定并加以公布还不够,还必须要有明显的证据说明它来自主权者的意志。"①法律只有被人内在地接受才能有效,否则并不能培育人们遵守法律的自觉性。

　　有一些专家从法律的发展史的角度认为这是一种进步。瞿同祖指出,郑国、晋国颁定刑书,"法律才由秘密而公开,不再是贵族的秘藏,这一重大的转变在中国法律史上是极端重要的事,这种改变对于治人者及治于人者,双方皆有重大的影响。从贵族方面来说实际处于不利的地位,所以每一次发电公开的运动都引起他们极端的骚扰不安与严重抗议"。而"法家之努力便在打倒贵族之把持与专断,使法律公开于一切人之前"。②

　　按照瞿同祖的说法,把法律公开于一切人之前,打击了贵族对于法律的把持,但这样的说法也可以商榷,比如也有法制史学者认为法律的公开在当时的环境下,实际上可能带来的后果是君主对于法律渊源的唯一性的占有。"法典化乃是君主垄断法律的创制、甚至解释、执行在内的权力的一个必要步骤。通过法典,专制者排斥了除他本人的谕令及他本人认可的其它权威、机构制订、解释的法律之外的一切法律渊源,从而将他确定为唯一的法律渊源。耐人寻味的是,优士丁尼在编纂出权威的法典之后,下令禁止所有法学家对其进行解释。同样,拿破仑也恐惧法学家对其法典进行解释。"③

　　这一点,作为法家的最重要的理论家韩非子,说得也十分"坦率"。他说:

---

①　[英]霍布斯著,黎思复、黎廷弼译《利维坦》,北京:商务印书馆,1995 年版,第 210—212 页。

②　瞿同祖《中国法律与中国社会》,《瞿同祖法学论著集》,北京:中国政法大学出版社,1998 年版,第 218 页。

③　[美]约翰·亨利·梅利曼著,顾培东、禄正平译《大陆法系》第二版,北京:法律出版社,2003 年版,第 60—61 页。

人主之大物,非法则术也。法者,编著之图籍,设之于官府,而布之于百姓者也。术者,藏之于胸中,以偶众端,而潜御群臣者也。故法莫如显,而术不欲见。是以明主言法,则境内卑贱莫不闻知也,不独满于堂;用术,则亲爱近习莫之得闻也,不得满室。(《韩非子·难三》)

在韩非看来,法就应该"显示"出来,这样所有人都必须遵守,而"术"则不能示之于人,由此,才能让周围的人产生不安全感。

春秋战国时期是中国社会大转型时期,法律观念产生了巨大的转变。一方面原先的礼制秩序已不足于维护已然发生巨大变化的社会现实,另一方面对于什么样替代性的社会秩序似乎还难以形成一个统一性的看法,因此导致了儒家与法家之间对于控制社会秩序的方法的大争论。

如果回溯当时争论的核心,我们会发现,不同的人性论立场很大程度上左右了他们对于刑罚作用的判定。比如儒家比较倾向于性善论,十分相信教化的力量;而法家比较起来持自然人性论,比较相信刑罚恐吓的方式。荀子持性恶论,所以他比较倾向于教化和刑罚的结合。

儒家重视教化的作用,但也不否认刑罚的作用,也不认为人情可以自然地逾越法律的界限。比如在《孟子·尽心上》有一则关于舜和他犯有杀人罪的父亲的关系的论述:"桃应问曰:'舜为天子,皋陶为士,瞽瞍杀人,则如之何?'孟子曰:'执之而已矣。''然则舜不禁与?'曰:'夫舜恶得而禁之?夫有所受之也。'"在这则虚拟的故事中:舜是天子,瞽瞍是他的父亲。如果瞽瞍杀了人,法官皋陶就得把瞽瞍依法逮捕,舜是不能干涉的,因为皋陶是依法办事。孟子提出的方案是"窃父而逃"。这也说明了儒家主张任何人都不能违背法律,要成全父子之情的方案是逃跑。

孟子也并不认为个人的道德觉悟跟他的经济保障之间存在着正相关的联系。《孟子·梁惠王上》说:"无恒产而有恒心者,惟士为能。若民,则无恒产,因无恒心。苟无恒心,放辟邪侈无不为已。及陷于罪,然后从而刑之,是罔民也。焉有仁人在位,罔民而可为也?是故明君制民之产,必使仰足以事父母,俯足以畜妻子,乐岁终身饱,凶年免于死亡。然后驱而之善,故民之从之也轻。"也就是说没有足够的经济保障,那么个人便会失去恒心而难以持之以恒。因此,要防止人们陷入犯罪的境地,"制民之产"很重要。在这一点上,统治者如何保障人们的经济利益,也是治国之要津。对此,荀子也有类似的想法:《荀子·君道》中说:"有乱君,无乱国;有治人,无治法。羿之法非亡也,而羿不世中;禹之法犹存,而夏不世王。故法不能独立,类不能自行,得其人则存,失其人则亡。法者,治之端也;君子者,法之原也。"是否能让法律保持其效能,人的作用是很明显的。

《荀子·正论》对于法律的认识中,十分关注罪恶发生的原因,以及量刑的尺度。如果有人犯罪,一判了之,那么犯罪的土壤依然存在,乱源未消。"以为人或触罪矣,而直轻其刑,然则是杀人者不死,伤人者不刑也。罪至重而刑至轻,庸人不知恶矣,乱莫大焉。凡刑人之本,禁暴恶恶,且惩其未也。杀人者不死而伤人者不刑,是谓惠暴而宽贼也,非恶恶也。故象刑殆非生于治古,并起于乱今也。治古不然。凡爵列、官职、赏庆、刑罚,皆报也,以类相从者也。一物失称,乱之端也。夫德不称位,能不称官,赏不当功,罚不当罪,不祥莫大焉。"

作为儒家的对立面,法家对于法律的作用的认识是基于他们对于人性的判断。法家认为,在世界上像尧舜这样的人是很少的,同时像桀纣这样的恶人也是不多的,大多数是一些普通人,而普通人是怎么样的呢?

> 夫圣人之治国,不恃人之为吾善也,而用其不得为非也。恃人之为吾善也,境内不什数;用人不得为非,一国可使齐。为治者用众而舍寡,故不务德而务法。夫必恃自直之箭,百世无矢;恃自圜之木,千世无轮矣。自直之箭、自圜之木,百世无有一,然而世皆乘车射禽者何也?隐栝之道用也。虽有不恃隐栝而有自直之箭、自圜之木,良工弗贵也,何者?乘者非一人,射者非一发也。不恃赏罚而恃自善之民,明主弗贵也,何则?国法不可失,而所治非一人也。故有术之君,不随适然之善,而行必然之道。(《韩非子·显学》)

既然大家在"自然状态"上是大致相同的,那么治理社会就不能靠人的道德自觉,而是要依赖规则来"隐栝"。这个矫正的机制不能是儒家的诗书或道德原则,而是"赏罚"机制。商鞅将仁义礼乐等视为"六虱""六虱:曰礼乐,曰《诗》《书》,曰修善,曰孝弟,曰诚信,曰贞廉,曰仁义,曰非兵,曰羞战。""圣君知物之要,故其治民有至要。故执赏罚以壹辅仁者,心之续也。圣君之治人也,必得其心,故能用力。力生强,强生威,威生德,德生于力。圣君独有之,故能述仁义于天下。"(《商君书·靳令》)

在这一点上,韩非子是完整地继承了商鞅的观点。韩非子坚决反对仁义之教:"今世儒者之说人主,不言今之所以为治,而语已治之功;不审官法之事,不察奸邪之情,而皆道上古之传誉、先王之成功。儒者饰辞曰:'听吾言则可以霸王。'此说者之巫祝,有度之主不受也。故明主举实事,去无用;不道仁义者故,不听学者之言。"(《韩非子·显学》)所以法家主张以刑去刑："重刑少赏,上爱民,民死赏;多赏轻刑,上不爱民,民不死赏。利出一空者,其国无敌;利出二空者,其兵半用;利出十空者,民不守。重刑明民,大制使人,则上利。行刑重其轻者,轻者不至,重者不来,此谓以刑去刑,罪重而刑轻,刑轻则事生,此谓以刑致刑,其国必削。"(《韩非子·饬令》)

秦国接受法家的观点,而在短时间内取得了成效。不过,一切依靠严刑峻法而建立起来的政权都不能长久,秦国的速亡也证明了这一点。因此,在汉代初年的休养生息政策的过渡中,儒家逐渐向统治者灌输德主刑辅的主张。

在董仲舒的人性论思想中,带有对孟子和荀子折衷的痕迹。他提出性三品的思想,认为圣人之性和斗筲之性是不能改变的。圣人是来教化人的,而斗筲之人则是难以教化的。社会中大多数人则是"中人之性",可以为善,也可能为恶,但都有"善质",要让为善的可能性转化为现实,就应该"任德",这是由"天道"所决定的。据《汉书·董仲舒传》,董仲舒坚持道德教化的重要性,他说:"天道之大者在阴阳。阳为德,阴为刑;刑主杀而德主生。是故阳常居大夏,而以生育养长为事;阴常居大冬,而积于空虚不用之处。以此见天之任德不任刑也。"但同时也肯定刑罚作为天道的一部分:"故圣人法天而立道,亦溥爱而亡私,布德施仁以厚之,设谊立礼以导之。春者天之所以生也,仁者君之所以爱也;夏者天之所以长也,德者君之所以养也;霜者天之所以杀也,刑者君之所以罚也。繇此言之,天人之征,古今之道也。"

德主刑辅的观点在另一些人那里被表述为"先德教而后刑罚",比如刘向把政治的品质分为三等,他说:"王者之政化之,霸者之政威之,强国之政胁之。此三者,各有所施,而化之为贵也。夫化之不变,而后威之,威之不变,而后胁之,胁之不变,而后刑之。夫至于刑者,则非王者之所贵也。是以圣王先德教而后刑罚。"(《说苑·政理》)

在《韩诗外传》中,记载有一条孔子的故事,也说明了儒家教化优先,只有在教化失去可能的情形下,刑罚才是必要的手段。

> 传曰:鲁有父子讼者,康子欲杀之。孔子曰:"未可杀也。夫民父子讼之为不义久矣。是则上失其道。上有道是人亡矣。"讼者闻之,请无讼。康子曰:"治民以孝,杀一不义,以戮不孝,不亦可乎?"孔子曰:"否。不教而听其狱,杀不辜也。三军大败,不可诛也。狱谳不治,不可刑也。上陈之教,而先服之,则百姓从风矣。邪行不从,然后俟之以刑,则民知罪矣。夫一仞之墙,民不能逾;百仞之山,童子登游焉。陵迟故也。今其仁义之陵迟久矣。"(《韩诗外传》卷三)

汉代以后,儒家的观念不断渗透到法律体系中,即便如此,儒家学者依然会反复申说教化的必要性。在道德和刑罚的关系中,强调修身为本。认为依靠刑罚的强制性所维持的秩序不能算是"善治"。比如,程颐说:"生民之道,以教为本,故古者自家党遂至于国,皆有教之之地。民生八年则入于小学,是天下无不教之民也。既天下之人莫不从教,小人修身,君子明道,故贤能群聚于朝,良善成风于下,礼义大行,习俗粹美,刑罚虽设而不犯,此三代盛治由教而致也。后世不知为治之本,不善其心而驱之以力,法令严于上,而教不明于下,民放僻而入于罪,然后从而刑之,噫!是可以美风俗而成善治乎?!"(《为家君请宇文中允典汉州学书》,《无刑录》卷二《刑本·下》)

一些地方的官员在判词中也会宣扬无讼的理念,认为如果因为一些琐屑小事而诉诸公堂的做法是"得不偿失"的。尤其是在乡村社会中,一般的纠纷应该通过协商来解决。宋代的胡石璧有判词说:"今世之人,识此道理者甚少,只争眼前强弱,不计长远利害。才有些小言语,便去要打官司,不以乡曲为念。且道打官司有甚得便宜处,使了盘缠,废了本业,公人面前陪了下情,着了钱物,官人厅下受了惊吓,吃了打捆……冤冤相报,何时是了。人生在世,如何保得一生无横逆之事,若是平日有人情在乡里,他日众共相与遮盖。大事也成小事,既是与乡邻雠隙,他便来寻针觅线,掀风作浪,小事也成大事矣。如此,则是今日之胜,乃为他日之大不胜也。"①

第二节　法律的儒家化

儒法之间的根本冲突的关键是对于社会秩序的认识上的差异。儒家注重良风美俗的建立,从而建立起礼乐秩序。而法家则从效能出发,认为最为简捷有效的治理之术就是严刑峻法。在汉代之后,所呈现的总体倾向是儒家价值不断渗透到法律体系中,在制度层面,儒家之士也通过察举制度等途径不断取代刑法之吏。按照瞿同祖先生的描述,中国法律体系出现了儒家化倾向,其过程大约经历了北魏、北齐,经历了三个世纪,到隋唐集大成,其最关键的标志是法律制定的原则逐渐"一准乎礼"。

与法家所强调的法律关系的一致性相比,儒家所推崇的礼的精神则是不同的社会角色所要承担的法律责任是不同的。礼书中说:"礼者,所以定

---

① 胡石璧《乡邻之争劝以和睦》,中国社会科学院历史研究所宋辽金元史研究室点校《名公书判清明集》卷一〇,北京:中华书局,2002年版,第394页。

亲疏,决嫌疑,别同异,明是非也。"(《礼记·曲礼上》)儒家着力点在于贵贱、尊卑、长幼、亲疏之差别,就会以差别性的、因人而异的、个别的行为规范"礼"来作为社会秩序的依据。

这样的准则体现在后世的法律实践中,即在断案时考虑伦常秩序。一般来说,如果是长辈对于后辈的侵害,就会从轻治罪,而反之,则会严于普通的伤害罪。其罪行被处罚的严重程度视案犯与被伤害者的亲疏程度而论,关系越亲近,那么治罪越重,甚至不考虑是否具有主观意图。

董仲舒曾经根据《春秋公羊传》的义例讨论儿子误伤父亲的定罪问题。该案例说,甲的父亲乙与丙斗殴,丙拿出刀来刺乙,甲见状手持一棍杖击打丙而试图救父,但不巧反而误伤了自己的父亲,按照当时的法律,殴打父亲当斩首,并不考虑是否是误伤。对此,董仲舒说,《春秋》里面有一个许止的故事,许止的父亲病了,许止在给父亲吃药之后,父亲病故了,《春秋》认为许止并没有要毒死他父亲的主观故意,所以应该赦免。这样的原则称为"原心定罪"。不过,从后世的法律实践看,董仲舒的主张也没有被广泛作为判准,在更多的情况下,儿子伤害了父母,即使是误伤也会被处死,更不用说故意。

在《唐律》中,"可完整地看出有关礼的内容。除八议、官当、十恶、不孝、留养、按服制定罪之外,还有不少条文是来源于礼的。礼,子当孝事父母,于是子孙违反教令,供养有缺成为专条,徒二年。祖父母、父母在而子孙别籍异财者,徒三年。父母老疾无侍委亲之官徒一年,并免所居官。礼,父母之丧三年,于是匿不举哀,释服从吉,冒哀求仕,居丧生子、嫁娶、兄弟别籍异财皆有罪。《大戴礼》有七出三不去之文。于是成为法定的离婚条件"。①

《唐律》被视为是中国法律儒家化的一种完成态,黄静嘉说:"我国传统旧律,系以道德人伦主义为标榜,此之道德人伦之具体化,即君臣、夫子、夫妇之三例,以及义慈友恭孝之五常。且以父子、兄弟之伦理,推及于夫妻、君臣,并扩大于整个国家社会。旧律之基本理想,即在充分体现这些当时流行的道德观念,从而建立起一以封建身份伦理支配的法秩序。此在唐律的体制下,即已'灿然大备',我国明清旧律,则系因袭承继唐律而来。"②

虽然,传统以礼入法已经在近代法律变革过程中被放弃,不过,近年来,儒家观念与中国法律之间的关系依然受到法学界和儒学界的关注。这中间最受人关注的就是关于"亲亲互隐"和容隐制度的。《论语·子路》篇记录

---

① 瞿同祖《法律在中国社会中的作用》,《瞿同祖法学论著集》,北京:中国政法大学出版社,1998年版,第400页。

② 黄静嘉《中国法制史论述丛稿》,北京:清华大学出版社,2006年版,第102页。

孔子一段话说：

> 叶公语孔子曰："吾党有直躬者，其父攘羊，而子证之。"孔子曰："吾党之直者异于是：父为子隐，子为父隐，直在其中矣。"

在这段话中，孔子把"父为子隐、子为父隐"看作是"直"的一种表现，也就是说，将孝悌作为伦理基础的孔子反对父子之间揭发，即使是父亲犯了错。在这里孔子并没有认为"攘羊"这件事是对的，而是把重点放在遇到这样情景的时候，儿子是否该告发自己的父亲的问题。对此，朱熹解释说："父子相隐，天理人情之至也；故不求为直，而直在其中。"（《论语集注·子路注》）这种"亲亲互隐"的观念遂成为儒家亲情伦理的重要内容。

近来，有一些学者认为容隐制度背后的儒家血亲伦理是中国社会腐败丛生的原因，这种说法引起了学术界的激烈争论。

也有人将中国传统法律的精神概括为"家族法原理"，的确，中国传统法律是建立在维护礼教秩序的基础上的。然而，在乡村社会，中国的法律也有其独特的传统。这也与正式制度不能完全覆盖乡村社会的状况有关。

在传统的乡村社会，宗族、行会以及乡村社会中享有道德尊荣的乡绅，他们掌握一些非正式的管理权，他们通过对于道德原则的灌输，并通过人情和关系来调解乡村社会的纠纷，甚至可以进行必要的惩罚性的行为来处罚那些严重破坏乡风民情的过失。

在传统社会制度设计之中，只有官方的行政机构中才设有专门的司法官员，直接与民众发生法律关系的主要在县一级的行政机构中，县令的工作之一就是断案。在儒家的教育系统中并没有专门的法律知识的教育，但是，他们可以雇佣一些熟悉断案的吏来帮助他处理法律纠纷。因为官制的原因，这些通过科举选拔出来的官员就必须同时管理各项事务，一旦碰到具体的"技术性"的问题，则需要有人来协助。①

在提倡无讼的观念下，家长或族长被赋予一定的处置权，许多时候，家法和家规可以担负一定的法律功能。对于家法的法律地位，是一个需要讨论的地方，至少家规在某种程度上与国法有衔接，不过，在家法和国法产生矛盾的时候，正式法律还是最终的依据。比如，《宋史·陆九龄传》中是这样

---

① 这些协助办理法律事件的人也被称为"讼师"。"旧时讼师的存在，确实有着客观上的依据，是以讼师的活动，也包含了对于社会中某种正常需要的满足。"但讼师并不立足于个人，不强调权利关系，所以在传统社会遭到贬损。梁治平《法意与人情》，北京：中国法制出版社，2004年版，第280—281页。

描述家规和国法之间的关系的：子弟有过,家长责而训之,不改则挞之,终不改,度不可容,则言之官府,屏之远方。这就是说,"家族是最初级的司法机构,家族团体以内的纠纷及冲突应先由族长仲裁,不能调解处理,才由国家司法机构处理。这样可省去司法官吏许多麻烦,并且结果也比较调和,俗话说清官难断家务事,是有其社会根据的。有许多纠纷根本是可以调解的,或是家法便可以处治的,原用不着涉讼,更有些家庭过犯根本是法律所不过问的,只能由家族自行处理。家长族长除了生杀权以外,实具有最高的裁决权与惩罚权"。①

家族法律在处置中往往会轻于国家法规,这导致家族内部会通过内部处分的方式来防止冲突扩大化。"为了避免过重的国家制裁,家族内部往往存在着内部处分,从而达到排斥国家司法控制的结果。一些学者的研究表明,在家族内的族规中往往存在罪刑处罚的规定,并且如果触犯了宗法伦理关系,比如乱伦、淫狎等,宗族法的处理比国家规定要重;如果触犯了国家刑法,比如盗窃、盗贼,宗族法的处理要轻于国家法。"②权力往往也意味着责任,家族虽非国家序列的行政机构,但是如果家族以内的人或家族发生什么问题,族长或家长也要承担相应的责人,比如家族内的人口如不能如实上报,导致税收和劳役的托漏,那么家长便会受到连带处罚。

第三节　新旧法律转型过程中的
"礼教"问题

在甲午战争之后,先进的知识分子已经意识到中国的被动挨打并不是因为器物层面的差距,更大的弱点在于制度,所以康有为和梁启超等人提出了变法维新的主张。除了政治制度的变革之外,法律制度的变革也属于制度变革的最重要的组成部分。

1902 年,清廷下诏提出:"中国律例,自汉唐以来,代有增改。我朝《大清律例》一书,折衷至当,备极精详。惟是为治之道,尤贵因时制宜。今昔情势不同,非参酌适中,不能推行尽善。况近来地利日兴,商务日广,如矿律、路律、商律等类,皆应妥议专条。著名出使大臣,查取各国通行律例,咨送外务部。并著责成袁世凯、刘坤一、张之洞,慎选熟悉中西律例者,保送数员来

---

① 瞿同祖《瞿同祖法学论著集》,北京：中国政法大学出版社,1998 年版,第 27 页。
② 张维迎、邓峰《信息、激励与连带责任——对中国古代连坐、保甲制度的法和经济学解释》,《中国社会科学》2003 年第 3 期,第 109—110 页。

京,听候简派,开馆编纂,请旨审定颁发。总期确实平允,中外通行,用示通变宜民之至意。"①1903 年修订法律馆成立,并任命沈家本和伍廷芳为修订法律大臣,中国的法律改革才算真正开始。基于当时的经费和人才结构,一系列的新法律的制定主要是在日本专家的指导下,移植经日本改造的西方法律体系。② 在短短的几年中制定了《商律》《刑事民事诉讼法草案》《法院编制法》《违警律》《大清新刑律》《国籍法》《大清刑事诉讼律草案》《大清民事诉讼律草案》《大清民律草案》《大清现行刑律》等法律,这种以救亡图存为目的,大规模将西方的法律及与之相应的观念移植到依然以农业社会为主导地位的中国社会和被儒家的礼治观念熏染了几千年的中国人心里,其所带来的不适应是自然的。因此围绕礼教准则和新法律的关系在坚持礼教派和新的法律修订人士之间展开了礼教和法律关系的争论。

这场持续了近 10 年的争论的核心既围绕着具体的法律条文的争论,其背后所显现的是两种完全不同的法律观念和社会控制理念之间的争论,说到底就是如何看待儒家礼教制度与现代法律精神之间的冲突。

我猜想沈家本等人在试图根据"中外通行"的原则制定新法律交由大臣们讨论的时候,其所产生的反应想必已在他们的预料之中,因为这的确关系到"万古不移"的儒家之道的命运。

鉴于中国传统法律体系,实体法与程序法不加分别,司法制度与行政制度在地方行政机构中混合在一起的状况,1906 年,沈家本等人编就的《刑事民事诉讼法》草案,在说明为何要率先颁布诉讼法的理由时,他说:"中国旧制,刑部专理刑名,户部专理钱债、田产,微有分析刑事、民事之意,若外省州县,俱系以一身兼行政司法之权,管制攸关,未能骤改。"③但因为民事和刑事案件区别巨大,所以制定一个简明的诉讼法来分别民事和刑事,期以与各国通例接轨。然而,这个法律草案在下发给大臣讨论的时候,张之洞便做出

---

① 朱寿朋著,张静庐等点校《光绪朝东华录》"光绪二十八年壬寅",北京:中华书局,1958 年版,第 4833 页。

② 傅秉常说:"修订法律馆所需的一切,主要是从日本借来的,这样做的原因也很简单……成千上万追求现代知识的中国人进了日本大学,主要是法政学校。两国语言极其相似,也便于他们学习。当时日本已经以德国法律为主要样本,写成了自己的民法和商法,创造了日本的法律术语、词汇,翻译了大量欧洲一流的法律教材,出版了大量的日文的法律文献,中国人可以在日本找到适合远东思想,又代表当时西方科学的法律科学最先进的东西,而在语言上又是密切相连的。"中国立法院编纂委员会编《中华民国民法》(上海,1930 年),转引自[美]任达著,李仲贤译《新政革命与日本》,南京:江苏人民出版社,1998 年版,第 202—203 页。

③ 沈家本《进呈诉讼法拟请先行试办法》,张国华、李贵连《沈家本年谱初编》,北京:北京大学出版社,1989 年版,第 111 页。

了措辞严厉的批评,首当其冲的理由就是说这部法律采用西法,与中国的固有法律相抵触。他说:

> 盖法律之设,所以纳民于轨物之中,而法律本原,实与经术相表里,其最著者为亲亲之义,男女之别,天经地义,万古不刊。乃阅本法所纂,父子必异财,兄弟必析产,夫妇必分资。甚至妇人女子,责令到堂作证。袭西俗财产之制,坏中国名教之防,启男女平等之风,悖圣贤修齐之教,纲沦法斁,隐患实深。①

在张之洞等人看来,新修的法律并不是要违背儒家的伦常,法律所要维护的无非就是儒家的亲亲、尊尊的社会秩序,因此,法律就应遵循儒家经典的原则。他说:"今日修订法律,自应博采东西诸国律法,详加参酌,从速厘订,而仍求合于国家政教大纲,方为妥善办法。"张之洞很清楚西方法律制度和儒家基本原则之间的内在冲突。他充分意识到了以西方为摹本的新法律对于制度化儒家的基础的颠覆性,同时也意识到西方法律背后的精神对于儒学原则的冲击性。

在遭受如此严厉的攻击之后,《刑事民事诉讼法》很快便销声匿迹了。但是,随着越来越多的新的法律的出台,对于法律和礼教之间的争论也随着修法活动的深入而更为激烈。

为了给实现立宪之后的清朝提供新的法律,沈家本着手编制《大清新刑律》,原则是按照日本的新刑律,修订章程、厘正刑名、节取新章、删并例文,以使修正之后的法律与新的官制和国际惯例相衔接。

1908 年,在《新刑律》草案分发给部院督抚大臣核议之后,许多人表示反对,其核心是新刑律与纲常礼教的冲突。邮传部的李稷勋在批评了新刑律与中国的礼教的不合之处之外,尤其指出,不应期望通过与国外法律的接轨收回治外法权,他说:

> 如谓修订刑律,意在收回治外法权,不宜过绳以旧律。臣愚以为法权外失,诚足碍我统治,然一时能否收回,固赖有开明之法律,尤恃有强实之国力,万一空文无效,不独无补外交,徒先乱我内治,甚非计也。②

---

① 张之洞《遵旨核议新编刑事民事诉讼法折》,张国华、李贵连《沈家本年谱初编》,北京:北京大学出版社,1989 年版,第 116—117 页。

② 《署邮传部右丞李稷勋奏新纂刑律草案流弊滋大应详加厘订折》,沈云龙主编《清末筹备立宪档案史料》,台北:文海出版社,1981 年版,第 855 页。

最为严厉的反击由张之洞领导的学部所做出,据当时参与修订法律的董康等人回忆,因为新刑法中内乱罪不处死刑,张之洞借以构陷沈家本庇护革命党,要置沈家本以死地。被阻止后,又以败坏礼教来批评新法律。①

学部的立论从礼为刑之本这个基本原则出发,切中新旧法律的根本差异。奏议说:

> 窃维古昔圣王,因伦制礼,准礼制刑。凡刑之轻重等差,一本乎伦之秩序、礼之节文,而合乎天理人情之至者也。……我国以立纲为教,故无礼于君父者,罪罚至重。西国以平等立教,故父子可以同罪,叛逆可以不死。此各因其政教习俗而异,万不能以强合者也。今将新定刑律草案与现行律例大相刺谬者,条举于左:
>
> 　一、中国即制刑以明君臣之伦。故旧律于谋反、大逆者,不问首从,凌迟处死。新律草案则于颠覆政府、僭窃土地者,虽为首魁,或不处以死刑;凡侵入太庙、宫殿等处射箭、放弹者,或科以一百圆以上之罚金。此皆罪重法轻,与君为臣纲之义大相刺谬者也。
>
> 　一、中国即制刑以明父子之伦。故旧律凡殴祖父母、父母者死,殴杀子孙者杖。新律草案则伤害尊亲属,因而致死或笃疾者,或不科以死刑,是视父母与路人无异。与父为子纲之义大相刺谬者也。
>
> 　一、中国即制刑以明夫妇之伦。故旧律妻殴夫者杖,夫殴妻者非折伤勿论。妻殴杀夫者斩,夫殴杀妻者绞。而条例中妇人有犯罪坐夫男者独多,是责备男子之意,尤重于妇人。……新律草案则并无妻妾殴夫之条,等之于凡人之例。是与夫为妻纲之例大相刺谬者也。
>
> 　一、中国即制刑以明男女之别。故旧律犯奸者杖,行强者死。新律草案则亲属相奸,与平人无别。对于未满十二岁以下之男女,为猥亵之行为者,或处以三十圆以上之罚金;行强者或处以二等以下有期徒刑。且曰犯奸之罪,与泥饮惰眠同例,非刑罚所能为力,即无刑罚制裁,此种非行,亦未必因是增加。是足以破坏男女之别而有余也。
>
> 　一、中国即制刑以明尊卑长幼之序。故旧律凡殴尊长者,加凡人一等或数等。殴杀卑幼者,减凡人一等或数等。"干名犯义"诸条,立法尤为严密。新律草案则并无尊长殴杀卑幼之条,等之于凡人之例。是

① 张之洞《遵旨核议新编刑事民事诉讼法折》,张国华、李贵连《沈家本年谱初编》,北京:北京大学出版社,1989 年版,第 119 页。

足以破坏尊卑长幼之序而有余也。①

此外,学部还对新刑律中更定刑名、删除比附、惩治教育等具有西方法律特征的改革设想也进行了批评。要求沈家本等人将新刑律与旧有的律例进行比照,如果无伤礼教的,可以择善而从,而有关伦纪的地方,则必须全行改正。然后,再交宪政编查馆审议。

这个奏折递上不久,清廷就下令沈家本等人对照张之洞所批评的内容进行修改删并。1909 年初,清政府对刑法修正的指导思想进行了明确的要求。

> 刑法之源,本乎礼教。中外各国礼教不同,故刑法亦因之而异。中国素重纲常,故于干犯名义之条,立法特为严重。良以三纲五常,阐自唐虞,圣帝明王兢兢保守,实为数千年相传之国粹,立国之大本。今寰海大通,国际每多交涉,固不宜墨守故常,致失通变宜民之意,但只可采彼之长,益我所短。凡我旧律义关伦常诸条,不可率行变革。庶以维天理民彝于不敝。

很显然,礼教派的主张成为修正刑律乃至整个法律改革的原则,不过沈家本等人虽然只能接受礼教派取得胜利的事实,但依然上奏说明平等乃天赋人权,为现代国家的基本立国原则,与礼教派的主张针锋相对。他在进呈根据张之洞等人的意见而做出修改的《修正刑律草案》时所上的奏折中说:

> 立宪之国,专以保护臣民权利为主。现行律中,以阶级之间,如品官制使良贱奴仆区判最深,殊不知富贵贫贱,品类不能强之使齐,第同隶骿懞,权由天畀,于法律实不应有厚薄之殊。

由此可见,礼教派与沈家本等人的根本矛盾并没有因为皇帝的上谕而消除,因此,当新刑律交付宪政编查馆核议的时候,矛盾再度爆发。只是主角略有变化,因为此时张之洞已经去世,而礼教派的代言人改由劳乃宣继之。而法律编制一方,新锐杨度的宏论引人瞩目。

劳乃宣在攻击《修正刑律草案》向宪政编查馆所上的《修正刑律草案说

---

① 李贵连《沈家本年谱长编》,台北:成文出版社,1992 年版,第 272—276 页。

帖》(1910年)也是从维护礼教伦常的高度来提出他对相关法律的反对意见
的。"且夫国之有刑所以弼教,一国之民有不遵礼教者,以刑齐之,然后民不
敢越。所谓礼防未然,刑禁已然。"而新的刑律"其立论在离法律与道德教化
而二之,视法律为全无关于道德教化之事。惟其视法律为全无关于道德教
化之事,故一味摹仿外国,而于旧律义关伦常诸条弃之如遗"。① 劳乃宣所
指的离道德与法律为二的关键在于《修正刑律草案》中关于亲属之间的罪行
是否应加重惩罚和家长是否有权利处置犯有过错的孩子。

沈家本认为,无夫之妇女有奸情,在欧洲法律中并无治罪之文,且属于
风化,可以通过教育处理。但劳乃宣认为,中国风俗对于媚妇和处女犯奸,
尤为看重,如果不以此为罪,将怂恿人犯罪。

对于子孙违反教令这个传统中国法律中所允许的父母管教、惩戒的权
力,沈家本也认为属于教育范围内的事,无关于刑事。但劳乃宣认为如果子
孙忤逆长辈,官府没有惩治的办法的话,也将使社会风气难以维持。

劳乃宣还提出了其他的一些修改的意见,但并未成为争论的热点。争
论的结果是在《修正刑律草案》后增加了一个《附则五条》,主要内容是恢复
了对无夫奸的行为进行处罚。对于尊亲,不适用正当防卫之例。实际上就
是承认了长辈的处置权。其他还对一些处罚的力度进行了调整。

黄静嘉认为劳乃宣所强调要恢复的条款,"在一定程度上,或可认之为
系为清律所承续之,自唐律以来历代法典中为落实'儒家化',而陆续纳入之
典型化条款"。而这些条款被废弃的事件,"略可看出传统之'儒家化'法
制,如何因遭受法律及法制的现代化之冲击,而陷于途穷之境"。②

劳乃宣的观点代表了一批当时注重礼教的人士的立场,他们认为,法律
必须照顾一个国家的道德观念和行为习惯,虽然废除"治外法权"是维护国
家主权的一个重要步骤,但毕竟法律的制订主要是要维护中国的秩序,应以
中国人的价值观为准。③ 这的确道出了近代制度移植过程中的一个关键问

---

① 劳乃宣《桐乡劳先生(乃宣)遗稿》,沈云龙主编《近代中国史料丛刊》第357册,台北:文海
出版社,1969年版,第901—902页。

② 黄静嘉《中国法制史论丛稿》,北京:清华大学出版社,2006年版,第80页。

③ 如何处理收回治外法权和维护中国的礼教,是礼教派和法理派争议的一个重点。光绪三
十四年九月杨士骧在奏折中说:"中国治民之道,断不能离伦常而更言文明,舍礼制而别求
教化。今徒骛一时之风尚,袭他国之名词,强令全数国民以就性质不定之法律。在执笔者
以为时令既趋于大同,法典宜取乎公共,不知师长去短剂可,削足适屦则不可。若以中国
数千年尊君亲上之大防,制民遏俗之精意,翻然废弃而不顾,恐法权未收,防闲已溃,必致
奸匿(心)放恣,不可收拾。"朱寿朋著,张静庐等点校《光绪朝东华录》"光绪三十四年戊
申",北京:中华书局,1958年版,第6010页。

题,即一个西方的有效的制度或法律移植到中国未必依然有效。①

　　因此,劳乃宣的意见得到了很多人的公开支持,大学堂总监刘廷琛就明确要求将新法律中与礼教不合的内容尽行删除。相比之下,刘的立场更为明晰,所凸显的问题也就更集中。他说:

　　　　乃查法律馆所修新刑律,其不合吾国礼俗者,不胜枚举,而最悖谬者,莫如子孙违犯教令及无夫奸不加罪数条,去年资政院议员彼此争持,即以其不合人心天理之公,稍明大义者,皆未肯随声附和也。今年为议民律之期,臣见该馆传钞稿本,其亲属法中有云,子成年能自立者,则亲权丧失,父母或滥用亲权及管理失当,危及子之财产,审判庭得宣告其亲权之丧失。又有云,定婚须经父母之允许,但男逾三十,女逾二十五岁者,不在此限等语,皆显违父子之名分,溃男女之大防。管子曰:礼义廉耻,国之四维;四维不张,国乃灭亡。此等法律使果得请施行,窃恐行之未久,天理民彝渐灭寝尽,乱臣贼子接踵而起,而国家随之矣。盖天下之大,所恃以保安者,全赖纲常隐相维系。今父纲、夫纲全行废弃,则人不知伦理为何物,君纲岂能独立,朝廷岂能独尊。理有固然,势所必至。伏惟皇上孝治天下,而新律导人不孝;皇上旌表节烈,而新律导人败节。该法律大臣受恩之深重,曾习诗书,亦何至畔道离经若此。臣反覆推求其故,则仍以所恃宗旨不同也。外国风教攸殊,法律宗旨亦异,欧美宗耶教,故重平等,我国宗孔孟,故重纲常。法律馆专意摹仿外人,值(置)本国风俗于不问,既取平等,自不复顾纲常,毫厘千里之差,其源实由于此。……
　　　　臣今请定国是者,不论新律之可行不可行,先论礼教可废不可废,礼教可废则新律可行,礼教不可废则新律必不可尽行,兴废之理一言可决。……②

　　新法律和礼教之间,并不仅仅是社会控制和社会治理方式的不同,更实质的是价值观的不同,刘廷琛将礼教和新法律之间的关系看作是中国存亡

---

　　① 杨贞德在比较张之洞和劳乃宣与沈家本的辩论时,论说方式已有很大的转变,张之洞深信礼教是人之为人的必须,而劳乃宣却是从法律要符合人心民情的角度,其实已经是将礼教由普遍主义下降为一种特殊主义的论说。氏著《中体西用——晚清朝中礼法争议及其意涵》,林维杰、邱黄海编《理解、诠释与儒家传统》,台北:"中央研究院"中国文哲研究所,2010年版,第348—349页。
　　② 《大学堂总监刘廷琛奏新刑律不合礼教条文请严饬删尽折》(宣统三年二月二十三日),《清末筹备立宪档案史料》(下册),北京:中华书局,1979年版。

之关键,站在清朝的角度看,绝对是先知先觉之语。

新法律和礼教之间的争论,还延伸出一个新的问题,即关于家族主义和国家主义的争论。新法律的支持者认为礼教派是站在家族主义的立场,而这样的立场导致了国人对于国家利益的忽视。因此应该提倡以个人独立为前提的国家主义立场。而礼教派则认为家族主义和国家主义之间并没有根本冲突。西方人也重视家庭,说明家和国之间可以协调一致。

这一争议的关键人物是杨度和劳乃宣。1910 年底杨度代表宪政编查馆来说明《大清新刑律》取代旧律的理由,他指出新刑律的制订符合对内立宪和对外争取收回治外法权的目的,然后在理论层面他开始提出国家主义和家族主义的观念性争议。杨度承认各国法律和各国礼教之间自有其内在联系,但是中国之礼教其基础是家族主义,是一种进化程度较低的社会阶段,而只有上升到国家主义,则中国才能真正建立法制之国,进而否定了家族主义和国家主义并行的可能,事实上也就是否定了张之洞和劳乃宣等人多一贯坚持的伦常作为法律的前提的可能性。"若以为家族主义不可废,国家主义不可行,则宁废新律而用旧律,且不惟新律当废,宪政中所应废者甚多也。若以为应采国家主义,则家族主义决无并行之道。"①杨度不仅将礼法之争纳入是否肯定社会进化之理的轨道,同时将反对新刑律和反对晚清立宪国策联系起来,可谓借"意识形态"攻击论敌之高策。对于这个攻击,劳乃宣有一些退却,即表示他并不反对新刑律,只是希望新刑律中保留部分符合家族伦理的内容。

在一种折衷的状态下,《大清新刑律》终于在 1910 年获得通过。吊诡的是这个法律还未能实行,清政府却先行倒台了。

礼教传统和新法律之间不仅是一个理论问题,它凸显了在现代社会中传统的礼教秩序所面临的"失范"。与礼教更多的呈现为习俗不同的是,法律所要求的是没有列入法条的行为不受处罚,这样,礼教便失去了以强力惩处过失行为的正当性。因此,新的刑律的颁布,表明法律地位的提升和礼教地位的下降。

事实上的转变其实已经在发生。建立在家族主义基础之上的传统法律规范逐渐在操作程序中做出了适当的调整。以伤害尊长案件为例,旧的刑律体系中对子孙对于长辈的犯罪,总是从重从快从严,即使是无心的误伤也必须处斩。

---

① 杨度《论国家主义与家族主义之区别》,王晴波等编《杨度集》,长沙:湖南人民出版社,2008 年版,第 532 页。

　　乾隆二十八年曾发生一起一人拿猎枪打贼,误伤继母致死的案例,地方官拟按过失处置,但乾隆则认为这件案子与伦纪孝道相关,虽属无意,但子孙对长辈应十分小心,不应至于过失,这与臣子于君父不得而致称误一样,所以今后碰上这类事件一律"拟绞立决"(《驳案新编》卷二五《王录》)。而同样的案件如果发生在清末,所受的惩罚则完全不同。"祁门县民许纪发和许连才口角揪扭,经其父许大有喝阻不即放手,以至许大有走进拉劝,被许连才误行踢跌毙命。虽非该犯意料所及,究由其与人争扭所致,例无如何治罪专条,自应比附酌加问拟。许纪发比依子孙违犯教令杖一百。律拟杖一百,再酌枷号两个月。恭逢恩旨,照章准予减免。"(《新增刑案汇览》卷一二《刑律·诉讼·子孙违犯教令》)这种变通同样体现在诸多涉及伦纪的案件之中。

　　这种变化或许可以被看作是儒家观念本身所做的调整,但是也可以说是儒家化法律体系对于社会生活的规范力的降低。杨贞德总结晚清的礼法争论的时候指出,张之洞等人的援礼入法的做法,无意中助长了法律的权威性,却使礼教特殊主义化。而劳乃宣的论述中,礼教"先被特殊主义化为人类社会中特定民族(社群)的生活方式,成为中国特有的民情、风俗;再被历史阶段化转成人类社会中因应特定环境的有效方式,转成相应于家族制度(人类共有的社会形态之一)的主义"。[①] 这样,礼教派逐渐被视为社会进化中的落后阶段的文化遗存。

　　任何制度的设计都必然会体现出某种利益关系,即它确保一些人占用社会稀缺资源,从而获得权力或利益。其次任何制度化的设计还必然会有一种惩治机制,以保证对违犯者以惩罚。对于儒家制度而言,科举制度可以说是儒家化制度的利益机制,而儒家化法律则是一种惩诫机制,它以强制的手段制裁那些违背儒家价值规范的行为。由此,如果说废除科举是瓦解了制度化儒家的利益机制的话,那么新法律的出台则是瓦解了儒家化法律的惩诫机制,从而使儒家制度彻底失去其有效地规范社会行为的效能。因而也就意味着制度化儒家的解体。梁治平说:"法律的西方化,却始于清末的法律改革,这个事实是不容否认的。……如果说,鸦片战争以后,中国人迫于西方列强的压力所进行的改革一般只具有'器'或'用'的意义的话,那么,法律的改革意味着中国开始在'道'或'体'的根本的问题上动摇了。"[②]

① 杨贞德《中体西用——晚清朝中礼法争议及其意涵》,林维杰、邱黄海编《理解、诠释与儒家传统》,台北:"中央研究院"中国文哲研究所,2010年版,第365页。
② 梁治平《寻求自然秩序中的和谐》,北京:中国政法大学出版社,1997年版,第357页。

　　许多新法律由于种种的原因，并没有及时地颁布，而且这些法律由于与中国的传统习俗有很大的距离，在实际的执行上会有很大的偏差，①但是这些法律在民国成立后的相当长的一段时间内一直有效，如以修订后的《大清刑律》为基准的《核定现行刑律》直到 1928 年依然有效。不过，这一切都没有影响到这样一个基本事实，法律的儒家化在制度理念层面已经终结了。

---

① 陈志让举了许多例子来说明新的法律制度的限度。如："1913 年的善后大借款，必须经过临时参议院的通过，而临时参议院通过了，于是那次借款合法。但 1913 年的国会组织法规定新选的国会执行临时参议院的职权。那次借款没有经过国会追认，于是国会认为不合法。在讨论那次借款的过程中，湖南、江西、安徽、广东四省的都督和一些地方领袖通电反对借款，他们反对行为的法律依据又是什么哩？因为这些人是有权有势的地方官员，袁世凯总统不能根据法律否认在职人员公开批评政府的权力，而只是根据事实问他们——'为什么省款不解到中央？'没有钱不能治国，国不治就是无道。与其无道不如违法。1913 年袁世凯任命汪瑞闿为江西民政长，江西都督李烈均不能接受。袁的任命合法，李的拒绝不合法。李反对袁的理论基础是袁无道，说袁是'民贼'。最显著的法与统的矛盾是 1917 年张勋的复辟政变，那显然不合法。但张勋的理论根据是'以纲常名教为精神宪法，以礼义廉耻收决溃之人心'。宪法和传统格格不入，于是制造一个'精神宪法'。"陈志让《军绅政权》，北京：生活·读书·新知三联书店，1980 年版，第 106—107 页。

第九章 儒家的财富观念与
经济哲学

相比于伦理政治思想,儒家的经济思想还没有被系统地研究。尽管从现代学术的起步而言,儒家经济思想的研究并不算晚,比如康有为的重要弟子陈焕章 1910 年在美国哥伦比亚大学以 *The Economic Principles of Confucius and His School*(《孔门理财学》)获得博士学位。陈焕章的《孔门理财学》对儒家所主张的生产、消费、分配和公共财政政策等做了系统的分析,获得了包括凯恩斯在内的西方经济学界的推许。但遗憾的是,因为五四运动以后,儒家思想长期被视为中国现代化的阻力,并由此产生了许多虽然缺乏严格的论证,但却流传广泛的"成见",于是儒家对经济活动目的的理解、儒家对税收政策的设计、儒家的财富观念等问题的研究并没有充分展开,所以我们一般只能在"中国经济史"的作品中看到一些专题的讨论,儒家经济学的专题著作很缺乏。

基于传统中国社会中政治和经济的密切联系,在孔子、孟子和荀子等儒家的奠基者和发展者的作品中,有许多关于财富分配和经济发展方面的论述。

第一节 孔子、孟子和荀子的
财富观与经济思想

儒家"为政以德",一直将道德视为建立良好政治秩序的最重要的基础。不过,儒家并不否定"社会效能"的重要性。在早期的儒家经典中,道德活动和良好的政治秩序往往意味着对于民生的改善。比如《尚书·大禹谟》中说:

禹曰:"於!帝念哉!德惟善政,政在养民。水、火、金、木、土、谷,惟修;正德、利用、厚生、惟和。"

在这里,"善政"就与"养民"相配合。"正德"与"利用""厚生"相联系。"利用"就是"利民之用","厚生"即"厚民之生"。

《尚书·洪范》篇是箕子总结殷商灭亡的原因而提出的一系列治理国家的原则,其中对于人的幸福感提出了五个标准,即人生五福:"富、泰、康宁、攸好德、考终命",意为富有、长寿、康宁、好德、善终。在这里,富裕的生活被置于首位。

由此,我们可以知道,儒家并不排斥财富,他们所关心的是财富的来源,如果不是以一种合理的方式获得的财富,当然是与"仁道"相违背的了。比如孔子说:

> 富与贵,是人之所欲也;不以其道得之,不处也。贫与贱,是人之所恶也;不以其道得之,不去也。君子去仁,恶乎成名?君子无终食之间违仁,造次必于是,颠沛必于是。(《论语·里仁》)

为了让人们有合理的途径去获得财富,公平的分配制度是关键。孔子说:

> 丘也闻有国有家者,不患寡而患不均,不患贫而患不安。盖均无贫,和无寡,安无倾。(《论语·季氏》)

在孔子看来,公平的秩序和政策的持续性是保持社会安定的基础,即使国家人口少,财用不足,人们也会保持秩序。

经济活动一定要与道德教化结合起来,作为统治者,让百姓过上富足的生活固然是目标,民生问题解决之后,还需要考虑提升百姓的道德精神素质。《论语·子路》篇载:

> 子适卫,冉有仆。子曰:"庶矣哉!"冉有曰:"既庶矣,又何加焉?"曰:"富之。"曰:"既富矣,又何加焉?"曰:"教之。"

孔子祖述尧舜、宪章文武,他的主张其实是儒家政治思想的一贯立场,所以我们在别的经典里也可以看到大致相似的政策。比如主要讨论制度的《礼记·王制》中说:

> 古者公田藉而不税。市厘而不税。关讥而不征。林麓川泽，以时入而不禁。夫圭田无征。用民之力，岁不过三日。……田里不粥，墓地不请。

在政策上要降低市场交易成本，对于社会资源要有计划地加以使用，而不给民众增加过多的劳役负担。另外在土地分配上，要让人人有其田，并培育他们遵循社会规范，在此基础上兴办学校。

> 凡居民，量地以制邑，度地以居民。地、邑、民、居，必参相得也。无旷土，无游民，食节事时，民咸安其居，乐事劝功，尊君亲上，然后兴学。

《礼记·大学》后被朱熹特意从《礼记》众多篇章中加以强调，在朱熹看来，《大学》之教人说明了君子之"躬行心得"，就在"民生日用彝伦"之中，也就是说，道德修养与民生日用之事不能分开。《大学》中有大量关于理财问题的讨论。

作为一个讨论以修身齐家治国平天下为核心的文本，《大学》认为一个国家要取得百姓的支持，关键是治国者的道德，而对于国家的拥有者来说，如何处理国家的财富则是考验其德行的关键。

> 道得众则得国，失众则失国。是故君子先慎乎德。有德此有人，有人此有土，有土此有财，有财此有用。德者，本也；财者，末也。外本内末，争民施夺，是故财聚则民散，财散则民聚。

也就是说，统治者如果只知道聚敛财物，那么百姓就会离心离德。

> 生财有大道。生之者众，食之者寡，为之者疾，用之者舒，则财恒足矣。仁者以财发身，不仁者以身发财。未有上好仁，而下不好义者也。未有好义，其事不终者也。未有府库财非其财者也。

按照朱熹的解释，仁者散财以得民，而不仁者亡身以殖货。不仁者治国只知搜刮民脂民膏，国家就会有大的灾难，因此告诫那些掌握权力的人，"国不以利为利，以义为利也"。即国家最重要的功能是建立"义"（合宜）的制度。

孟子给大家印象最深的是其人性论思想，并开启了后来的心性之学的发达,不过,孟子也有很多具体的关于社会经济制度的论述。

孟子的政治理想是以道德为基础的仁政、王道秩序,但"王道之始"则是"养生丧死"无憾而已。要做到这一点,首先是遵循自然规律,让万物生长,才有收获的喜悦。其次,是合理安排"数口之家"的日常生产和生活。他在给梁惠王提供的方案中,就说过:

> 不违农时,谷不可胜食也;数罟不入洿池,鱼鳖不可胜食也;斧斤以时入山林,材木不可胜用也。谷与鱼鳖不可胜食,材木不可胜用,是使民养生丧死无憾也。养生丧死无憾,王道之始也。五亩之宅,树之以桑,五十者可以衣帛矣。鸡豚狗彘之畜,无失其时,七十者可以食肉矣。百亩之田,勿夺其时,数口之家可以无饥矣。谨庠序之教,申之以孝悌之义,颁白者不负戴于道路矣。七十者衣帛食肉,黎民不饥不寒,然而不王者,未之有也。(《孟子·梁惠王上》)

针对许多人以仁政难以达到的犹豫,孟子提出,关键在于统治者的决心和信心,若有决心,仁政也并非遥不可及的事,只要土地分配公平、税收合理、公私协调,这就是"仁政"。

> 夫仁政,必自经界始。经界不正,井地不钧,谷禄不平,是故暴君污吏必慢其经界。经界既正,分田制禄可坐而定也。夫滕,壤地褊小,将为君子焉,将为野人焉。无君子,莫治野人;无野人,莫养君子。请野九一而助,国中什一使自赋。卿以下必有圭田,圭田五十亩,馀夫二十五亩。死徙无出乡,乡田同井,出入相友,守望相助,疾病相扶持,则百姓亲睦。方里而井,井九百亩,其中为公田。八家皆私百亩,同养公田;公事毕,然后敢治私事,所以别野人也。(《孟子·滕文公上》)

孟子强调"制民之产",不能随意剥夺民众的财产,具有恒产的人,才有恒心。孟子也肯定了公共支出的必要性,即不能为了取悦民意而废除税收,这样做往往是以牺牲社会服务为代价的。因此,他认为什一而税是合理的。

战国末期,儒家遭到法家等效能主义学派的挑战,儒家思想在统治者中的影响力逐渐式微,这个时候,荀子为了强化儒家对于社会秩序的建构力,强调儒家的"效能",他认为儒家士人"在朝美政""在野美俗",同时他也提出了许多新的治理社会的方案,其中包括许多经济措施。

荀子的社会治理思想建立在他对于人性的理解之上,虽然目前学术界认为荀子有"性恶"和"性朴"两种观点,但是,从他隆礼尊法的治理观来看,他的基本思路是,人都有好利之心,因而产生争夺,因此,圣人制定礼法来给每个人以合理的份额,从而让共同体得以运行。他说:"今人之性,生而有好利焉,顺是,故争夺生而辞让亡焉。……然则从人之性,顺人之情,必出于争夺,合于犯分乱理而归于暴。"(《荀子·性恶》)荀子在讨论礼的作用的时候,也是基于人好礼的假定,他说:"人生而有欲,欲而不得,则不能无求。求而无度量分界,则不能不争;争则乱,乱则穷。先王恶其乱也,故制礼义以分之,以养人之欲,给人之求。使欲必不穷乎物,物必不屈乎欲。两者相持而长,是礼之所起也。"(《荀子·礼论》)这样就从节制人的欲望,满足人的正常需求的角度来理解圣人制礼作乐的意义。

荀子肯定了利益的正常地位,也由此,他并不如孟子那样强调义利之间的对立性,而是认为"义"正可以成为"利"的制约。他说:"义与利者,人之所两有也。虽尧、舜不能去民之欲利,然而能使其欲利不克其好义也。虽桀、纣亦不能去民之好义,然而能使其好义不胜其欲利也。"(《荀子·大略》)

很显然,荀子的社会治理思想与社会现实更为合拍,但这并不意味着荀子放弃了儒家的一贯理想,在集中体现荀子经济思想的《富国》篇中,荀子认为统治者应该藏富于民,制定"制数度量",让百姓能够按照自然规律进行生产活动。他说:"上好功则国贫,上好利则国贫,士大夫众则国贫,工商众则国贫,无制数度量则国贫。下贫则上贫,下富则上富。故田野县鄙者,财之本也;垣窌仓廪者,财之末也。百姓时和、事业得叙者,货之源也;等赋府库者,货之流也。"《荀子·大略》篇也讲:"家五亩宅,百亩田,务其业而勿夺其时,所以富之也。"

在《富国》篇中,荀子的经济观念可以用"以政裕民"来概括,其核心观念就是各自按自己的职分来"尽职",这样,百姓就会富裕。

> 量地而立国,计利而畜民,度人力而授事,使民必胜事,事必出利,利足以生民,皆使衣食百用出入相掩,必时臧馀,谓之称数。故自天子通于庶人,事无大小多少,由是推之。故曰:朝无幸位,民无幸生。此之谓也。轻田野之税,平关市之征,省商贾之数,罕兴力役,无夺农时,如是,则国富矣。夫是之谓以政裕民。(《荀子·富国》)

在荀子看来,人类的活动是以"群体"的方式进行的,要让社会运行顺利,就必须让群体成员各自了解自己的角色定位。统治者的主要工作是让社会分工合理化。

> 人之生，不能无群，群而无分则争，争则乱，乱则穷矣。故无分者，
> 人之大害也；有分者，天下之本利也；而人君者，所以管分之枢要也。
> （《荀子·富国》）

具体地说：

> 兼足天下之道在明分。掩地表亩，刺草殖谷，多粪肥田，是农夫众
> 庶之事也。守时力民，进事长功，和齐百姓，使人不偷，是将率之事也，
> 高者不旱，下者不水，寒暑和节而五谷以时孰，是天下之事也。若夫兼
> 而覆之，兼而爱之，兼而制之，岁虽凶败水旱，使百姓无冻馁之患，则是
> 圣君贤相之事也。（《荀子·富国》）

然而，在战国末期，一种新的社会结构逐渐形成，在封建制度逐渐因为血缘的废弛而失去其原先的效能的时候，一种更为"理性化"的郡县制成为秦国所确定的国家形态。

很显然，以垂直管理为特色的郡县制更为突出了中央政府的权力，那么在经济社会控制的方式上也必然会发生变化。

第二节　汉代的经济政策演变和
盐铁争论的核心议题

前文梳理了先秦时期儒家经典文献和代表人物对于财富和资源配置方面的一些代表性观点，然而儒家的经济政策因过于"理想化"以及"收效甚慢"等原因并没有被忙于争战中的诸侯们所采纳，反而是法家的耕战策略帮助秦国取得了胜利。

在周代封建制到战国初期，或许由于社会控制能力的低下，也因为封建制所遵循的地方自治的原则，中国的经济政策一般主张各业自由的发展。允许人口相对自由的流动，并鼓励各种经济的发展和壮大。对于商业活动也没有特别的限制政策，商人的地位相对较低，但总能因为他们的财富而获得"补偿"。

秦国实行"耕战"政策，特别重视农业，并采纳了商鞅的重农抑商的政策。也有人认为商鞅是最早提出重农抑商政策的人。不过，秦孝公虽然接受了商鞅的建议，对于商人并没有真正加以打击。在当时的秦国许多商人

同时也是重要的政治家,作为巨商的吕不韦可以担任秦国丞相就是例证。

真正对商人从政治权力和行为模式都加以压制,要到秦统一中国之后。秦初,许多商人流亡者等都迁戍到新设立的象郡等地守边,商人的社会地位受到限制,另外,商人的子弟也会因为他们的出身而受到牵累。

汉初,面对因长期征战而导致的经济凋敝现状,政府实行了包括减税在内的鼓励经济发展的政策,使经济很快得以恢复。我们可以从司马迁的《货殖列传》中了解汉初经济活跃的程度。"汉兴,海内为一,开关梁,弛山泽之禁,是以富商大贾周流天下,交易之物莫不通,得其所欲,而徙豪杰诸侯强族于京师。"而且司马迁还在此文中肯定了追求富贵的正当性。他说:"富者,人之情性,所不学而俱欲者也。"并从历史的经验中得出结论说:"故曰:'仓廪实而知礼节,衣食足而知荣辱。'礼生于有而废于无。故君子富,好行其德;小人富,以适其力。渊深而鱼生之,山深而兽往之,人富而仁义附焉。……故曰:'天下熙熙,皆为利来;天下攘攘,皆为利往。'夫千乘之王,万家之侯,百室之君,尚犹患贫,而况匹夫编户之民乎!"

虽然,限制商人参与政治的政策继续执行,并对商业活动课以重税。在全民追求财富和相对宽松的经济环境下,社会的经济实力有了增强,按照司马迁《史记·平准书》的描述,到汉武帝即位之时,社会物质丰富,社会风气逐渐趋向奢靡。"至今上即位数岁,汉兴七十馀年之间,国家无事,非遇水旱之灾,民则人给家足,都鄙廪庾皆满,而府库馀货财。京师之钱累巨万,贯朽而不可校。太仓之粟陈陈相因,充溢露积于外,至腐败不可食。众庶街巷有马,阡陌之间成群,而乘字牝者傧而不得聚会。守闾阎者食粱肉,为吏者长子孙,居官者以为姓号。故人人自爱而重犯法,先行义而后绌耻辱焉。当此之时,网疏而民富,役财骄溢,或至兼并豪党之徒,以武断于乡曲。宗室有土公卿大夫以下,争于奢侈,室庐舆服僭于上,无限度。物盛而衰,固其变也。"

在强大的经济实力支持下,一系列重大的基础建设得以展开,比如开通西南的道路,并因为在燕齐一带设沧海郡而与匈奴交恶。由于与匈奴的战争和其他社会活动需要巨大的经济实力来支撑,所以汉武帝采取更为积极的经济政策,并废除了孝惠皇帝和吕后所制定的商人不得出仕的规定,"兴利之臣自此始也"(《史记·平准书》)。

作为一个具有雄才大略的统治者,汉武帝希望能够借助业已积累下来的社会财富进行大规模的军事和社会建设,而这必然带来财政上的问题。因此,到武帝中期,开始采取积极的财政政策,并在元狩六年(公元前117年)任命孔仅和东郭咸阳为大农丞,实施盐铁专营。元封元年(公元前110年)又任命桑弘羊为治粟都尉,并代理大农令。天汉元年(公元前100年)

为大司农。在这期间,先后推出酒榷、均输和平准法,以及币制改革等一系列旨在强化政府财政汲取能力的措施,的确为汉武帝时期的重要政治活动提供了雄厚的物质基础,但长年的征战也引发了巨大的财政开支,所以在汉武帝执政后期,他的政策发生了一些转变,比如他所作的《轮台诏》就对自己所发动的几次对匈奴的战争而导致的人员和经济损失表示了后悔,①并否决了桑弘羊等人在轮台屯田的建议。

汉武帝去世之后,由于继位的汉昭帝年幼,所以朝廷指定了以霍光为代表的亲属集团和桑弘羊等行政官僚构成的辅佐集团。但霍光和桑弘羊在如何继承汉武帝的政治遗产等方面存有意见分歧。霍光等人主张实行文帝时"与民休息"的政策,让社会恢复生机,而桑弘羊则继续坚持武帝中期以来的经济政策。

《汉书·杜周传》记载,杜延年反复劝说霍光改变汉武帝的治国之策。书中说,杜延年"见国家承武帝奢侈师旅之后,数为大将军光言:'年岁比不登,流民未尽还,宜修孝文明政,示以俭约宽和,顺天心,说民意,年岁宜应。'光纳其言,举贤良,议罢酒榷、盐、铁,皆自延年发之"。也就是说,汉武帝对匈奴的连年征战和大规模的基础建设,导致国家财政匮乏,所以,在昭帝即位之后,许多人认为政策应该有所改变,恢复文帝时的休养生息政策。始元六年(公元前81年)二月,经谏大夫杜延年的提议,霍光以昭帝的名义,令车千秋、桑弘羊召集贤良文学六十余人,就汉武帝时期的各项政策,特别是盐铁专卖政策进行辩论。

辩论一共延续了六个多月。辩论双方表面上看是以桑弘羊为代表的御史大夫和丞相史等政府官员与代表"民间"声音的贤良及文学,但就现有的记录而言,他们的立场带有明显的儒法差异,即贤良文学主要依据孟子及其他儒家的经典和事例来说明他们的政治立场,而御史大夫则主要从怀疑儒家王道政治能否"落实"等方面来反驳贤良文学的主张,具有明显的反儒家倾向。②

也有许多学者注意到盐铁争议背后的政治原因。比如徐复观先生认为,之所以发生这样一场辩论,跟政治权力的争夺有关,尽管桑弘羊和霍光

① 《汉书·食货志》:"武帝末年,悔征伐之事,乃封丞相为富民侯。下诏曰:'方今之务,在于力农。'以赵过为搜粟都尉。"对于汉武帝的《轮台诏》是否意味着汉武帝的执政策略发生转折,目前学术界还存在比较大的争议。比如田余庆、辛德勇等先生都参与了相关的讨论,意见不一。

② 1970年代的政治运动中,盐铁之议被视为是儒法斗争的例证。持这样观点的学者也有很多,比如萧公权先生认为"汉代法家虽已终止学术上之发展而犹与儒争胜",而"汉代儒法冲突最详之记录,无过桓宽之《盐铁论》"。萧公权《中国政治思想史》,北京:新星出版社,2005年版,第184—185页。

都是年幼的汉昭帝的辅佐者,但他们之间在许多问题上看法相左,并存在着激烈的利益对立。徐复观先生认为汉代的内外朝之分始于霍光。但当时的政治决断权主要在外朝,车千秋虽然为外朝的领袖,但实际的权力掌握在长达三十年一直主管财经的桑弘羊手中,因此,要改变汉武帝的施政方略,实际上就是要在政治上压倒桑弘羊。①

在某种意义上,贤良文学比较从儒家三代之治的理想出发,可以称之为儒家的理想主义者,在某种意义上代表了"民意",或者百姓疾苦的代言人。而桑弘羊和御史大夫则更多地代表着朝廷的利益。因此,他们的争论也可以被看作是政府立场和"政府批评者"的立场,这样更容易让我们理解这场争论的焦点所在。

双方的争论十分激烈,汉宣帝时,桓宽根据会议记录,整理为《盐铁论》,整理的内容包括十卷六十个议题,内容涉及当时国家治理的各个方面,也有对于历史事件和历史人物的争论。本文主要就《盐铁论》一书反映出来的对经济问题的不同争论做一些总结,并由此来呈现在大一统的国家形成之后,儒家经济思想的一些新的特征。

一、国家治理应基于道德还是要追求富强

义利问题是儒家经济思想的最核心议题,在《盐铁论》中首先体现为国家的主要功能是为社会提供公平的环境还是追求富强?

在贤良文学看来,汉武帝以来所采用的政策强化了政府的财政汲取能力,因而造成了社会财富集中在政府手中,对百姓的利益造成了伤害。贤良文学主张:要抑制国家追求利益的冲动,政治秩序建构的基础在道德教化,然后化民成俗。他们说:"窃闻治人之道,防淫佚之原,广道德之端,抑末利而开仁义,毋示以利,然后教化可兴,而风俗可移也。"(《盐铁论·本议》)推行盐铁专营的政策,是政府与民争利,会导致国民形成贪鄙好利的风气。在趋利的动机下,百姓会转向利益丰厚的行业,而不再从事农业生产。"今郡国有盐、铁、酒榷、均输,与民争利。散敦厚之朴,成贪鄙之化。是以百姓就本者寡,趋末者众。夫文繁则质衰,末盛则本亏。末修则民淫,本修则民悫。民悫则财用足,民侈则饥寒生。"(《盐铁论·本议》)所以,应该废止盐、铁、酒榷、均输,"进本退末,广利农业"。

对于这样的批评,大夫们对于盐铁专营政策进行了辩护。他们认为,国家的建立,从功能的层面上,要有利于不同地区物品的流通,这样就会有利

---

① 徐复观《两汉思想史》第三册,北京:九州出版社,2014年版,第113页。

于人民物质利益的提升。要达到这一点，则需要"通有无"，开展交易活动。他们通过对管仲等人导致齐国强大等例子说："古之立国家者，开本末之途，通有无之用，市朝以一其求，致士民，聚万货，农商工师各得所欲，交易而退。"（《盐铁论·本议》）

他们借助《周易》里的话认为工商业的发展与农业构成相互促进的关系，而不是非此即彼的排斥关系。"《易》曰：'通其变，使民不倦。'故工不出，则农用乏；商不出，则宝货绝。农用乏，则谷不殖；宝货绝，则财用匮。故盐、铁、均输，所以通委财而调缓急。"（《盐铁论·本议》）如果取消盐铁专营和均输等方法，不利于财富的积聚。

对此贤良文学继续强调"道民以德"是治国之要："夫导民以德，则民归厚；示民以利，则民俗薄。俗薄则背义而趋利，趋利则百姓交于道而接于市。老子曰：'贫国若有馀，非多财也，嗜欲众而民躁也。'是以王者崇本退末，以礼义防民欲，实菽粟货财。市、商不通无用之物，工不作无用之器。故商所以通郁滞，工所以备器械，非治国之本务也。"（《盐铁论·本议》）

贤良文学认为王者"崇本退末"，他们认为农业生产是通过获得收成的方式来提供产品的，而工和商并不直接生产，他们是通过创造人的需求的方式来促进生产的，所以他们所流通的货物大多数是社会不需要的，这种以消费来带动生产的模式只会导致道德沦丧。

在《轻重》篇中，还有一段关于盐铁专营等问题的讨论。贤良文学立论的基础依然是礼义才能成为治国之基础，而权利则会残害秩序。贤良文学们以管仲为例，说管仲之所以不能提升至王道的境界，主要是因为他追求利益而非道义。因此当诸侯们争相掠夺国家的利益的时候，国家就不可能真正实现富强，因为这些财富被那些权势者窃取了。

> 文学曰："礼义者，国之基也，而权利者，政之残也。孔子曰：'能以礼让为国乎？何有。'伊尹、太公以百里兴其君，管仲专于桓公，以千乘之齐，而不能至于王，其所务非也。故功名隳坏而道不济。当此之时，诸侯莫能以德，而争于公利，故以权相倾。今天下合为一家，利末恶欲行？淫巧恶欲施？大夫君以心计策国用，构诸侯，参以酒榷，咸阳、孔仅增以盐、铁，江充、杨可之等，各以锋锐，言利末之事析秋毫，可为无间矣。非特管仲设九府，徼山海也。然而国家衰耗，城郭空虚。故非特崇仁义无以化民，非力本农无以富邦也。"（《盐铁论·轻重》）

对此御史指出，对于那些奸商就应该严刑峻法，国家专营也抑制富商大贾巧取豪夺,"损有余、补不足",这才保证了国家虽有征战,但百姓并没有增加赋税。御史还多少有一些轻蔑地说,贤良文学因为不了解政治运作的细节,所以才会对国家专营和依法治国的原则存有疑义。

> 御史曰:"水有猵獭而池鱼劳,国有强御而齐民消。故茂林之下无丰草,大块之间无美苗。夫理国之道,除秽锄豪,然后百姓均平,各安其宇。张廷尉论定律令,明法以绳天下,诛奸猾,绝并兼之徒,而强不凌弱,众不暴寡。大夫君运筹策,建国用,笼天下盐、铁诸利,以排富商大贾,买官赎罪,损有馀,补不足,以齐黎民。是以兵革东西征伐,赋敛不增而用足。夫损益之事,贤者所睹,非众人之所知也。"(《盐铁论·轻重》)

盐铁专营的一大原因是汉武帝所发动的对于匈奴的一系列战役。大夫从匈奴的骚扰来说明屯田和戍边的重要性,并说明这些活动都需要大量的财政支持才得以维持。如果停止盐铁专营的话,有可能出现"内空府库之藏,外乏执备之用"的后果,如果前方的士兵得不到给养的话,他们何以能守护边疆呢? 都是汉朝的子民,不能对生活于边疆的民众所遭受的苦痛坐视不管。

> 大夫曰:"王者包含并覆,普爱无私,不为近重施,不为远遗恩。今俱是民也,俱是臣也,安危劳佚不齐,独不当调邪? 不念彼而独计此,斯亦好议矣? 缘边之民,处寒苦之地,距强胡之难,烽燧一动,有没身之累。故边民百战,而中国恬卧者,以边郡为蔽扞也。《诗》云:'莫非王事,而我独劳。'刺不均也。是以圣王怀四方独苦,兴师推却胡、越,远寇安灾,散中国肥饶之余,以调边境,边境强,则中国安,中国安则晏然无事。何求而不默也?"(《盐铁论·地广》)

贤良文学的反驳立足于儒家经典,认为儒家处理国与国之间的关系所采用的原则是"修文德以来之",而不是通过征伐。很显然,这个反驳并没有击中要害。在大夫们看来,匈奴是主动挑衅,难以用绥远和羁縻相结合的手段来应对,对于入侵者并不能仅仅以"修文德"来处置。

二、酒榷、平准、均输等国有经济政策是否造成了"国与民争利"

儒家比较倾向一种放任主义的经济政策,即不主张政府过多地干预民众的经济活动。孔子在回答他的学生关于政府应如何对待经济活动时的回答是简单而明确的,即"惠而不费",对此,孔子的解释是"因民之利而利之",即根据老百姓自己觉得有利的方式来保护和支持,这样就既能让百姓获得利益,政府则不用做太多的事。《大学》中说道:"德者本也,财者末也。外本内末,争民施夺。是故财聚则民散,财散则民聚。"认为治理国家要以道德,而不是追求财富。如果政府热衷于聚敛财富,那么人心反而会散掉。

在公元前 300 年前后,诸如秦国、齐国等都因改革税收制度使国家能力得到增强,从而使持积极干预政策的法家思想家获得当权者的欢迎,但儒家学者依然没有改变其基本立场,反对政府对于财富的独占,主张减低对百姓的赋税和劳役。反对与民争利是儒家的一贯立场。尽管秦国在战国争霸中,因为积极的财政政策而获得了成功,不过,秦国只统治了十七年的事实,让儒家学者认为通过对百姓的掠夺而获得的政权是不能持续的。因此,他们对法家的批评就是"聚敛",这是分享的反面。虽然儒家的分享理念更接近于亚里士多德的"按比例的平等",即并不是绝对的平均主义,但在汉代的儒家那里,就尖锐地批评"大者"对小者的兼并。汉代著名的哲学家董仲舒(公元前 179—公元前 104 年)则说:"故已有大者,不得有小者,天数也。夫已有大者,又兼小者,天不能足之,况人乎! 故明圣者象天所为为制度,使诸有大奉禄,亦皆不得兼小利、与民争利业,乃天理也。"(《春秋繁露·度制》)这段话的意思是说,如果已经获得很多的人,再将其余部分都尽数占有的话,自然就不能满足所有人的需求。因此政府不能与百姓争利,这是"天理"。

很显然,贤良文学是继承了自孔子以来的对待社会财富的方式,并认为固然可以通过垄断相关产业的方式使国家强大,但这依然不是最为合适的分配方式。在这个意义上,贤良文学对于桑弘羊的积极经济政策的反对,其实质接近于我们现在依然在进行的"藏富于民"还是"藏富于国"的争议。

桑弘羊所推出的经济政策,特别重视政府在经济活动中的调节作用。盐铁由民办而收归国有,这事实上是导向把天下的财富归之于统治者"家产"的制度性的一步,这属于典型的"国家与民争利"的做法。而平准法和均输法的推出,从动机上可以看作是为了减轻人们的负担。那么为什么也会受到贤良文学的激烈批评呢?

在探讨《盐铁论》对于相关问题的争论之前,我们可以先梳理一下"均输"和"平准"法出台的缘起。元鼎二年(公元前 115 年),担任大农丞的桑弘羊试办均输法的理由是原先向朝廷以物进贡方式会造成运输困难、运输成本超过货物价值的后果。"往者,郡国诸侯各以其方物贡输,往来烦杂,物多苦恶,或不偿其费。故郡国置输官以相给运,而便远方之贡,故曰均输。"(《盐铁论·本议》)桑弘羊发现了这些弊端,停止了"方物贡输"做法,代之以均输法："置大农部丞数十人,分部主郡国,各往往县置均输、盐铁官,令远方各以其物贵时商贾所转贩者为赋,而相灌输。"即设立专门的官员(均输官)和机构,把原郡国应交纳给朝廷的贡物或钱,全部折算成当地出产最多最为便宜的物资,然后将这些物资再运送到最需要价格最贵的地方去出售,从而既减少了地方贡输的烦琐,又增加了国家财政收入。这种办法,古人认为是有利于官民两方的合理的做法:"诸当所输于官者,皆令输其土地所饶,平其所在时价,官更于他处卖之。输者既便,而官有利。"(《史记·平准书》)

元封元年(公元前110年),桑弘羊又创立了平准法:"置平准于京师,都受天下委输。召工官治车诸器,皆仰给大农。大农之诸官尽笼天下之货物,贵即卖之,贱则买之。如此,富商大贾无所牟大利,则反本,而万物不得腾踊。故抑天下物,名曰'平准'。"(《史记·平准书》)"平准"是设于京师的政府商业机构,设置"平准令"一人、"员吏百九十人"具体负责,隶属于大司农。"平准法"显然是一种政府商业运营,通过物资吞吐,贱买贵卖,既可平抑物价,稳定市场,又可于吞吐之中获取部分财政收益,防止富商大贾囤积居奇操控市场。

均输法和平准法接近于现代政府政治政策中的宏观调控政策,通过政府对物质生产和运输环境的控制两相结合,实际上是官营长途贩运业和官营销售商业的结合,建立了一个由朝廷大司农统一管理调度的商业运销网络,发挥了防止价格波动、抑制民间富商大贾和充实国家财政等的多种效益。所以在盐铁争论中,大夫们一直为这种制度进行辩护。

> 大夫曰:"往者,郡国诸侯各以其方物贡输,往来烦杂,物多苦恶,或不偿其费。故郡国置输官以相给运,而便远方之贡,故曰均输。开委府于京师,以笼货物。贱即买,贵则卖。是以县官不失实,商贾无所贸利,故曰平准。平准则民不失职,均输则民齐劳逸。故平准、均输,所以平万物而便百姓,非开利孔而为民罪梯者也。"(《盐铁论·本议》)

在大夫们看来,平准和均输这样的方法使物价平稳,有利于百姓,并非仅仅是为了国家的利益,甚至可以说是国家利益和民众利益兼顾的政策。但贤良文学的看法则认为这样的行为可能会导致官府贱买贵卖,物价上涨等一系列后果,这样百姓辛苦劳作所应获得的利益都被中间商所掠夺。贤良文学认为人们财用不足是因为本业不兴。而对于各地的奇珍异货的追求,并会导致人们对于物质的贪欲。

　　文学曰:"古者,事业不二,利禄不兼,然诸业不相远,而贫富不相悬也。夫乘爵禄以谦让者,名不可胜举也;因权势以求利者,入不可胜数也。食湖池,管山海,乌菀者不能与之争泽,商贾不能与之争利。子贡以布衣致之,而孔子非之,况以势位求之者乎? 故古者大夫思其仁义以充其位,不为权利以充其私也。"(《盐铁论·贫富》)

　　大夫的辩解认为,并不能按儒家的理想来治理这个国家,因为这些原则难以应对现实中的问题,特别是因为国土扩大而导致的实物税在交纳过程中所产生的交通困境。

　　丞相史曰:"……大夫难罢盐、铁者,非有私也,忧国家之用,边境之费也。诸生阆阆争盐、铁,亦非为己也,欲反之于古而辅成仁义也。二者各有所宗,时世异务,又安可坚任古术而非今之理也。"(《盐铁论·国疾》)

　　并反击说,如果贤良文学能够按照理想的治理之道来解决所需的财政开支,自然可以废除平准和均输之法,如果不能,那么也只能继续执行类似的政策。

　　关于是否要进行商业活动以节省开支、扩大收入的争论涉及对于农业和工商业关系的认识。

　　在先秦诸子中,大多数学派都主张重农政策,甚至法家坚持更为激烈的以农立国的原则。法家认为商业的发达会削弱王权。而儒家认为商业更容易得利,从而对社会道德风尚造成伤害,故而主张要限制商业行为。

　　而在盐铁争论中,代表政府的御史大夫等人则是汉武帝以来重视商业政策的支持者。

　　大夫曰:"管子云:'国有沃野之饶而民不足于食者,器械不备也。有山海之货而民不足于财者,商工不备也。'陇、蜀之丹漆旄羽,荆、扬之皮革骨象,江南之楠梓竹箭,燕、齐之鱼盐旃裘,兖、豫之漆丝絺纻,养生送终之具也,待商而通,待工而成。故圣人作为舟楫之用,以通川谷,服牛驾马,以达陵陆;致远穷深,所以交庶物而便百姓。是以先帝建铁官以赡农用,开均输以足民财;盐、铁、均输,万民所载仰而取给者,罢之,不便也。"(《盐铁论·本议》)

大夫引用了管子的话来肯定商业的重要性,认为货物的流通使各地的不同产品能够为国人所共享。古代圣贤之所以要发明车船这样的运输工具,也是为了便于物资的流通。而文学则认为工商业的发展,会让人们不愿意从事农业生产。并认为汉高祖禁止商人仕宦,就是为了防止人们的贪鄙之风。而武帝的时候改变了商人不得从政的禁令,实质上也成为社会奢靡之风盛行的推手。

三、人们应追求什么样的生活方式

当御史大夫们强调各地的物产流通可以改善人们的生活质量的时候,双方对人们应追求什么样的生活方式也展开了讨论。理论上讲,即使先秦儒学也并非完全反对有地位有贡献的人享受好的物质待遇,在荀子看来,有地位的人享受高档次的宫室和其他待遇既是礼制所规定的,也是对他们的社会贡献的一种肯定。

但盐铁争论中,对于这个问题的讨论则是从另一个方向展开的,接近于现代社会中鼓励消费从而促进生产是否应该肯定的问题。

在现代社会中,消费是经济发展的重要推动力,然而,也会产生诸如消费主义的弊端,即过度消费所带来的负债等其他社会问题。在中国古代,以《管子》为代表的一些经济思想著作也指出了消费对于生产的意义。在盐铁争议中,大夫们就是从《管子》的思想立论,认为建筑宫室和华丽的装饰,让工人有收入。据此,他们认为各地物产的流通,让物尽其才,让各地的特产发挥最大的经济效益。

> 大夫曰:"古者,宫室有度,舆服以庸;采椽茅茨,非先生之制也。君子节奢刺俭,俭则固。昔孙叔敖相楚,妻不衣帛,马不秣粟。孔子曰:'不可,大俭极下。'此《蟋蟀》所为作也。《管子》曰:'不饰宫室,则材木不可胜用,不充庖厨,则禽兽不损其寿。无末利,则本业无所出,无黼黻,则女工不施。'故工商梓匠,邦国之用,器械之备也。自古有之,非独于此。弦高贩牛于周,五羖赁车入秦,公输子以规矩,欧冶以镕铸。《语》曰:'百工居肆,以致其事。'农商交易,以利本末。山居泽处,蓬蒿硗埆,财物流通,有以均之。是以多者不独衍,少者不独馑。若各居其处,食其食,则是橘柚不鬻,胊卤之盐不出,旃罽不市,而吴、唐之材不用也。"(《盐铁论·通有》)

而贤良文学虽然所引用的是孟子的观念,但其主要的观点则更为接近黄老道学的思想。他们认为物产总是有限的,大规模的建设可能会导致物产的短缺。许多浮华的装饰因为不实用,非百姓日常所需要。但却要花费很多工时和材料,最终的结果是奢侈者的过度消费,而普通百姓的日常所需却得不到满足。

> 文学曰:"孟子云:'不违农时,谷不可胜食。蚕麻以时,布帛不可胜衣也。斧斤以时,材木不可胜用。田渔以时,鱼肉不可胜食。'若则饰宫室,增台榭,梓匠斫巨为小,以圆为方,上成云气,下成山林,则材木不足用也。男子去本为末,雕文刻镂,以象禽兽,穷物究变,则谷不足食也。妇女饰微治细,以成文章,极伎尽巧,则丝布不足衣也。庖宰烹杀胎卵,煎炙齐和,穷极五味,则鱼肉不足食也。当今世,非患禽兽不损,材木不胜,患僭侈之无穷也;非患无赪厲橘柚,患无狭庐糠糟也。"(《盐铁论·通有》)

在贤良文学看来,要公平地分配社会资源,就要限制那些并非急需的建设项目,政府花巨资在这些公共支出上,则会与百姓争利。

> 宫室奢侈,林木之蠹也。器械雕琢,财用之蠹也。衣服靡丽,布帛之蠹也。狗马食人之食,五谷之蠹也。口腹从恣,鱼肉之蠹也。用费不节,府库之蠹也。漏积不禁,田野之蠹也。丧祭无度,伤生之蠹也。堕成变故伤功,工商上通伤农。故一杯棬用百人之力,一屏风就万人之功,其为害亦多矣！目修于五色,耳营于五音,体极轻薄,口极甘脆,功积于无用,财尽于不急,口腹不可为多。故国病聚不足即政急,人病聚不足则身危。(《盐铁论·散不足》)

在贤良文学看来,政府应该倡导节俭的生活方式,不贵难得之货,这样人们就不会去追求那些珍稀物品,人们安于一种朴素简单的生活,社会自然会安定和谐。

四、治理之道: 义利和德刑之间

先秦的人性论思想有很多不同的方向,比如孟子的性善论和荀子的性恶论,但汉儒的思想似乎更为向孔子的"性相近、习相远"的方向回归。比如董仲舒提出了"善质"的观点,认为人性有向善的可能,但是否能发展为善的行为,则要看外在的环境。然而这个"善质"是对大多数人而言的,因为圣人自然是"善"的,也有一部分人则是"不可教"的。人性理论总是与社会政治思想互为表里的。这样的人性思想,体现在汉代的政治思想中就是"霸王道杂之"。

王道作为理想自然为儒家所强调,但在具体的政治实践中,则是德政和刑罚结合。这样的分歧也体现在盐铁争论中,比如,贤良文学认为,民性是可塑的,如若统治者施以德教,人们就会养成良风美俗。尧舜时期,民众好善,桀纣时期,人民多暴,这并不是说不同时期人性有所不同,而是是否推行教化的结果。

> 大夫曰:"贤不肖有质,而贪鄙有性,君子内洁己而不能纯教于彼。故周公非不正管、蔡之邪,子产非不正邓皙之伪也。夫内不从父兄之教,外不畏刑法之罪,周公、子产不能化,必也。今——则责之有司,有司岂能缚其手足而使之无为非哉?"(《盐铁论·疾贪》)

大夫认为,贤与不肖是因为不同人的本质不同,总体而言,人总是要追逐利益的,所以只依靠道德教化并不能完成社会治理的全部内容,对于那些不遵循道德教化的人,要采取严厉的措施,让他们"惧而为善"。

由此,问题便延伸到德刑的关系。贤良文学引述董仲舒的天道阴阳学说来证明德主刑辅的理论,认为天有好生之德,应该慎用刑罚。

> 文学曰:"法能刑人而不能使人廉,能杀人而不能使人仁。所贵良医者,贵其审消息而退邪气也,非贵其下针石而钻肌肤也。所贵良吏者,贵其绝恶于未萌,使之不为,非贵其拘之图圄而刑杀之也。今之所谓良吏者,文察则以祸其民,强力则以厉其下,不本法之所由生,而专己之残心,文诛假法,以陷不辜,累无罪,以子及父,以弟及兄,一人有罪,州里惊骇,十家奔亡,若痈疽之相洿,色淫之相连,一节动而百枝摇。"(《盐铁论·申韩》)

贤良文学指出,不教而杀是暴虐之政。要实现礼乐秩序,从来都不能依靠刑罚,法家那种严刑峻法不可能持久,秦国的速亡就是例子。他们说:

> 古者,明其仁义之誓,使民不逾;不教而杀,是虐民也。与其刑不可逾,不若义之不可逾也。闻礼义行而刑罚中,未闻刑罚行而孝悌兴也。高墙狭基,不可立也。严刑峻法,不可久也。(《盐铁论·诏圣》)

汉承秦制,到西汉的中期依然保留了许多秦政时期的法律,比如连坐法等,贤良文学认为亲亲互隐才能促进孝道,而连坐法则会让许多并无过错的人受到惩罚。

> 今以子诛父,以弟诛兄,亲戚相坐,什伍相连,若引根本之及华叶,伤小指之累四体也。如此,则以有罪反诛无罪,无罪者寡矣。……故为民父母,以养疾子,长恩厚而已。自首匿相坐之法立,骨肉之恩废,而刑罪多矣。父母之于子,虽有罪犹匿之,其不欲服罪尔。闻子为父隐,父为子隐,未闻父子之相坐也。闻兄弟缓追以免贼,未闻兄弟之相坐也。闻恶恶止其人,疾始而诛首恶,未闻什伍而相坐也。老子曰:"上无欲而民朴,上无事而民自富。"君君臣臣,父父子子。比地何伍,而执政何责也?(《盐铁论·周秦》)

不过大夫的回应也很有对应性。在大夫看来回溯三代之治对于现实的政治并无直接的作用,并认为贤良文学应该提出更为直接的对应性方案,而不能引述圣贤的言辞来指责具体的政令。而且,圣人之道也应该根据时代的发展有所变化。

> 大夫曰:"俗非唐、虞之时,而世非许由之民,而欲废法以治,是犹不用隐括斧斤,欲揉曲直枉也。故为治者不待自善之民,为轮者不待自曲之木。往者,应少、伯正之属溃梁、楚,昆卢、徐谷之徒乱齐、赵、山东、关内暴徒,保人阻险。当此之时,不任斧斤,折之以武,而乃始设礼修文,有似穷医,欲以短针而攻疽,孔丘以礼说跖也。"(《盐铁论·大论》)

不切实际的高论,就好比孔子对盗跖说礼,只能是无用功。这虽然引述《庄子》书中对孔子的讥讽,但对于贤良文学反复引述古代圣王的理论,大夫们甚至有点不耐烦了。

> 丞相曰:"先王之道,轶久而难复,贤良、文学之言,深远而难行。夫称上圣之高行,道至德之美言,非当世之所能及也。愿闻方今之急务,可复行于政:使百姓咸足于衣食,无乏困之忧;风雨时,五谷熟,螟螣不生;天下安乐,盗贼不起;流人还归,各反其田里;吏皆廉正,敬以奉职,元元各得其理也。"(《盐铁论·执务》)

　　据桓宽的记录,丞相和御史大夫经常被贤良文学说得难以应对,而御史大夫的反击有时也显得失了风度。不过作为中国历史上最为经典的治国之策的辩论,《盐铁论》给我们留下了丰富的资料,有助于我们理解汉武帝时期的经济政策以及昭帝以后的政策转向,最为关键的是,我们可以从中了解儒家的经济哲学和政治伦理的发展轨迹。

　　盐铁争论带给我们的启示还包括,贤良文学固然是坚持儒家的立场,但他们也会引用道家作品的言辞,从而说明,汉武帝死后,由霍光等人所推崇的"与民休息"的政策,并不是对儒家经济政策的回归,毋宁是对文景之治的追慕。

　　而汉武帝虽然接受了"独尊儒术"的政策,但是,从他任用许多商人出身的官员,以及推出如此多的积极经济政策来看,他的施政也非单一的儒家立场。即使是汉宣帝的时候,还坚持说要"霸王道杂之,奈何纯用德政?"所以,儒家的理念并没有成为西汉统治的唯一原则。而且,霍光对于贤良文学的支持,也不能视之为对于儒家价值的肯定,或许更可以视为是一种政治斗争的策略。

　　再则,我们可以把儒家的经济政策视为某种程度的自由放任的经济学,这一点儒家与道家之间存在着共识,而重农抑末方面,儒家与法家之间又有一致性。

　　最后,对于如何处理儒家的理想与现实政治策略之间的关系,这方面,儒家也应该认真思考御史大夫的质疑,毕竟圣贤只是提出了政治的原理,而如何落实到制度和政策层面,则需要有所损益、变化,否则会落入凌空蹈虚的悖论之中。

参 考 书 目

安乐哲《通过孔子而思》,北京:北京大学出版社,2020年版。

白彤东《旧邦新命:古今中西参照下的古典儒家政治哲学》,北京:北京大学出版社,
　　2009年版。

陈来《仁学本体论》,北京:生活·读书·新知三联书店,2014年版。

陈来《宋明理学》,北京:北京大学出版社,2020年版。

陈少明《经典世界中的人、事、物》,上海:上海三联书店,2008年版。

杜维明《现代精神与儒家传统》,北京:生活·读书·新知三联书店,2007年版。

方克立《现代新儒学与中国现代化》,吉林:长春出版社,2008年版。

冯友兰《新理学》,北京:北京大学出版社,2014年版。

干春松《儒学的近代转型》,桂林:广西师范大学出版社,2023年版。

干春松《儒学与中国社会十五讲》,北京:北京大学出版社,2023年版。

干春松《制度化儒家及其解体》(修订版),北京:中国人民大学出版社,2012年版。

郭齐勇《现当代新儒学思潮研究》,北京:人民出版社,2017年版。

李存山《儒家文化的"常道"与"新命"》,贵阳:孔学堂书局,2020年版。

李景林《教化的哲学——儒学思想的一种新诠释》,北京:中国社会科学出版社,
　　2020年版。

李明辉《儒家视野下的政治思想》,北京:北京大学出版社,2005年版。

梁漱溟《中国文化要义》,北京:商务印书馆,2021年版。

林宏星《差等秩序与公道世界》,上海:上海人民出版社,2016年版。

牟宗三《历史哲学》,桂林:广西师范大学出版社,2007年版。

汤一介、李中华主编《中国儒学史》,北京:北京大学出版社,2011年版。

唐文明《隐秘的颠覆:牟宗三、康德与原始儒家》,北京:生活·读书·新知三联书
　　店,2012年版。

王中江《儒家的精神之道和社会角色》,北京:中华书局,2015年版。

熊十力《原儒》,北京:中国人民大学出版社,2006年版。

徐复观《中国人性论史·先秦篇》,北京:九州出版社,2020年版。

杨国荣《善的历程:儒家价值体系研究》,上海:华东师范大学出版社,2022年版。

杨立华《气本与神化:张载哲学述论》,北京:北京大学出版社,2008年版。

杨庆中《易学与儒道哲学》,北京:人民出版社,2022年版。

杨儒宾《原儒:从帝尧到孔子》,北京:生活·读书·新知三联书店,2023年版。

曾亦、郭晓东《春秋公羊学史》,上海:华东师范大学出版社,2017年版。

张岱年《中国哲学大纲》,北京:商务印书馆,2018年版。

章太炎《诸子学略说》,桂林:广西师范大学出版社,2010年版。

张学智《心学论集》(修订本),北京:中国社会科学出版社,2019年版。

郑开《德礼之间》,北京:读书·生活·新知三联书店,2009年版。

朱汉民《儒学发展与文化复兴》,济南:济南出版社,2022年版。

后 记

四川大学国际儒学研究院系 2009 年 10 月由国际儒学联合会、中国孔子基金会与四川大学联合成立的学术研究和人才培养机构。研究院成立以来,在从事中国孔子基金会重大项目《儒藏》编纂的同时,也十分重视儒学学科建设问题,舒大刚、彭华、吴龙灿等学人曾就此撰文讨论,逐渐引起学人关注。

2016 年,研究院接受国际儒学联合会委托,从事"中国儒学试用教材"的编撰研究。同年 4 月 15 日,由四川大学舒大刚主持,邀约多位专家学者在贵阳孔学堂举行学术座谈会,围绕"儒学学科建设与体系重构"话题展开讲会。贵州大学教授、中国文化书院荣誉院长张新民,北京大学教授、对外汉语教育学院原院长张英,贵州民族大学文学院教授汪文学,以及贵州省社会科学院(周之翔)、贵州大学(张明)、贵州民族大学(杨锋兵)、贵阳学院(陆永胜)、北京外国语大学(褚丽娟)等单位的学者出席讲会。大家认为,儒学没有体制性的资源保障,也缺乏平台发挥其教化功能;要实现中华传统文化伟大复兴,重建儒学学科至关重要。

本年 6 月 13 日,四川大学复性书院又举办了"中国儒学学科建设暨儒学教材编纂"座谈会,湖南大学岳麓书院教授、国学研究院院长朱汉民,陕西师范大学教授、陕西省中国哲学史学会会长刘学智,山东师范大学教授、《孔子研究》主编王钧林,山东大学教授、儒学高等研究院副院长颜炳罡,台湾元智大学教授、四川大学特聘教授詹海云,以及四川大学国际儒学研究院全体师生和来自成都、重庆等地高校、科研院所的学者共 50 余人参加了座谈会。座谈会审议了舒大刚教授提交的"中国儒学学科建设方案暨儒学教材编纂计划",达成重建儒学学科、编纂儒学教材的共识,并发布了《设置和建设儒学学科倡议书》。此后,我们还开过多次座谈会,并把儒学学科建设纳入国际儒学联合会在四川大学设立的纳通国际儒学奖的"儒学征文"活动,广泛征集意见建议和教材书稿。

2017年9月16日，中国儒学教材编纂座谈会在北京中国国学中心举行。国际儒联副会长赵毅武，国际儒联副理事长、中国国学中心副主任李文亮，教材编纂发起人刘学智、朱汉民、舒大刚，以及教材编纂部分承担者吉林大学教授陈恩林，清华大学教授、国际易学研究会副会长廖名春，北京大学教授、中华孔子学会常务副会长干春松，西北大学教授张茂泽，山东师范大学教授程奇立，四川大学教授、国际儒学研究院副院长杨世文，特邀顾问浙江社科院研究员吴光，中国政法大学教授单纯，四川大学古籍所副所长尹波等参加座谈会。正式形成"中国儒学试用教材"儒学通论（"八通"）、经典研读、专题研究三类体系。确定儒学通论即儒学知识的八种通论，经典研读是儒家经典及"出土文献"读本，专题研究重在展现儒学专题（如政治、军事、经济、哲学等思想）、专人、专书、学术流派（或及地方学术）的发展概貌。

嗣后，分别邀请了干春松（承担《儒学概论》），廖名春（承担《荀子研读》《清华简研读》），李景林（北京师范大学教授、中华孔子学会副会长，承担《孟子研读》），陈恩林（承担《周易研读》《春秋三传研读》），俞荣根（西南政法大学教授，承担《儒家法哲学》），程奇立（承担《礼记研读》），杨朝明（中国孔子研究院原院长、现山东大学教授，承担《孔子家语研读》），颜炳罡（山东大学教授、中华孔子学会副会长，承担《儒学与现代》），刘学智（承担《关学概论》），张茂泽（承担《儒学思想》），朱汉民（承担《湘学概论》），肖永明（湖南大学岳麓书院教授、院长，承担《论语研读》），蔡方鹿（四川师范大学首席教授、四川省中国哲学史研究会名誉会长，承担《宋明理学专题研究》），舒大刚（承担《孝经研读》《蜀学概论》），杨世文（承担《儒史文献》），郭沂（韩国首尔大学终身教授，承担《孔子集语研读》《子曰辑校研读》），彭华（四川大学教授，承担《出土儒学文献研读》）等先生承担编撰任务，由舒大刚、朱汉民总其成。

收到"儒学通论""经典研读"和"专题研究"三个系列的书稿后，我们于2019年在全国总工会"中国职工之家"举行审稿会议，中国社会科学院研究员、国际儒学联合会副会长兼学术委员会主任李存山，中国人民大学教授、国际儒学联合会副会长张践，中国政法大学教授、国际儒学联合会副会长单纯，中国社会科学院研究员、中华孔子学会蜀学研究会副会长陈静，国家教育行政学院教授、国际儒学联合会副会长于建福等提供了修改意见。现经几易其稿，差可满足人们对儒学基本知识、基本经典和基本问题的了解和探研。

2021 年，教育部在尼山世界儒学中心成立"联合研究生院"，专门培养"中华优秀传统文化（包括儒学）"硕士、博士，迫切需要教材和读物。职是之故，谨以成书交稿先后，陆续出版，以飨读者。亦应其急，聊胜于无。其有未备，识者教焉。

"中国儒学试用教材"编委会

2023 年 5 月 1 日

图书在版编目(CIP)数据

儒学概论 / 干春松著. —上海:上海古籍出版社,
2023.11

(儒学学科丛书)

ISBN 978-7-5732-0943-6

Ⅰ. ①儒… Ⅱ. ①干… Ⅲ. ①儒学—研究 Ⅳ.
①B222.05

中国国家版本馆 CIP 数据核字(2023)第 206371 号

儒学学科丛书

儒学概论

干春松 著

上海古籍出版社出版发行

(上海市闵行区号景路 159 弄 1-5 号 A 座 5F 邮政编码 201101)

(1)网址:www.guji.com.cn

(2)E-mail:guji1@guji.com.cn

(3)易文网网址:www.ewen.co

商务印书馆上海印刷有限公司印刷

开本 700×1000 1/16 印张 15.25 插页 3 字数 266,000

2023 年 11 月第 1 版 2023 年 11 月第 1 次印刷

ISBN 978-7-5732-0943-6

B·1357 定价:78.00 元

如有质量问题,请与承印公司联系